陕西师范大学一流学科建设经费资助出版

企业社会责任的理论与实践

主　编　周晓唯

副主编　沈　剑　武文静　李晟婷

李娟伟　吴　雪

陕西师范大学出版总社

图书代号　JC16N0080

图书在版编目(CIP)数据

企业社会责任的理论与实践／周晓唯主编．—西安：
陕西师范大学出版总社有限公司，2016.3(2016.9重印)
ISBN 978-7-5613-8365-0

Ⅰ．①企…　Ⅱ．①周…　Ⅲ．①企业责任—社会
责任—研究　Ⅳ．①F270

中国版本图书馆 CIP 数据核字(2016)第 043375 号

企业社会责任的理论与实践

周晓唯　主编

责任编辑／	李彦荣　杨雪玲
责任校对／	李彦荣
封面设计／	王　渭
出版发行／	陕西师范大学出版总社
	(西安市长安南路 199 号　邮编 710062)
网　　址／	http://www.snupg.com
经　　销／	新华书店
印　　刷／	兴平市博闻印务有限公司
开　　本／	787mm×960mm　1/16
印　　张／	15
字　　数／	235 千
版　　次／	2016 年 3 月第 1 版
印　　次／	2016 年 9 月第 2 次印刷
书　　号／	ISBN 978-7-5613-8365-0
定　　价／	36.00 元

读者购书、书店添货或发现印装质量问题,请与本社高等教育出版中心联系。
电　话:(029)85303622(传真)　85307864

前言

　　本书是在全球范围内广泛探讨企业社会责任这一背景下，出于在教学过程中遇到的理论与实践的问题，并想进一步参与对这一问题的讨论而产生的，也是想通过这样的方式，向读者呈现我们对企业社会责任的观点。

　　关于企业社会责任，目前国内外有多种理论与观点。本书对企业社会责任的研究，目的是告诉企业应如何承担企业社会责任，怎样才算是承担了企业社会责任。由于在理论及实践上对企业社会责任概念的界定存在不同的看法，本书的观点是，一个企业是否算是个成功企业，能否承担企业社会责任应该是判断的标准之一，而如何界定企业社会责任就成了关键问题。因此，本书的目的在于解决如何看待企业是否承担了企业社会责任。我们认为企业社会责任是企业的一项义务，因为企业社会责任归结于"责任"两个字，凡称"责任"的，我们认为都是不可放弃的，是有明确指向的，是可界定的，是可操作的，而且还要区分"伦理"或"道德"与"责任"是不同的。这样才有利于判断企业在经营过程中是否承担了企业社会责任。

本书的另一个目的在于研究企业社会责任是面向企业的，要让企业承担社会责任，就需企业明确认识什么是企业社会责任、企业如何做以及做到什么程度才算是承担了企业社会责任。

因此，本书将这些观点呈现出来，求教于各位学者和读者，以完善我们的观点。

周晓唯负责本书的立意及框架等，并统筹本书的写作。参加编写的有李晟婷（第1章、第2章）、李娟伟（第3章、第4章）、沈剑（第5章、第6章）、武文静（第7章、第10章）、吴雪（第8章、第9章）。还有部分博士生和硕士生参与了写作，对他们的参与表示感谢。

在写作过程中，我们参考了大量的国内外学者的书籍和论文，采用了这些学者的观点，在此表示诚挚的感谢。

周晓唯

2015 年 12 月 25 日于文澜楼

目 录

第 1 章

企业社会责任理论的起源与发展

1.1 企业社会责任的思想萌芽——传统商人社会责任观念

企业社会责任(Corporate Social Responsibility,简称 CSR)①实质上是个体在群体中的义务道德等概念在社会发展过程中向组织实体外化而成的。企业社会责任的思想从无到有,并在实践中不断丰富、强化。商人的责任观念孕育萌生于古代农业社会,可以看作是现代企业社会责任的思想渊源。当我们完全置身于一定的历史背景中,才会真正理解企业社会责任的完整意义。

1.1.1 西方传统商人社会责任观念

无论是在古代社会还是在中世纪时期,影响和制约商业活动规模发展的都是处于主导地位的农业经济,商业历来都不是社会的主要生产方式,而谋利活动则更是被严加排斥的行为,这也导致了具有趋利禀性的商人在人们心目中的地位是十分卑微的,"商人比奴隶的地位高不了多少"(Eberstadt,1978 年)。蕴含在商业活动中的商人社会责任也就成了迫于政治压力和教会压力而产生的一种个人行为。亚里士多德在《政治学》一书中曾说:"以农业致富,是很自然的事情,是值得称赞的;而经商是损人利己的,应该受到社会的指责。过于看重商

---

① "Corporate Social Responsibility",在我国被翻译为"企业社会责任"或者"公司社会责任"。本书采用"企业社会责任"的说法,因为公司并非我国企业的全部。在我国,不仅公司要承担社会责任,合伙企业等非公司企业也不可推卸地有承担社会责任的义务。但考虑到一些已经约定俗成的用法,在行文中"企业"与"公司"视上下文而交替使用,含义相同。

业,必定引起道德败坏和公民内部的两极分化,引起公民人数的减少,最终给城邦带来危机。""在一个治理很好的社会中,公民不能过着匠人或者商人们的生活,这样的生活毫无高尚可言,并且也有损于人格的完善。"这句话体现了浓烈的重农抑商的思想,他认为重农才是城邦的立足之本,对于商业的看重则会危害城邦的生存,给城邦带来危机。正是由于商人的社会和法律地位都是卑微的,为了使商人的人格变得更加完善、生活变得更加高尚,古代思想家们强调商人要努力为社会服务,应采取社会性行为,以促进社会公共利益为己任,这样的财富才有利于社会。这也就表明当时的商人的社会责任,是迫于社区精神和政治压力而采取的一种社会性的行为。古罗马思想家西塞罗说道,商人只有把积累的财富用于服务社会,其活动才具有正当性。他强调,"把金钱用于下述场合更应该认为是正当的,即:建筑城墙、船坞、港口、水道以及服务于社会的各项工程"。

在长达千年的欧洲中世纪进程中,一个很明显的特征就是教会的力量异常强大。商人群体则处于社会发展的边缘,社会地位低下。教会的强大表现在各个方面,其中之一就是它可以广泛地控制人们的思想,甚至凌驾于国家之上。教会认为上帝不能接受商人的营利行为,营利行为是违背基督精神的。基于这一观念,追逐利益的合理性和道德性被质疑,强调商人存在的目的仅是为了服务社会的利益,商人应该照顾其行业工会以及社区的福利。他们须遵从商业伦理直接赋予的道德义务,包括作为卖主而维持公平价格的义务,作为雇主而支付雇员基本生活工资的义务;他们须切实照料基尔特(Guild,即行业或同业工会)成员,并关心其所在社区的普遍福利。商人的灵魂被认为是肮脏的,其灵魂死后不得进入天堂,而唯一使灵魂得到净化的办法就是进行各种有利于改善社会公共福利的慈善活动,提高自身的社会地位。这一时期,教会规定的商人的社会责任相当广泛,从诚实守信到公平交易,从照料行会的会员到支付社会失业救济金,从帮助穷人到建立医院以及孤儿院,等等。总之,那时候商人存在的价值仅是为社会服务,提高公共福祉,谋利不仅不被提倡,更是被排挤的行为,以至于商人对自身存在的道德价值都产生了怀疑。①

在经历了千年的中世纪时期后,西方逐渐步入了重商时代,此时的商业活动蓬勃发展,一系列的制度变迁也对教会统治下的蔑视商业商人的传统观念产生了猛烈的冲击。文艺复兴改变了中世纪教会一统天下的格局,使得倡导宗教

① 卢代富.企业社会责任的经济学与法学分析[M].北京:法律出版社,2002:30-32.

与教育、国家相分离的现实主义受到普遍推崇;个体性与集体性被置于同等重要的地位之上;中世纪对商人追逐财富的敌视被加尔文教义所湮灭;民族国家最终得以创建并日益成为社会生活的最高主宰;几千年来鄙视商业和商人的传统观念被一种全新的经济学说和政策体系——重商主义所取代。① 这些都对商人的社会责任观产生了重要影响。可以说,重商主义时代背景下商人的地位发生了翻天覆地的变化,从之前的社会边缘层级一跃成为社会的主导层级。人们对商人的谋利行为以及社会责任的观念也随之转变。这主要有以下几个原因:文艺复兴打破了宗教一统天下的局面,使得倡导宗教与教育、国家相分离的现世主义得到了人们的认同,而现世主义的盛行改变了商人的社会角色由教会定义的状况;个体性与集体性被同等看待,为个人财富的积累与顾及社会利益相并重提供了很好的接受机会;加尔文宗教改革和马丁·路德宗教改革消解了中世纪对商人追逐财富的敌视。其中,宗教改革总的来说确立了如下三条原则:第一条原则是反对教权至上,简化宗教仪式,废除神职终身制,又提倡建立国家教会,因信称义等。反对教权至上就是提倡在上帝面前每个教众是平等的,没有高低贵贱之分。第二条原则是充分发挥上帝赋予人的才能。从阶级角度上看,这个提法实质上肯定了资产阶级存在的合理性,为西方资产阶级作为一个阶级的兴起提供了理论支持,代表了资产阶级的利益,也为资产阶级给社会创造财富、积累财富方面做出的贡献鼓掌喝彩。第三条原则是积累财富的另一个目的是帮助弱者。从上述三个原则的确立可以看出,在宗教教义和信徒那里,商人的社会地位和社会责任实际上同时得到了提升。加尔文主义既主张商人积累财富,又提倡财富应当用来帮助弱者。

在 16 世纪前后,人类的历史车轮从封建社会走向了资本主义社会。商品经济的迅速发展催生和促进了新航路的开辟以及宗教改革等活动。重商主义重视金银货币的积累,认为金银是财富的唯一形式。重商主义基于只有金银才是真正的财富、唯有对外贸易出超和顺差方能增加国家财富的认知,主张通过国家积极干预经济生活,从而在大力发展国内实业以增加国际上适销对路产品的基础上,积极开拓海外市场。② 加尔文主义鼓励商人追逐利益最大化,并且鼓励企业家的自利行为,认为商人是上帝选择的人。伴随着商人社会地位的提

---

① 刘长喜.利益相关者、社会契约与企业社会责任———一个新的分析框架及其应用[D].上海:复旦大学,2005.

② 卢代富.企业社会责任的经济学与法学分析[M].北京:法律出版社,2002:31-32.

高,相应的社会责任也开始增加。那些为社区提供出色的公共服务的商人能够获得成立公司的特权,拥有独立的法人地位和有限的责任;相反,那些不做慈善贡献的商人就常常会遭到罚款。[1] 随着加尔文主义的广泛传播,商人也被赋予了为公共利益增加金银储备量的使命,商人的社会责任得到了强化。

由于工业革命尚未发生,此时真正意义上的企业并不存在或者尚未在社会生产中起主导作用,因而也并不是社会商业活动的主要组织形式。所以无论是古代、中世纪还是重商主义时代,迫于教会压力以及社会给予商人的特殊地位背景,社会责任的焦点始终在于商人的个人行为。但商人追逐利益的同时不应该损害社会的利益等思想为后来的企业社会责任思想提供了基础。

1.1.2 我国传统商人社会责任观念

任何一个国家或者地区的经济发展方式、结构模式的形成和发展,都与其文化密切相关。在经济活动的背后总是体现出一定时期社会文化的作用。与西方传统社会相同,我国传统意义上的商人的地位也比较低下。这与我国长达两千余年的封建社会一直以农业经济为主的经济结构以及统治者为了便于管理和保证生存而采取的重农抑商的政策有着巨大的联系。在古代,重农抑商成为历代王朝统治的最基本的经济政策,这是由其经济基础所决定的。对于统治者来说,以农业为本有诸多的益处。农业的生产状况直接决定中国这个农业大国的兴衰存亡,农业丰则国稳民安。通过发展农业,除了征收稳定的农业税,封建国家还可以用土地把农民牢牢地束缚住,保证社会的稳定。"士农工商",是古代的"四业",从其表达序次也可以看出商业在古代社会的卑贱地位。早在春秋时期,诸子百家就已有"义利之辩"。其中,比较有代表性的是儒家和墨家的思想。儒家主张"礼以行义,义以生利",先有义再谈利,并且认为"不义而富且贵,于我如浮云"。墨家则主张义利兼顾,认为"利人者,人必从而利之",这是一种"主观为自己,客观为别人"的思想。春秋战国之后的中国工商业几乎都是建立在这样一些义利观基础之上的。[2] 正所谓"君子爱财,取之有道"。这也成为众多商人们的座右铭。

① 沈洪涛,沈一峰.公司社会责任思想起源与演变[M].上海:上海人民出版社,2007:1-2.

② 郑海东.企业社会责任行为表现:测量维度、影响因素及对企业绩效的影响[D].杭州:浙江大学,2007.

1.2 西方企业社会责任理论研究的发展

1.2.1 消极的企业社会责任观(19 世纪)

在 18 世纪中后期,英国完成第一次工业革命后,现代意义的企业有了充分的发展,但企业社会责任的观念并未出现,实践中的企业社会责任取决于业主个人的道德行为。企业社会责任思想的起点是亚当·斯密的"看不见的手",他对企业应该承担一定的社会责任问题进行论证,他在出版《国富论》之前曾著《道德情操论》一书,意在说明经济活动必须注意自利与利他两个方面,并将它们很好地结合起来。古典经济学理论认为,一个社会通过市场能够最好地确定其需要,如果企业尽可能地高效率使用资源以提供社会必需的产品和服务,并以消费者愿意支付的价格销售它们,企业就尽到了自己的社会责任。

事实上,在整个 19 世纪,参与社区建设、捐款等慈善活动,都是个人的行为而不是企业的行为。企业家可以用自己的财富来从事各项慈善事业,但是企业却不被允许这样。法律层面上来说,当时的法律在企业管理者如何使用公司的资金上也有明确的规定,认为企业没有权力去做其业务范围之外的事,否则,就是"过度活跃"了。① 所谓过度活跃即企业活动超出了它的权力,过多地考虑了利益相关者的权益。正因为这样,在 19 世纪,社会责任的真正承担者是企业家,而非企业。所以在 19 世纪,人们对于企业社会责任是持消极态度的。

这种消极的企业社会责任观与当时的主流思潮"社会达尔文主义"是分不开的。社会达尔文主义的代表人物赫伯特·斯宾塞指出:"这看起来很残酷,一个劳动者生了病,就丧失了与其他强壮竞争对手进行竞争的能力,就必须遭受穷困,那些寡妇和孤儿必须自己为生或死而挣扎。虽然如此,如果不是孤立地看,而是与整个人类的利益联系起来看,这些无情的命运就充满了最高的仁慈,正是这种仁慈使得那些父母患病的孩子早早入土为安,也正是这种仁慈使得意志消沉者、酗酒者以及那些受流行疾病折磨的虚弱者早早告别人间。"这表明弱肉强食、适者生存、优胜劣汰的自然原则,也是适用于社会生活中的规律。在此

---

① 刘长喜.利益相关者、社会契约与企业社会责任——一个新的分析框架及其应用[D].上海:复旦大学,2005.

思想背景下,利润最大化成为各经济主体行为的最高乃至唯一的指导原则。利润最大化被提到了很高的地位上,甚至被异化成了经济主体的社会责任,而至于公益慈善等事项,虽没有完全抛弃,但已不再重要。经济主体只要在符合法律、伦理的最低要求下实现最大利润,即算尽到了社会责任;而其公益活动也只有在能为自身带来明显的利益时,方为妥帖。① 许多企业不仅不主动承担社会责任,反而想尽各种办法来盘剥利益相关者(供应商、分销商、员工等),以期尽快变成竞争中的强者。随着工业的深入发展,这种理念及行为也产生了负面的影响。与此同时,19 世纪后期,随着企业制度的不断完善,劳工阶层的自我维护意识也强烈起来,加之美国出台的《反托拉斯法》等法律,客观上要求企业应该负起自己应有的责任。1895 年,美国第一份社会学专业期刊《美国社会学杂志》的创刊号上登了美国社会学界的著名学者阿尔比恩·斯莫尔关于"不仅仅是公共办事处,私人企业也应该为公众所信任"的呼吁,其标志着企业社会责任观的萌芽。②

1.2.2 现代企业社会责任问题的产生

一般认为,企业社会责任的思想最早出现在 20 世纪初的美国。企业社会责任思想在美国的提出并不是一个偶然,而是有必然的因素:一方面,第二次工业革命促进了美国经济的迅速发展,以及从 19 世纪末开始的企业的日益大型化产生的诸多社会问题引发企业需要承担一定的社会责任的争论;另一方面即是美国自身的制度背景使得它比其他西方国家更加关注企业社会责任问题。

关于其制度背景,爱普斯坦(Epstein,1978 年)曾总结了四点:

①有关社会责任的合法性。

②美国对企业社会责任的长期关注与这个国家对私有经济的倚重密不可分。在其他国家通常由国有企业完成的基本经济职能如通讯等,在美国则是由私有经济组织来完成。这也就导致了美国与私有经济之间的高度依存关系。

③在美国,企业从一开始就在国家生活中处于领导地位,扮演了重要的角色。相比欧洲国家由如教会等非企业团体长期占据着社会的领导地位,社会给予了美国的企业及其管理者诸多机会,并且非常重视企业。

④在美国普遍接受了企业界传播的一种思想,认为企业管理者不仅仅只是

---

① 卢代富.企业社会责任的经济学与法学分析[M].北京:法律出版社,2002:2-3.

② 王曼.中国企业社会责任理论与系统研究[D].天津:天津大学,2008.

一个职位而是一种职业。这种职业主义概念的主要组成部分就是对公众的责任,职业经理人有责任全面审视其行动对所涉及的个人或团体的影响,有责任认识到其决策对更为无形的"公众利益"的影响。①

美国特殊的制度背景为企业社会责任思想的产生提供了良好的土壤,而更为直接的原因则是美国的工业化促进了经济的飞速发展。生产力的提高促进了上层建筑的构建。美国的经济实力在第二次工业革命之后取得了巨大的进步。从1820年到1870年第二次工业革命时期的50年间,美国GDP增长了7.84倍,从落后于英国发展到与英国持平。此后,从1870年到1913年的43年间,美国GDP增长了5.26倍,达到了51738.3亿美元,是同期英国GDP水平的2.30倍②。美国的工业化主要有两个标志,其一是大公司的出现;其二是现代大公司中出现的所有权与经营权的分离,即著名的伯利—米恩斯命题(两权分离)。③

大公司在美国出现的原因之一是19世纪中期大规模的铁路建设,"美国的第一个铁路繁荣期为大型建筑公司和现代化投资银行的兴起提供了基本的原动力",为了更好地大批量销售大规模生产出来的产品,有些行业的公司开始增设自己的销售机构,这是一种纵向的结合的方式。对这一趋势产生决定性影响的方式是19世纪末20世纪初美国经历的第一次的企业合并浪潮。其主要特点表现为美国钢铁、铁路等行业,从松散的同业工会的横向联合转向了紧密的横向合并,并形成了产业托拉斯。1880年,洛克菲勒的美孚石油公司合并了40家炼油厂商,控制了美国近90%的炼油能力。④ 19世纪80年代,200多家钢铁厂商合并成了20家大公司;1901年,JP摩根进一步将其中的12家大公司合并成立了美国钢铁公司,后者掌握了全美65%的市场份额。⑤ 大企业通过不断的兼并和联合,使财富向少数人的手中聚集,最直接的后果就是破坏了原本竞争

---

① 沈洪涛,沈一峰.公司社会责任思想起源与演变[M].上海:上海人民出版社,2007:3-4.

② 刘力纬.企业社会责任研究——不同所有制劳动密集型企业的调查[M].北京:中国言实出版社,2013:66-67.

③ 沈洪涛,沈一峰.公司社会责任思想起源与演变[M].上海:上海人民出版社,2007:3-4.

④ [美]小艾尔弗雷德·钱德勒.看得见的手[M].重武译.北京:商务印书馆,1997:96-97.

⑤ [美]W.吉帕维斯库斯,约翰·M.弗农.反垄断与管制经济学[M].北京:机械工业出版社,2004:110-111.

性的市场结构,容易在经济生活中形成垄断和限制竞争,从而不利于市场的健康发展。"经济组织的权利应该像其他权利一样受制于公共利益,随着一种经济组织的力量的增加以及权力的集中,更容易确定权力的所在,同时对权利的责任要求也更加直接。"①这也就意味着,当大企业出现之后,随着其权利的扩大,社会对企业应该承担责任的呼声也越来越迫切。到了 20 世纪 30 年代以后,美国经济大部分已经控制在了大型公司手中,他们在美国社会中扮演着重要的角色。现代大企业的崛起对美国经济产生了双重影响:一方面,大企业与小企业相比,经营和管理效率都较高,其巨大规模的生产可以集中使用资金、人力和物力,大大避免了浪费,毫无疑问它适应社会化大生产和商品经济发展的要求,能够取得更大的利益,从而促进了美国经济的迅速发展。另一方面,随着企业的规模持续扩大、生产无限制地集中而引起的垄断程度的提高,限制了生产潜力的发挥和技术的进步。这一时期也是大企业大公司对劳动者更加剥削,对自然资源加剧掠夺和破坏,环境恶化,与消费者利益日益对立和冲突的时期。美国大公司的这种恶劣的行径引起了美国社会的不满和政府对企业态度的变化,同时一些学者也开始呼吁企业应承担社会责任。劳动者为维护其权益所开展的工人运动在经过 18 世纪的高潮后,于 20 世纪取得了明显成就并继续向纵深方向推进。随着劳动者维权意识的逐步提高以及因企业规模的扩大而引起劳动者愈加集中,劳动者反抗资本家的斗争也更具组织性。他们纷纷建立和加入工会,举行声势浩大的罢工或示威游行,保护自己的正当权益。1898 年,美国各州消费者组织又联合组成了世界上第一个全国性的消费者组织——美国消费者联盟。消费者组织的成立,点燃了消费者运动的星星之火。随着美国工业化的深入以及现代大公司的出现,企业的所有权与经营权实现了分离,伴随着各种要求企业承担责任的呼声以及思潮不断高涨。"美国经济过快增长,以及在经济高速增长过程中企业社会责任的失范,使得 20 世纪 20 年代至 30 年代,讨论企业社会责任的热潮成为非常必要也很自然的事情。"②

1916 年克拉克在《改变中的经济责任的基础》一文中指出:"大家对于社会责任的概念已经相当熟悉,不需要到了 1916 年还来重新讨论,但是迄今,大家并没有认识到社会责任中有很大一部分是企业社会责任……因为商人和学者

---

① Berle,Adolf A.,and Means,Cardiner C.,1932(reprintedin1991),The Modern Corporation and private Property,New Brunswick:Transaction Publishers:310.

② 李立清,李燕凌.企业社会责任研究[M].北京,人民出版社,2005:23-24.

仍然被日渐消失的自由经济的阴影所笼罩着。"①"我们需要有责任感的经济原则,发展这种原则并将它深深植于我们的商业伦理之中"。②他所倡导的"有责任感的经济"为企业社会责任的产生提供了理论土壤。然而,克拉克倡导的有责任感的经济需要体现在商业伦理中,他并未明确提出企业应当需要承担社会责任。1924年,美国学者谢尔顿在其《管理哲学》(The Philosophy of Management)一书中首次提出企业社会责任的概念,他认为企业的目标并不是单纯地生产商品,企业经营者应该具有满足产业内外各种人群需要的责任,并且认为企业社会责任含有道德因素在内,主张企业经营对社区的服务有利于增进社区利益,社区利益远远高于企业自身的利益。③克拉克以及谢尔顿的观点提出之后,在社会上并没有引起多大的反响。古典经济学的"股东利益最大化"仍是占主导地位的,企业对于利益追求仍是其经营活动的唯一目标。直到20世纪30年代之后历史上两次著名的关于企业社会责任的论争和20世纪40年代鲍恩正式提出企业社会责任的概念之后,企业社会责任的问题才真正地被推到了历史的前台。

1.2.3 "贝利—多德"论战(20世纪30—50年代)

20世纪初的美国,由于现代企业的股权分散、股东与企业管理者的信息不对称以及公司法和公司章程对于现代企业管理者权力的扩大,使得现代企业管理者事实上脱离了来自股东的监督。在实践中,管理者究竟应当对谁负责?是追求股东利益还是谋求其他目标?在此情况下,以股东利益最大化作为企业管理者唯一目标的传统观念由于公司管理者行为的权限和自由度的日益扩张而受到了严峻的挑战。关于管理者只对股东负责还是只对公司负责,哥伦比亚大学法学院教授贝利与哈佛大学教授多德即是对此种现象较早做出反应的学者。他们二人围绕上述论题展开了论争,史称"贝利—多德"论战,又因二者论战的主要阵地为《哈佛法学评论》,这次论战也被称为"哈佛论战"。

1931年,贝利在《哈佛法学评论》上发表的文章《作为信托权力的公司权

---

① Clark, J. Maurice, 1916, The Changing Basis of Economic Responsibility, Journal of Political Economy, vol. 24(3):229.

② Clark, J. Maurice, 1916, The Changing Basis of Economic Responsibility, Journal of Political Economy, vol. 24(3):210.

③ 刘力纬. 企业社会责任研究——不同所有制劳动密集型企业的调查[M]. 北京:中国言实出版社,2013:67-68.

力》一文中指出,管理者只是公司股东的受托人,而股东的利益总是在其他对公司有要求权的人的利益之上。"所有赋予企业或者企业管理者的权利,无论是基于企业的地位还是企业的章程,或者同时基于这两者,只要股东利益存在,这种权利在任何时候都必须服从全体股东的利益。因此,当行使权利会损害股东利益时,就应该限制这种权利。"①在贝利的观念中,企业作为一个营利性的组织,其所获得的权利都是股东所赋予的,而企业的管理者则只是股东的受托者,应唯股东利益为大;法律的功能就是保护董事会的利益,保证企业的管理者是一致追逐利益的。

对于贝利的这些观点,多德则有不同的看法,并很快做出了回应。1932 年,也就是贝利发表其观点的第二年,多德同样在《哈佛法学评论》发表了《公司管理者是谁的受托人》一文,与贝利之前的观点进行讨论,提出了管理者应有更广泛的受托责任。多德明确企业是具有社会责任的,并且指出"公司作为一个经济组织,在创造利润的同时也有服务社会的功能","管理者不再是股东的代言人,而正在成为机构的受托人"。

对于多德的这些观点,贝利在紧随的一期《哈佛法学评论》上立即做出了回应,文章的题目就是《公司管理者是谁的受托人:一点说明》。贝利在此时的观点是他并没有反对管理者应当承担更大范围的社会责任,只是他认为企业的管理者对这些利益群体负担社会责任的时机并不成熟。"在可以有一套清晰合理的对其他人的责任机制"建立之前,仍然应该强调管理者对股东的责任。② 由此可以看出贝利之所以坚持企业的管理者只是股东的受托人这一观点,原因主要是如果削弱管理者对股东的受托责任则会导致企业的管理者在追求广泛的社会目标的过程中的权力不受限制。

在贝利与多德的这场争论中,有必要提及一下贝利与米恩斯合著的《现代公司与私有财产》。他们在分析现代公司的特征后总结道,现代公司已不再是一个私人经营单位,已然成了一个机构。由于所有权与经营权的分离,消极的股东已经放弃了要求公司只为他们的利益而经营的权利。现代公司不再被视为以追求利润最大化为唯一目标的单纯的营利性组织,而是含义更为丰富的社会公共机构;作为管理者,也不再固守于利润最大化,而演变成一种平衡社会中

---

① Berle, Adolf A. , Corporate Powers as Powers in Trust, Harvard Business Review, 1931, 44 (7):1049.

② Berle, Adolf A. ,1932, For Whom Corporate Managers are Trustees: A note, Harvard Business Review,45(8):1366.

各种利益集团主张、基于公共政策而非贪婪之心分配公司收入的"纯中立技术专家"。① 这些均表明贝利事实上对于多德所谓的企业管理者更大范围的受托人职责原则表示了接受。此时正值贝利与多德的争论期间，这也侧面反映了贝利关于"公司管理者是谁的受托人"这一问题上的矛盾心理。

贝利与多德在经历了20世纪30年代的正面交锋之后，各自的认识都发生了甚至公开认可对方观点的变化。1942年，多德在回顾30年代那场关于管理者受托责任的讨论时写道："在1932年的春天……我过于草率地提出，虽然在传统上，我们公司法的理论基础在于管理者的作用是追求利润最大化来满足股东的利益，但是应该发展一种宽泛的观点，建议公司管理者，在一定程度上，作为劳动者和消费者的受托人，而不是毫无意义的空谈。""正如贝利先生所指出的，这里涉及的法律上的困难是很明显的。"至于多德（1942年）为何会改变自己的想法，这与1932～1942年的十年间，美国政府的各种措施，比如实施"新政"，大量地干预经济活动；由于工会以及消费者团体的努力，通过了很多法律来保护劳动者的权益。所以多德认为，既然这些利益团体已经加强了他们相对于公司的法律地位，那么他们的受托人就是律师，也就是说，在社会责任可以由法律保护来实现的情况下，公司不需要再承担相应的社会责任。② 事实上，这场争论的本质在于企业是否应该承担社会责任。反对者以贝利为代表持消极企业社会责任观，认为除了利润之外企业没有任何社会责任。赞成者以多德为代表认为，企业财产的运用是深受公共利益影响的，企业管理者的权利来源于所有利益相关者，除股东利益外，法律和舆论在一定程度上迫使企业同时承认他人的利益，企业应该树立对雇员、消费者、广大公众的社会责任观。

如果说贝利对多德的早期观点未曾公开表示过认可，那么贝利在后来明确宣示其全面接受多德的早期观点则是在1954年贝利出版的《20世纪的资本主义革命》一书。在书中，贝利总结了这场源于30年代的讨论，毫不隐讳地承认："20年前，笔者与已故的多德教授展开了一场争论……笔者以为公司的权利乃为股东利益而设定的信托权利，多德教授则主张这些权利为全社会的利益而拥

① Berle and Means, The Modern Corporation and Private Property, New York, 1932:1,9,248; See also Dr Saleem Sheikh, Corporate Social Responsibility: Law and Practice, Cavendish Publishing Limited, 1996:29-30,155.

② 沈洪涛,沈一峰.公司社会责任思想起源与演变[M].上海:上海人民出版社,2007: 30-31.

有。这场辩论已经（至少目前是这样）以多德教授的观点为优胜而宣告终结了。"①在这本书中，贝利再次强调了公司的社会责任。贝利已不再把企业管理者的职能限于组织企业的经营活动以使股东利润最大化，而把企业管理者作为既具有经济动机又负有社会责任的所有利益相关者之受托人看待。②

这场开始于 20 世纪 30 年代，结束于 20 世纪 50 年代的关于公司管理者受托责任的争论中，贝利与多德的观点并不是完全对立的，二人均认为现代大公司是一个负有社会责任的社会组织，分歧在于应该优先负责股东利益，还是同时对股东和其他利益相关人负责的问题上。尽管争论延续了将近 20 年，期间两位学者的观点发生了很大的转变，并一直持续到 1954 年贝利承认并赞同多德的观点而暂时告一段落，但是企业社会责任并未因此得到学术界的一致认同，有关公司社会责任的争论并没有因此画上一个圆满的句号，而是继续走向了深入。

1.2.4 "贝利—曼恩"论战（20 世纪 50—70 年代）

相对于贝利与多德的争论的平和，贝利与曼恩关于现代公司作用的争论则显得十分激烈，甚至可谓针锋相对。20 世纪 50 年代，贝利由企业社会责任的反对者彻底转变成企业社会责任的倡导者。他和曼恩展开了激烈的论争。贝利反思了自己与多德争论的观点，他承认，在早期自己担心企业管理者不适合充当企业利益分配者的角色，但企业变革的事实证明了多德的观点是正确的。

哥伦比亚大学教授曼恩在 1962 年发表的《对现代公司的"更猛烈的批判"》一文中，探讨了现代公司的地位、作用等，提出了"坚持自由经济，现代公司不应当承担公司社会责任"，并且批评了贝利没有能够证明企业管理者可以更好地执行企业财富分配的问题。作为回击，贝利在 1962 年以《公司制度的现代功用》一文作为回应。贝利认为，在美国，经济受控于大型企业、股票散于消极股东，已经让亚当·斯密的古典市场经济理论存在的前提——完全竞争的市场条件失去了根基，公司已经不再是一个经济组织，应当承担对其他利益相关者的社会责任。③

---

① A. A. Berle, The 20th Century Capitalist Revolution (1954) New York, quoted in Dr Salem Sheikh, Corporate Social Responsibility: Law and Practice , Cavendish Publishing.

② 卢代富. 企业社会责任的经济学与法学分析[M]. 北京：法律出版社，2002：21 - 23.

③ 刘力纬. 企业社会责任研究——不同所有制劳动密集型企业的调查[M]. 北京：中国言实出版社，2013：70 - 71.

曼恩始终坚持自己的观点。同年9月,在《公司责任、商业动机以及现实》一文中,曼恩更是预言"企业社会责任会造成垄断和政府管制的增加"。在曼恩看来,在一个完全竞争的行业中,企业的捐赠行为带来的成本增加会危及企业的生存,所以他断言企业所能承担的非经营成本越高,征收的垄断租金就越高。而垄断和政府管制这两个可能的结果都会威胁到自由经济制度,自然不是曼恩所能容忍的。[①]

曼恩在20世纪60年代与贝利的争论并没有达成共识,到了70年代,他为捍卫自由经济,继续向企业社会责任发难。1972年,曼恩在针对卡茨教授的文章中,从缺乏可行性、合理性、道德性、实践性等四个方面来对企业社会责任进行了批驳。曼恩坚定地站在自由经济的立场上写道:"大部分关于企业社会责任的观点的一个根本的缺陷就是没有认识到企业是一个经济组织,即使不是完全也是很大程度上,是建立在全体成员的自利动机之上的。"[②]

贝利和曼恩的这场争论与贝利和多德的争论有根本的不同。贝利与曼恩的基本立场不同。贝利与多德均认同公司是一种社会组织,利润最大化不是公司唯一的目标,而曼恩则完全不同,他认同公司作为一种经济组织,其承担社会责任会危及自由市场。所以争论的结果不同也就在情理之中了。

企业社会责任涉及面的不断拓展与各种认识的日益纷呈,不仅使企业社会责任正反两派的观点的理论资源更为丰富,而且使企业社会责任这一命题本身得到了多角度或者全方位的检视。1953年,鲍恩在其里程碑式的著作《商人的社会责任》中对企业社会责任首次明确定义道:"商人按照社会的目标和价值,向有关政策靠拢,做出相应的决策,采取理想的具体行动和义务"。[③] 卡罗尔对鲍恩的企业社会责任概念做出了很高的评价,他认为《商人的社会责任》是标志着企业社会责任思想的现代研究的开始。鲍恩的理念对于企业社会责任往后的发展在思想上产生了巨大的影响,因此卡罗尔将鲍恩推崇为"企业社会责任之父"。[④] 美国亚利桑那州立大学的管理学教授戴维斯是完善鲍恩企社会责任概念的代表性学者。他对企业社会责任的发展与完善主要体现在两个方面:一

① 杨春方.我国企业社会责任驱动机制研究[D].武汉:华中科技大学,2009.

② Manne,Henry G.,1972,The Social Responsibility of Regulated Utilities,Wisconsin Law Review,4:998 - 1001.

③ Bowen,H. R. Social Responsibilities or the Businessman. NewYork:Harper. 1953,p31.

④ Carroll,Archie,1999,Corporate Social Responsibility:Evolution of a Definition Construct,Business and Society,38(3),p. 270.

是"责任铁律",二是公司社会责任的五条定理。戴维斯提出,如果深入分析企业社会责任的"社会—人类"义务,那就必须具有"责任与权力形影相随"的观点,这一观点产生了所谓的"责任铁律"。① 20 世纪 70 年代,戴维斯提出了企业社会责任的五条定理:一是社会责任来自于社会权力;二是企业应该作为一个双向开放的系统来经营;三是企业在进行各种活动和决策时应考虑社会成本及收益;四是社会成本应计入活动、服务以及决策的价格中,这样消费者就能支付他对社会的耗费;五是企业作为公民,除了承担社会成本之外,还有责任在社会需要的地方尽其所能地参与其中。②

贝利和曼恩的论战吸引了更多的学者参与进来,使这场争论持续了很长时间。在这期间,大量学者围绕企业社会责任的正当性以及其他相关问题各抒己见,从而使企业社会责任的学术研究活动呈现出前所未有的繁荣局面。美国哈佛大学的莱维特是明确拒绝企业社会责任的学者。针对 20 世纪实务界蓬勃开展的企业社会责任运动以及理论界日渐兴盛的企业社会责任思潮,他在 1958 年曾警告道:企业承担社会责任是非常危险的。他的逻辑是:若容许企业参与社会问题的解决,则必然使企业获得更为广泛的权力,人们对于企业的期望也会越来越高。相应地,企业的价值观会变成社会中主要的价值观。企业可能会演变成像中世纪教会、现代民族国家那样的经济、社会权力中心。基于这些判断,他认为企业的目标仅仅在于营利,而关于社会问题的解决,则在于政府。企业与政治应当保持一定的距离。在他看来,企业承担社会责任其实是企业参与政治的一种表现,这种情况是弊大于利的。因为企业参与政治势必会分散企业的资源,削弱企业的生命力。企业一旦不是社会所期望的那种出色的产品的提供者,则会陷入严重的困境。

在企业社会责任的众多反对者中,芝加哥学派的观点最具代表性和影响力。其中对企业社会责任的批判者最有代表性和影响力的一位学者即是诺贝尔经济学奖获得者弗里德曼。他与曼恩一样,都坚定地反对企业社会责任,虽然他没有像曼恩那样直接参与关于企业社会责任的辩论,但是他众多的著述以及众多论及企业社会责任的问题无一例外地坚持批判的立场。他的《资本主义

---

① Davis, Keith, 1960, Can Business Afford to Ignore Social Responsibilities?. California Management Review, 2, 70 – 76; Davis, Keith, 1967, Understanding the Social Responsibility Puzzle: What Does the Businessman Owe to Social?. Business Horizon, Winter: 45 – 50.

② Davis, Keith, 1975, Five Propositions for Social Responsibility, Business Horizon, June: 19 – 24.

与自由》一书以及《企业的社会责任是增加利润》一文都集中体现出赞同股东利益最大化，批判企业社会责任的思想。他在《资本主义与自由》中专门有一章来讨论"垄断和社会责任"，他在其中明确地说有一种越来越被普遍接受的观点，认为企业的管理者和工会的领导人在满足他们的股东或成员的利益之外还要承担社会责任。这种观点在根本上错误地认识了自由经济的特点和性质。在自由经济中，企业有且仅有一个社会责任——只要它处在游戏规则之中，也就是处在开放、自由和没有欺诈的竞争中，那就要使用资源并从事经营活动以增加利润。① 弗里德曼对企业社会责任的抨击归于一点，就是企业社会责任思想是对自由经济的根本颠覆。他在 1976 年获得诺贝尔奖，被公认是现代货币经济学的代表人物，同时也是一位坚定的自由主义者，表现在他对亚当·斯密及其《国富论》的推崇。在弗里德曼看来，200 年前的伟大的思想家同样可以否定社会责任思想。他认为自由经济制度下，企业应当归股东所有，管理者仅是股东的代理人，一切唯股东利益至上、为股东创造利润；企业家将企业利润作为慈善进行捐助，是在损害股东合法的财产权利。企业如果过多参与社会活动承担社会责任，将导致企业成本增加，而这种成本一方面导致产品价格过高，并最终由消费者承担，另一方面也会造成企业单位产品价格上升，进而造成企业竞争力下降和社会投资的流失。②

哈耶克与弗里德曼一样，同样是诺贝尔经济学奖获得者、自由秩序的著名倡导者。他在《致命的自负》一书中，态度明确地表达了下述观点："对利润最大化目标的任何偏离行为都可能危及企业的生存，并使企业的管理者获得无休止追求社会目标的难以控制的行为。"③如此一来，就不仅把企业社会责任固定为利润程式，而且反证了企业社会责任的不可行性。

波斯纳同样赞同以上观点：企业的目标，全在利润最大化。在对公司法进行经济分析时，他还列举了由于企业承担社会责任，而不是仅以利润最大化为目标的危害：第一，如果试着以最低成本生产产品而又想对社会有所贡献的经理，将是一事无成的。第二，由于承担企业责任会产生一定的成本，为了消化这

---

① 沈洪涛，沈一峰.公司社会责任思想起源与演变[M].上海：上海人民出版社，2007：35 – 36.

② 曹凤月.企业道德责任论——企业与利益共生者的和谐与共生[M].北京：中国社会科学出版社，2006：21 – 22.

③ [英]F. A. 哈耶克.致命的自负[M].冯克利，胡晋华译.北京：中国社会科学出版社，2000：132 – 133.

一成本企业势必会以提高产品价格让消费者承担,这对消费者的利益是有很大损害的。第三,企业履行社会责任会降低股东自己履行社会责任的能力,而与此相反,企业利润最大化却可以增加股东的财富,股东可以以这种资源来对政治、慈善捐款做出贡献。

诺贝尔经济学奖的获得者西蒙则是企业社会责任的倡导者。他认为,企业的社会责任应是企业组织活动的目的,企业经济活动只是基于事实的判断。而企业的社会责任则是从道德价值推演获得的企业目的。他研究了效率原则与价值原则的对立统一运动,指出污染的蔓延会使社会成本增加,损害价值原则。企业防止公害,把它化为企业成本,尽管在一定程度上影响效率,但却履行了社会责任,维护了价值原则。他认为虽然企业的互动中对于效率的追求是无可厚非的,但是这又是离不开价值的评判。只有既看到手段事实方面的合理性,又看到其价值因素,企业的效率原则和社会责任原则才能得到协调。为此,他特别提醒企业,不能只注意直接效果,而应同时注意间接社会效果,防止价值取向的偏差。①

1960年科思发表其论文《社会成本问题》。他的产权理论指出,企业真正的权力来源于由利益和相关者组成的集团所有各方,这种由利益相关者构成的企业交易费用是最节省的,而唯利润最大化是从的市场机制并不可能存在,这一理论有力地支持了企业社会责任的观点。

企业社会责任的倡导者中更有不满于企业社会责任之含义模糊者,面对来自反对者就企业社会责任语焉不详之状况所做的指责,他们力图揭示企业社会责任的应有之义,由此形成了企业社会责任的各种界定。在1971年6月发表的一篇题为《商事公司的社会责任》的报告中,美国经济开发委员会列举了为数众多的(达58种)旨在促进社会进步的行为,并要求公司付诸实施。这些行为涉及10个方面:

①经济增长与效率;

②教育;

③用工与培训;

④公民权与机会均等;

⑤城市改建与开发;

---

① 刘长喜.利益相关者、社会契约与企业社会责任——一个新的分析框架及其应用[D].上海:复旦大学,2005.

⑥污染防治；

⑦资源保护与再生；

⑧文化与艺术；

⑨医疗服务；

⑩对政府的支持。

美国经济开发委员会在罗列了如此范围广泛的企业社会责任行为后，进而又将其区分为两个基本的类别：其一是纯自愿性的行为，这些行为由企业主动实施并由企业在其实施中发挥主导作用；其二是非自愿性的行为，这些行为由政府借助激励机制的引导，或者通过法律、法规的强行规定而予以落实。①

由上所述可以看出，企业社会责任的研究开始走出是否应该承担社会责任争论，将研究的重点放在企业应当承担什么样的社会责任以及如何承担社会责任上来。

1.2.5 企业社会责任研究的深化与发展（20 世纪 80 年代以来）

1. 利益相关者理论的出现

在企业所有权的配置问题上，存在两种截然不同的理论，一是利益相关者理论，另一个是股东利益至上理论。20 世纪 60 年代以前，股东至上理论占据着企业管理领域的核心。在那之后，出现了利益相关者理论，冲击了股东至上理论的权威位置，这也促进了企业管理方式的改变。以弗里德曼为代表持"股东利益至上"理论的学者认为，企业存在的唯一目的就是最大限度地盈利并实现股东利润的最大化。而利益相关者理论却主张：第一，所有的受企业影响的利益相关者都有参加企业决策的权利；第二，管理者负有服务于所有利益相关者利益的信托责任；第三，企业的目标应该是促进所有相关人的而不仅仅是股东的利益。② 唐纳森曾表示："相关利益者理论家对居于现代经济和管理理论中心的传统观点提出了挑战。"③此处所说的现代经济和管理理论中心的传统观点即是"股东价值最大化"。

---

① 刘长喜.利益相关者、社会契约与企业社会责任——一个新的分析框架及其应用[D].上海：复旦大学，2005.

② 辛杰.企业社会责任研究[D].济南：山东大学，2009.

③ Donaldson，T.，2002，The Stakeholder Revolution and the Clarkson Principles，Business Ethnics Quarterly，Vol.12(2)：108.

利益相关者理论有两大基础,一为产权理论,二是契约理论。产权理论认为,利益相关者必须从多元理论的角度来重新定义产权,即根据自由意志论、功利主义和社会契约论的原则达到多元"分配公正"。按照自由意志论者的观点,财产所有权者可以自由地处置自己的资产;但根据功利主义原则,这种处置不得损害他人的利益需求;按照社会契约论,经济主体在财产分配和使用上必须相互沟通和相互理解。这种多元"分配公正"的理论最终肯定了企业利益相关者的利益。[①] 契约理论认为,企业是由一系列的契约构成的。这一系列的契约包括管理者、员工、客户、供应商等相关利益者之间的契约,每个契约的签订者都以自己的专属资源来为企业服务,而作为交换,企业应当保护或者照顾到这些利益相关者的利益。股东利益最大化其实只是谈到了这一系列契约中的一种,即股东与管理者之间的契约而已。

由此得知企业的风险也不只是由股东全部承担,其他相关利益者也承担着风险。这就不仅对"股东利益至上"造成了冲击,在某种程度上甚至为企业社会责任理论的发展扫清了障碍。因为企业社会责任理论一贯主张要改变那种企业唯一使命就是增加股东利益、提高企业价值的狭隘看法,认为企业应该站在一个更高的层次去考虑问题:考虑其所有利益相关者与整个社会的关系,并且承担一定的社会责任。[②]

"利益相关者"作为一个名词最早出现在 1927 年通用电气公司的一位经理的就职演说中,他首次提出企业应该为利益相关者服务的思想。[③] 1963 年,斯坦福研究院给出了现在我们可以看到的关于利益相关者的最早定义。他们从企业生存依赖观的角度,将利益相关者界定为"那些如果没有他们的支持,企业组织将不复存在的群体"。这一最早的定义是基于某一群体是否关乎企业生存的标准,意识到了利益相关者和企业之间关系的双向性,属于狭义的概念界定。但这一定义的提出至少表明企业的生存并不是全部依赖于为其提供物质资本的股东,它的生存同样离不开股东之外的其他利益相关者的支持。因此,企业在设定目标时应考虑利益相关者的利益。1965 年,美国学者安索夫最早将该词引入管理学界和经济学界,认为要制定出一个理想的企业目标,必须综合平衡考虑企业的诸多利益相关者之间相互冲突的索取权,他们可能包括管理人员、

---

① 杨春方. 我国企业社会责任驱动机制研究[D]. 武汉:华中科技大学,2009.
② 辛杰. 企业社会责任研究[D]. 济南:山东大学,2009.
③ 刘俊海. 公司的社会责任[M]. 北京:法律出版社,1999:45 - 46.

工人、股东、供应商以及分销商。不过,安索夫也评说,利益相关者只有在一定条件下才可以看成是企业所必需的。1977年,宾夕法尼亚的沃顿学院首次开设利益相关者管理课程,这表明利益相关者理论已开始被西方学术界和企业界所重视。利益相关者理论的出现大大地促进了企业社会责任的研究。卡罗尔最早指出企业社会责任具有多维结构,可以进一步区分为"利益相关者管理"和"社会事务参与"。① 前者是指企业出于提高经济绩效的目的与其直接利益相关者建立并保持良好的关系,后者则是指企业承担了超出其直接利益相关者范围之外的社会责任。

关于利益相关者,到目前为止,尚未形成统一的定义,米切尔、阿格尔和伍德在《朝向一套相关利益者定义与特征的理论:应该真正考虑谁和考虑什么的界定原则》中就归纳了27种利益相关者的定义。

对利益相关者下了一个日后成为经典的广义定义的相关利益理论的鼻祖,则是弗里曼:"一个组织里的相关利益者是可以影响到组织目标的实现或受其实现影响的群体或个人。"②从这一定义出发,可以发现对利益相关者的定义范围相当宽泛,股东、债权人、员工、供应商和顾客这些群体必在此概念界定之内,公众、社区、环境、媒体等可以想到的团体与个人都会对企业活动造成直接或间接、或大或小的影响,因此也可以被划入利益相关者的范畴。

经过内部自身的一体化理论建设和外部与股东价值最大化的理论的论战,利益相关者理论逐渐地成熟起来并形成了较为完整的理论体系。这也为利益相关者理论和企业社会责任思想的结合创造了客观条件。③ 利益相关者理论与企业社会责任思想本来是两个各自独立的领域,前者研究企业与各利益主体的关系,后者则探讨企业对社会应当承担的责任。企业社会责任思想的产生明显早于利益相关者理论的产生,虽然其发展数十年,但是"由于缺乏理论上的指导与支持,实际上仍然处于踌躇不前的状况"。④ 虽然利益相关者理论发展势头很猛,但是缺乏实证上的研究一直是它的缺陷,而企业社会责任研究虽然理论发

---

① Archie B. ,Carroll. A three – dimensional conceptual model of corporate[J]. Academy of Management Review,1979.

② Freeman,R. E. ,1984,Strategic Management:A Stakeholder Approach,Pitman Publishing Inc:46.

③ 沈洪涛,沈一峰.企业社会责任思想起源与演变[M].上海:上海人民出版社,2007:181 – 182.

④ Swanson,Diane L. ,1995,Addressing A Theoretical Problem by Reorienting the Corporate social Performance Model. Academy of Management Review,Vol.20(1):43 – 64.

展仍有不足,但实证结果不少,这是符合利益相关者理论要求的企业社会责任研究。其典型例子就是企业社会表现的多维度衡量方法对利益相关者在实证检验上的支撑作用。比如拉夫等人用 KLD 指数作为可以反映利益相关者与企业之间关系的变量,构建模型来反映企业社会责任对企业绩效的影响关系。企业社会责任和利益相关者二者的全面结合趋势出现在 20 世纪 90 年代。第一个在理论研究上正式将利益相关者理论放入企业社会责任的是伍德。她在《再论公司社会表现》一文中指出:"弗里曼的利益相关者观点可以回答企业应该为谁承担责任的问题。"①伍德将利益相关者管理看作是公司社会回应中与环境评估和社会问题管理相并列的三大支柱之一。企业社会责任表现的相关利益包括如何管理利益相关者的多重关系,对利益相关者的概念进行扩展,等等。克拉克森则在实证研究上从利益相关者管理者的角度来衡量企业社会责任的表现。克拉克森认为,那些对企业及其过去、现在或未来的活动享有或者主张所有权、权利或利益的自然人或社会团体属于利益相关者。他又根据相关者利益群体与企业联系的紧密性将利益相关者分为一级利益相关者和二级利益相关者。前者是指没有其参与企业就不可能持续生存的人,包括股东、雇员、顾客等;后者是指那些影响企业或者受企业影响,但与企业的生存没有必要关系的群体,比如媒体等。

利益相关者理论的引入极大地丰富了企业社会责任思想的理论内涵。廓清了企业社会责任的定义,同时在某种程度上明确了企业社会责任的考量方向,也使长期以来关于"企业为股东负责"还是"企业为利益相关者负责"的争论告一段落。

2. 企业社会回应理论的兴起

20 世纪 70 年代的企业社会响应思想的出现并不是偶然的,企业作为社会这个大环境中的一员,促使自身必须对社会压力与情景做出适当的反应。20 世纪 60 年代,由于各种民间对于各项权益的争取保护运动(例如消费者运动、环境保护运动、反越战的民权运动、反种族歧视运动等)以及同行业和外国的竞争使得美国企业所处的外部环境发生了很大的变化。典型的例子就是 1962 年出版的《寂静的春天》。这本书用生动的笔墨和写实的手法对于人类认识的绝对权威提出质疑,在社会上引起了强烈的反响,唤醒了公众对于自然环境的向往和保护意识。环境问题被摆在了企业的面前,迫使他们不得不做出反应。美国

---

① Wood, Donna J. , 1991, Corporate Social Performance Revisited , Academy of Management Review, Vol. 16(4) :696.

总统肯尼迪在60年代初签署的《消费者权利法案》直接在全美引起了"消费者运动",这也使保护消费者权益的观念渗透到全美的各个行业。1973年的能源危机更是使得企业的压力进一步加大。社会压力的加大,促使企业社会责任不能再停留在概念和争论上,而必须转化成关乎企业生存的实实在在的问题。这些迫使许多企业必须重新考虑企业与社会之间的关系问题,企业应该学会如何对许多迫在眉睫的社会需求做出回应。

阿克曼(1973年)和鲍尔(1976年)被普遍认为是最早提出并定义企业社会回应概念的学者。实际上,戴维斯和布洛斯特罗姆在1971年出版的《企业、社会与环境》一书中已经开始重视企业社会回应概念。他们认为在企业与社会领域里,企业社会责任作为理念,社会决策导致社会行为(即社会回应)功能的运行,最终达到社会更加有效的理想结果,而企业社会责任只是这个序列的开端。① 除此之外,戴维斯和布洛斯特罗姆并没有再进一步展开说明。他们对企业社会责任与企业社会回应做了区分:企业社会责任强调的是动机而非结果,是企业所承担的义务;而对社会需求的回应是"做什么"的问题,不应只考虑"该做什么"。② 这也就是为什么他们会认为企业社会回应才可以更好地反映社会问题与经济行为之间的紧密关系。

普雷斯顿和波斯特在《私人管理与公共政策》中也系统地提出了企业社会回应的重要思想:企业参与社会其实面临一个所谓"企业困境",一方面,即使是大公司也不可能在经济与社会的每个领域都发挥积极的作用;另一方面,完全退出该领域,对社会需求和社会危机反应也是不明智的。③ 而对"企业困境"分析应集中在企业与社会互动的过程方面,而不是其他地方。这个互动的过程有两个,一个是私人管理过程,另一个是公共政策过程。两个过程是相互联系的,因此,要求管理者进行"社会参与"。他们将企业社会回应看作"社会参与"的一个过程,在这个社会化的过程中,企业应该用公共责任原则来替代企业社会责任,企业应该受到外部公共政策环境的支配,并要接受企业外部的公众评估。③

---

① Davis Keith, Blomstrom, Robert L., 1971. Business, Society, and Environment. Mc Graw - Hill Book Company:91.

② Ackerman R. W. & Bauer R. Corporate Social Responsiveness: The Modern Dilemna[M]. New York: Reston Publishing, 1976.

③ 陈昕.利益相关者要求识别、企业社会责任表现与企业绩效[D].广州:华南理工大学,2011.

企业社会回应提出之后,关于企业社会回应与企业社会责任的关系主要有两种观点:第一种是企业社会回应是对企业社会责任的替代,代表人物是弗雷德里克和塞西;第二种是企业社会回应是对企业社会责任的补充,这也是后来公司社会回应在企业与社会研究领域的地位起到最终决定作用的观点,代表人物主要有卡罗尔、爱泼斯坦、伍德等。(将在下一章详细介绍这些学者的观点)

3. 企业公民(Corporate Citizenship,CC)思想的出现

(1)企业社会责任思想踏上企业公民之路

进入 20 世纪 90 年代以后,企业社会责任与可持续发展等理念成为国际上的一股主流思潮,加之利益相关者理论的日益成熟,人们逐渐意识到,社会人不仅仅是做一个"经济人",还要做一个有责任感和道德感的"人"。学者们在学术界重新关注这个概念,大量的研究在进入新世纪的时候才展开,但在这之前,已经有关于企业社会公民的实践出现。比如 1979 年,强生公司就在"我们的信条"中承诺"我们必须成为好公民"——支持好的行为以及慈善事业,承担我们应有的税赋;我们必须促进人们的发展以及拥有更好的健康和教育;我们必须维护我们有权使用的财务的良好秩序,保护环境和资源。1996 年美国乔治敦大学召开的"企业公民会议"及其后设立的"企业公民总统奖"均推动了企业公民运动。时任美国总统克林顿提出企业公民的要素:工作场所亲近家庭;为员工提供更多的健康和福利;工作场所的安全性更高;为员工提供教育和培训机会;尽可能避免裁员。

与诸多纷繁的实践相比,关于企业公民的理论研究却是不完善的。如何理解企业公民与企业社会责任这二者之间的关系这一问题,马特恩(Matten)等人(2003 年)总结为三类观点:一是企业公民局部观。认为企业公民无非是体现了原有的公司社会责任框架中的企业与社区这一层面。二是企业公民等同观。卡罗尔认为企业公民有经济面、法律面、道德面和慈善面等四个方面的责任。这也就是把企业社会公民和企业社会责任等同对待了。三是企业公民延伸观。企业公民之所以可以超越企业社会责任概念,是因为企业公民是一种拟公民身份,引入了一个核心的理念——公民权。作为个人,作为公民,按照马歇尔的分类方法,民主社会的公民权由三部分权力构成:社会权、民权和政治权。[①] 这是个人层面的公民权。但对于企业来说,公民权是什么样的,研究者给出了企业是公

---

① Marshall , T. H. , 1965 , Class, Citizenship and Social Development. New York：Anchor Books.

民、企业像公民、企业管理公民权等观点。

（2）全球企业公民

21世纪最显著的一个特征，即是全球化：资源在全球流动；跨国公司日益壮大；一些局部性的问题正在演变成国际问题，单靠一国政府是解决不了的。一系列全球性问题的挑战要求企业在这种情况下不仅要考虑到利益相关者的利益，也要考虑到与之相关的政府和公民社会的利益。全球化时代的跨国公司不仅仅受到单个国家的约束，还要面对不同国家的社会规范、规则和期望。企业公民概念将"公民"的概念从个人延伸到了企业，全球化又将企业公民推向了全球企业公民。

按照国民总产值和公司年营业额来衡量的全世界最大的100个经济实体中，只有一半是国家，其余的则是大公司。① 2002年，联合国在《联合国全球盟约》前言中写道："在对全球化的影响日益关注的背景之下，联合国秘书长呼吁商界领袖们加入全球盟约，通过公司与联合国机构、劳工、非政府组织以及其他民间社会共同行动，联合起来支持好的公司公民行为。"

洛格斯登将全球企业公民界定为："一套政策和行为，使得企业组织可以遵守数量有限的一般道德原则（称为超规则），尊重那些与超规则一致的当地文化，尝试一些将当地的做法与超规则的做法相协调，然后为了组织、当地利益相关者以及更广泛的全球社会的利益进行系统的学习。"②伍德从企业战略管理角度提出了一个"企业公民混合经营模式"。维多克对各种评价企业公民行为表现的方式进行了归纳，指出企业公民是企业社会责任和相关者利益理论的结合。卢杰克认为：之所以产生企业公民的概念，是企业重新认识了其在社会中的准确地位，那就是基本等同于社会中的公民，并与公民共同构成整个社会。阿黛尔认为：全球企业公民是看待跨越国家和文化界限的企业社会责任的一种方式。

1.3 我国企业社会责任理论的研究与发展

我国学术界开始重视企业社会责任，真正将其纳入研究视野是在20世纪

① Marsden,Chris,2000,The New Corporate Citizenship of Big Business: Part of the Solution to Sustainability,Business and Society Review, Vol. 105(1):11.

② Logsdon,Jeanne M. ,2004,Global Business Citizenship: Application to Environmental Issues,Business and Society Review,Vol. 109(1):68.

末。原因主要在于外国学术成果的引进带动了国内的研究;同时,国内由于企业行为引发的问题不断增多,造成了负面的社会影响。

在高度集权的计划经济时代,我国经济学界全面接受并片面链接斯大林提出的社会主义生产的目的是不断满足人民日益增长的物质文化生活需求这一论断,忽视生产经营者的营利性,认为生产经营者追求利润是资产阶级法权,与社会主义的本质不相容,应给予批判和摒弃。① 所以,在此思想的指导下,国有企业仅被视为国家经济计划的工具和实现福利的场所,企业利益被忽视,国家利益至上。国家采取"政府办企业,企业办社会"来解决各项社会问题。企业是政府的附属物,政企的界限并不明显;企业独立的市场主体意识薄弱;企业也承担了许多政府应该负起的责任。每个企业几乎成了一个"小社会",企业为职工提供了从"摇篮到坟墓"的一揽子社会福利,其结果是企业用于支付员工福利的社会成本不断增加,企业效率低下。这样的企业并不存在独立的企业利益。实际上企业的这些行为严格来说不能纳入"企业"的概念。企业办社会的发展模式在当时虽有积极的作用,然而,随着市场经济改革的深入,这一模式的弊端也渐渐显现。在现实中,企业办的这种"小社会",已经越来越成为企业的包袱,严重影响了企业的经济效益,削弱了企业的营利能力,使企业对市场变化反应迟钝,降低了企业的国际竞争力。在这样的情况下,企业连自身最基础的经济责任都无法履行以至于整个社会经济效益低下、产品匮乏,对于企业社会责任的承担也就无从谈起。因此,当企业难以履行其本身功能即创造社会财富时,事实上也没能力再继续履行它对社会的功能,这样的企业社会责任显然是错位的。

改革开放以来,我国建立起来"产权清晰,权责明确,政企分开,管理科学"的现代企业制度。企业与政府的职责逐渐分离。然而在此过程中出现了所有者缺位、内部控制等问题,使企业对社会造成了极大的损害:一方面,尽可能地推掉应当承担的社会责任,发生了逃税漏税,损害国有资产等行为,效益下滑,众多企业无法运营,大量职工下岗失业。另一方面,企业的短期行为严重,对经营过程中的外部性问题毫不顾忌,造成企业对社会来说没有承担相应的责任。随着改革的深入,股份制成为公有制的实现形式,股东权益正在逐渐成为主导企业的社会责任问题。

20 世纪 80 年代中后期,我国处于双轨制阶段。这段时期,追求经济利益被

---

① 卢代富.企业社会责任的经济学与法学分析[M].北京:法律出版社,2002:248 – 249.

视为企业的首要甚至唯一责任。许多企业利用这段时期体制上的漏洞，通过寻租、价差等谋求经济利益，企业社会责任在很大程度上是缺失的。不少企业的不良行为是对社会责任的逃避和损害，表现为企业为了追求企业利润最大化而不择手段。一些正常经营的企业反而效益下滑，无法正常经营，不少国有企业出现大量职工下岗失业的现象。企业的短期行为比较突出，出现经营过程中的负外部性现象。由于外部性问题与信息不对称问题的存在，企业行为常常会不自觉地超出自身应有的边界，对社会、员工等利益相关者产生不利的影响。

20 世纪 90 年代中后期，这一阶段的研究可以分为两个方面：一方面是从企业治理的角度提出的利益相关者理论；另一方面是从法学的角度研究企业社会责任。前者以杨瑞龙等人的研究为代表，批评新古典企业理论没有直面现实，认为企业是利益相关者的利益联结，因此企业的责任并非为股东负责，而是为所有利益相关者负责。

进入 21 世纪后，虽然存在很多关于企业社会责任的不同理解甚至争议，但是有一个共同点就是人们不再坚持营利是企业的唯一目标这种绝对化主张，而是在肯定企业营利目标重要地位的同时引入社会目标，并且将这一目标的实现也视为企业社会责任。这些争议推动了法律关于企业社会责任规定的出台：2005 年 10 月 27 日修订的《中华人民共和国公司法》第 5 条、2006 年 8 月 27 日修订的《中华人民共和国合伙企业法》第 7 条分别规定公司和合伙企业应该承担社会责任。这个阶段也出了一批又影响力的学术成果。比如卢代富的《企业社会责任的经济学与法学分析》，谭深等的《跨国公司的社会责任与中国社会》，环境与发展研究所主编的《企业社会责任在中国》，陈宏辉的《企业利益相关者的利益要求：理论与实证》，等等。这一阶段的研究有以下三个特点：一是出现了实证研究；二是国外研究文献的引进；三是出现了 SA8000 的专题研究。

思考题

在企业社会责任的起源与发展过程中学者们的争论有何观点？你的观点是什么？

第 **2** 章

企业社会责任的理论

2.1 企业社会责任观念的萌芽

"如果仅仅在'建法度、重伦理、行公益'的一般意义上讨论企业社会责任而暂时忽略其时代特色,则企业社会责任理念可谓源远流长。此种思想,甚或可以追溯至古代社会的商人社会责任观。孕育于古代社会并在日后不断发展的商人社会责任观,于某种意义上讲,可视为当代企业社会责任观的萌芽状态。"在1895年,世界上第一本社会学杂志——《美国社会学杂志》的创刊号上刊登了美国社会学界著名学者阿尔比恩·斯莫尔(Albion W. Small)关于"不仅仅是公共办事处,私人企业也应该为公众所信任"的呼吁,在本质上标志着企业社会责任观念的萌芽。[①]

在西方,功利主义思想源远流长,其渊源可追溯到晚期古希腊哲学的伊壁鸠鲁派和斯多葛派。到了18世纪,法国百科全书派的爱尔维修发展了功利主义思想。但这些对现实社会都没有产生什么实质性的影响。直到19世纪,英国的边沁和密尔全面阐释了功利主义及其道德理想,并渗透到现代资本主义社会的各个方面,构成了19世纪以来西方现代资本主义立法和政治改革的道德依据。更为重要的是,自19世纪后期以来,功利主义构成了现代西方社会的一种生活观、一种社会的整体价值取向、一种社会伦理准则和道德规范。所以,人们通常谈论功利主义都是指19世纪以边沁为代表的功利主义思想,并把边沁

---

① 王晓红.企业社会责任基本理论探析[J].法制与社会,2010(29):283-291.

称之为功利主义学说的创始人。① 功利主义的精髓在于以最大多数人的最大幸福作为判断是非的标准，认为政府的职责就是通过避苦求乐来增进社会的幸福。边沁指出，功利是"这样一种原则，即根据每一种行为本身是能够增加还是减少与其利益相关的当事人的幸福这样一种趋势，来决定赞成还是反对这种行为"。边沁又同时坚持认为，社会所具有的利益不能独立或对抗于个人的利益；社会利益只意味着组成社会的各个成员的利益之和。功利主义法学与企业社会责任在政策主张上有着较为明显的一致性，尽管这种一致性或许只是一种偶合。边沁提倡个人利益应与公共利益相统一，基于此将社会利益等同于个人利益。显然，社会法学的上述主张对企业社会责任的形成和发展具有十分重要的意义。它坚持社会利益独立性的观点，倡导社会本位，强调社会连带或社会合作，同时又把社会本位推向极致，将个人利益与社会利益的平衡、协调发展作为法律的终极关怀。这些思想，同企业社会责任的价值蕴含乃是完全契合的。②

2.2 企业社会责任的相关理论

2.2.1 企业是否必须承担社会责任

企业社会责任正式作为一种理念被提出，是 20 世纪二三十年代的事情。1924 年，美国学者谢尔顿提出了企业社会责任的概念。从可查阅的资料获知这是迄今为止对"企业社会责任"的最早描述。他把企业社会责任与企业经营者满足产业内外各种人类需要的责任联系起来，并认为企业社会责任含有道德因素在内。这主要是因为到 19 世纪末 20 世纪初，西方工业化进程在带来经济繁荣社会发展的同时，也带来了诸多社会问题，如贫富分化、社会穷困、劳工问题和劳资冲突等。尤其是公司巨型化引发的社会问题日趋严重，民众对企业的不满情绪日益高涨，社会矛盾加剧。在这样的历史背景下，人们开始思考企业与社会的关系，并终于导致了企业社会责任理论的正式提出。因此，有西方学者指出，尽管人们可以很容易地从《圣经》中追溯到企业社会责任古老而悠久的思想根源，但企业社会责任理论主要是 20 世纪的产物。

① 袁永一. 边沁功利主义伦理思想探微[D]. 重庆：西南大学，2014.
② 王德忠. 企业社会责任的理论逐渐成熟[J]. 商情，2005(8)：138-142.

企业社会责任理论一提出,立即引起了人们的极大关注和争议。该理论既有一大批追随者,同时也遭遇到来自传统理论信奉者和现代自由市场学派等众多人士的责难。究其原因,一方面,企业社会责任确有助于解决企业引发的日趋严重的社会问题,另一方面,又必然动摇资本主义社会奉为绝对的自由企业制度和利润最大化原则,故在对待企业社会责任问题上,传统理论的固守者与其背叛者和修正者之间的论争呈现出少有的激烈场面。这种争论最早始于20世纪30年代哥伦比亚大学法学院的贝利教授和哈佛大学法学院的多德教授之间著名的"贝利—多德"论战。

其中,反对企业社会责任者认为"企业社会责任"这一提法有悖于企业的本质和企业法的传统,且其含义不可识别,故而无法获得认同,更不能成为法律上可操作的概念。诺贝尔经济学奖得主米尔顿·弗里德曼是企业社会责任批判者中最有代表性和影响力的一位。他在《资本主义与自由》中写道:"认为公司和劳工的领导人具有超过自己的股东和会员利益之上的'社会责任'的观点已经得到广泛的接收。这种观点表明了对自由经济的特性和性质的一个基本上的误解。在这种经济中,企业仅具有一种而且只有一种社会责任——在法律和规章制度许可的范围内,利用它的资源和从事旨在增加它的利润的活动。"哈耶克也是一位企业社会责任的反对者,他指出,公司的唯一目标在于按照最能获利的方式使用股东授予经营层的资本,对利润最大化目标的任何偏离都将危及公司的生存。只要公司的资源投向最有效率的领域,公司就承担了社会责任;公司不是慈善家,不能将其资源用于利润以外的其他社会目的。

而众多倡导和支持企业社会责任的学者则认为:企业是社会的细胞,社会是企业利益的源泉。社会为企业的生存和发展提供了必要的条件,企业则从社会取得各种权利和获得利益,因此,企业在享受社会赋予的条件和机遇时,也应该以符合伦理、道德的行为回报社会,履行相应的社会责任。而肇始于20世纪20年代末的利益相关者理念,则在某种程度上为企业社会责任理论的发展进一步扫清了障碍,并成为企业社会责任倡导者们阐述企业承担社会责任正当性的重要理论依据。

美国著名学者霍瓦德·R.伯文就鲜明地提出:企业除了要为其股东赚取合理利润外,也应为各有关利益相关者履行其应负的社会责任。利润最大化只是企业的第二位目标,而不是第一位目标。美国著名的管理学教授卡罗尔亦是企业社会责任的倡导者,他给出了企业社会责任的完整的概念:企业所有的社会责任=企业经济责任+法律责任+伦理责任+慈善责任。他同时提出了企业社会责任的金字塔图。而需要指出的是，卡罗尔的企业社会责任定义和金字塔图相当于一个"利益相关者模型"，在这个模型中，每一类责任对应体现着与不同利益相关者的关系。20世纪西方学术界（尤其是美国）对于企业社会责任的讨论和争论可谓轰轰烈烈，从20世纪30年代的"贝利—多德"之争开始，企业社会责任问题成为几十年来西方国家企业法理论探讨的主题。争论的走向是多德的"企业负有社会责任"的观点逐渐居于主导地位，获得了越来越多的学者的赞同。倡导和支持企业社会责任的学者逐渐增多，甚至是曾经最为激烈地反对企业社会责任的弗里德曼，最后也转而公开表现出对企业社会责任一定程度的接受。他于20世纪80年代末修正了其以前的观点，提出：只要企业承担社会责任能够给企业带来直接的经济利益，或者企业履行社会责任缘自股东的指示，则企业利润最大化可以与企业社会责任和谐共存。到20世纪90年代，众多西方学者和企业对企业应否承担社会责任已基本达成共识，企业社会责任运动蓬勃发展。同时伴随经济全球化的趋势，企业社会责任运动从发达国家逐步扩展到发展中国家。

正是随着经济全球化浪潮，企业社会责任理论自20世纪90年代引入我国并迅速发展起来。就如有学者所说："企业社会责任运动在中国的实施，是经济全球化对中国的直接影响和中国加入WTO的直接结果。"由此，企业社会责任真正进入我国学术研究视野，并得到了绝大多数研究者的肯定和支持。

2.2.2 企业社会责任的概念厘定

"企业社会责任"这一词语最早是由奥列弗·谢尔顿在1924年提出的。自从"企业社会责任"的概念提出以来，针对它的理论研究也就一直绵延不绝，关于它的著作也卷帙浩繁。

1. 传统古典纯经济观

传统的企业理论观点认为企业的管理者只是受股东的委托，是股东权益的受托人，因而作为一般经理人其责任便是追求企业利润最大化，从而使得股东权益最大化。弗里德曼在其《资本主义与自由》一书中，便坚决地反对"企业在利润最大化之外还负有其他社会责任"的思想。哈耶克也认为企业社会责任是有悖于自由的。否定企业社会责任的古典纯经济观是从微观经济学的角度出发，认为企业从自身经营利益来看，任何社会责任的付出都会增加企业的经营成本，而这些成本最终也必须由消费者或股东来承担。

2. 关于企业社会责任的多维探讨

毋庸置疑,企业的首要任务是生产,企业应当是社会物质财富的创造者,企业的主要目的是给社会提供物质产品也包括精神产品。企业是支撑人类社会生存的基本经济单位。随着现代经济社会的发展,企业与社会前所未有地密切相关。

（1）"贝利—多德"论战

1931 年,哥伦比亚大学教授贝利分析当时股权结构的变化,认为管理者只是股东的受托人,其权利应本着为股东服务而拥有,股东利益始终优于其他利益相关者。企业是营利性组织,追逐利润是企业安身立命之所在。

哈佛大学教授多德对贝利的观点进行了强烈的批评,之后双方围绕"企业的管理者是谁的受托人"展开激烈的争论。事实上,二者争论的实质归根结底在于企业是否应该承担社会责任。赞成企业应承担社会责任的以多德为代表,认为企业财产的运用是深受公共利益影响的,企业管理者的权力来源于所有利益相关者,除股东利益外,法律和舆论在一定程度上迫使企业同时承认他人的利益,企业应该树立对雇员、消费者、广大公众的社会责任观。

（2）"贝利—曼恩"论战

20 世纪 50 年代,贝利由企业社会责任的反对者彻底转变为企业社会责任的倡导者,他承认,企业界变革的事实证明了多德的观点是正确的。曼恩批评贝利从未对企业管理者为何是执行在企业利益相关者之间分配企业财富职能的最佳人选提供明证。而贝利（1962 年）则指出,之所以将企业经营者与企业所有利害关系人的受托人和财富分配者相区别,不是企业经营者不适合承担这一职责,而是力图避免其转变成政治家或对学校、慈善等机构起决定作用的资金供应者。此后,曼恩有条件地接受企业社会责任的观点,这一关于社会责任的争论实质上是"贝利—多德"之争的延续。①（以上两次论战详情见第一章）

3. 卡罗尔的金字塔模型

对于理论模型层面的企业社会责任而言,广为学术界和企业界接受的是卡罗尔的研究。卡罗尔认为判断一家企业的好坏,不仅要看其经济上的成功与否,还要看一些非经济性标准。企业应当以一种对社会负责的方式从事它的生产经营活动。具体来说,卡罗尔将企业社会责任归纳为四种类型:经济责任、法律责任、伦理责任与慈善责任。其中,经济责任是指对于企业而言,最初以及最

---

① 王立才,张志明. 论企业文化在企业管理中的作用[J]. 理论学刊,2003,3（115）:130－131.

重要的责任,企业必须生产和销售社会所需的产品或服务,并以社会公允的价格出售它们,才能获得利润,从而保证企业的生存发展;法律责任是指企业必须严格遵守法律,在社会特定的行为规范和"游戏规则"下从事经营活动;伦理责任是指除了经济责任与社会责任之外,还有一种为社会成员所期望的但未以法律形式规范的责任,社会期望企业承担这种未被明确的伦理行为规范;慈善责任是指企业志愿承担的责任,这种责任不是社会期望或法律所要求承担的,例如慈善捐助、为上班的母亲提供日间托儿服务等责任。在此分类的基础上,卡罗尔又提出企业社会责任金字塔模型(图2-1)。社会责任金字塔分为四个部分,其中经济责任处于金字塔底层,要求企业盈利;法律责任处于金字塔塔腰,要求企业遵纪守法;伦理责任处于金字塔塔身,要求企业成为有伦理的企业;慈善责任位于金字塔顶层,要求企业成为优秀的企业公民。卡罗尔指出,企业在履行这些责任的过程中,应根据企业自身的规模、管理哲学、公司战略、产业特征、经济状况以及其他因素而变化,四个部分为企业管理自身的企业社会责任提供了清晰的框架。可以说,卡罗尔的企业社会责任的观点包含了企业应遵守正式规则与非正式规则(制度)两个方面的内容。

图2-1　企业社会责任金字塔模型

4. 其他各界对企业社会责任的定义

世界银行对企业社会责任下的定义为:企业与关键利益相关者的关系、价值观、遵纪守法以及尊重人、社区和环境有关的政策和实践的集合。它是企业为改善利益相关者的生活质量而贡献可持续发展的一种承诺。国际商会将企业社会责任界定为商业组织在社会生活中主动地以负责任的方式扮演他们的角色。世界可持续发展工商理事会将其界定为商业组织通过与其雇员、雇员的家庭、当地社区及社会普通人的合作来提高他们的生活品质,做出对世界可持续发展的贡献。最近,有人将企业社会责任表述为企业在诸多行为中的平衡,包括生产行为,营利行为,对经济、社会和环境可持续发展目标的满足与平衡,现在以及将来都能使股东、交易利益相关人和整个社会从中受益。企业在运作中要满足或超过社会对商业组织在道德上、法律上、商业惯例上以及公众性的期望。①

5. 利益相关者理论

1963 年，美国斯坦福大学研究小组首次提出"利益相关者"的概念。1984年，弗里曼出版了《战略管理:利益相关者管理的分析方法》一书,明确提出了利益相关者管理理论。利益相关者管理理论是指企业的经营管理者为综合平衡各个利益相关者的利益要求而进行的管理活动。与传统的股东至上主义相比较,该理论认为任何一个公司的发展都离不开各利益相关者的投入或参与,企业追求的是利益相关者的整体利益,而不仅仅是某些主体的利益。利益相关者包括企业的股东、债权人、雇员、消费者、供应商等交易伙伴,也包括政府部门、本地居民利益相关者模型、本地社区、媒体、环保主义等的压力集团,甚至包括自然环境、人类后代等受到企业经营活动直接或间接影响的客体。这些利益相关者与企业的生存和发展密切相关,他们有的分担了企业的经营风险,有的为企业的经营活动付出了代价,有的对企业进行监督和制约,企业的经营决策必须要考虑他们的利益或接受他们的约束。从这个意义讲,企业是一种智力和管理专业化投资的制度安排,企业的生存和发展依赖于企业对各利益相关者利益要求的回应的质量,而不仅仅取决于股东。这一企业管理思想从理论上阐述了企业绩效评价和管理的中心,为其后的绩效评价理论奠定了基础。②

利益相关者理论主要研究企业与其利益相关者之间的关系。弗里曼认为"利益相关者是能够影响一个组织目标的实现或者能够被组织实现目标过程影响的人"。此后,玛格丽特·M.布莱尔将利益相关者重新定义为"所有那些向企业贡献了专用性资产,以及作为既成结果已经处于风险投资状况的人或集团"。

利益相关者理论是企业社会责任的基础理论之一,得到了我国学者的广泛认可。他们认为,企业价值是由其创造的股东价值、员工价值、顾客价值和社会价值所组成的有机的动态体系。这个价值体系决定了企业获得长期盈利和发展的能力。企业承担社会责任就是要满足投资者、员工、消费者、竞争者、供应商、政府、自然环境和社区等各种层次的利益相关者的愿望和要求,实现利益相关者对企业的满意。企业的利益相关者示意图(图 2-2)表明,企业和利益相

---

① 郭丽.国外商业银行的企业社会责任及其对我国的借鉴[J].银行管理论文,2007,4(52):28-31.

② 党晓旭,李磊,王元庆.农村公路利益相关者利益平衡协调机制研究[J].中外公路,2011年,31(2):252-256.

关者之间存在相互制约的关系,企业的目标就是要满足所有利益相关者的期望,而不仅仅是追求利润最大化。①

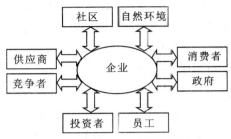

图2-2 利益相关者示意图

2.2.3 社会契约理论

社会契约论源于以霍布斯、洛克和卢梭为代表的政治理论。霍布斯认为,权力的出让就是契约,人们把所有的权力都让绘一个人格,代表这个人格行使权力的就是国家元首,他拥有强大的权力,并且又不是订立契约的一方,不受契约的限制;国家权力如同《圣经》中提到的海中巨兽———"利维坦"一样,使人敬畏。因而他是主张君主专制的。而洛克认为:人们让出的仅是财产纠纷的仲裁权,至于生命、自由、私有财产权这些最基本的自然权力则没有转让,而应受到国家保护。同时,他还认为:执政者已是签约的一方,也要忠实地履行契约,保障人们的自然权力,按大多数人的意志行事。所以洛克是反对君主专制,主张资产阶级的民主、自由的。为了防止君主专制的出现,洛克第一次提出了国家分权的思想。主张把国家权力分为立法权、行政权和对外权三部分,各自权力分属于不同的部门,立法权是最高权力,应由多数人选举产生的议会掌握,行政权和对外权则由君主掌握。

卢梭社会契约论的逻辑根据并不主要考虑国家的历史起源。他认为社会契约应当源于人民的自由意志,目的也是为了完全保障订约者的自由、平等财富,"人民之所以要首领,乃是为了保卫自己的自由,而不是使自己遭受到奴役,这是无可争辩的事实,同时也是全部政治法的基础"。社会契约的要旨是人人把自己的一切权力转让给共同体,而不是某一个人或一些人,这种转让对于每个人都是同样的,每个人都没有把自己奉献给任何个人,反而从所有订约者那

---

① 林曦.弗里曼利益相关者理论评述[J].商业研究,2010(8):66-70.

里获得了自己转让给他人的同样的权力,因而每个订约者在订约之后仍然是自由、平等的。只不过是服从自己本人,并且仍然像以往一样自由。社会契约的条款是神圣而不可侵犯的,如果统治者破坏这些条款,并施行暴虐的统治,人民就有权以暴力推翻其暴政。建立在人民自由意志并赖以维持的社会契约基础上的国家,它的主权即最高权力属于全体人民,人民主权就是人民的直接立法权。因此,在人民主权的国家里,人民具有双重身份,既是主权的参与者,又是服从自己、为自己制定法律的臣民。卢梭不主张分权,他认为主权是至上的,不可分割的;主权是行政权的根据,行政权是主权的机制和作用。他认为,政府不是主权的体现者,而是主权的受托者,主权者即人民随时可以委任或撤换官吏,因而主权是不可让渡和代表的,按公意使国家保持内在统一,在这样的理想社会政治制度里,能把自然状态的好处和社会状态的好处结合起来,并使人性发生神奇的变化,人类以政治的自由和法律的平等代替了自然的自由和平等,理性取代了本能,对于权利、义务、责任、正义的观念使人从仅仅服从自己欲念的奴隶变为自由的主人,从而达到人类精神道德、自由和平等的最高阶段。这就是卢梭社会政治学说的总逻辑,也就是他自然学说和政治学说的结合点。①

1982年,托马斯·唐纳森首先援引此理论解释企业社会责任问题。他认为,企业与社会提出了一个契约,应该对为其存在提供了条件的社会承担责任,社会应该对企业的发展履行责任。作为一种共识,企业社会契约的主体是企业和社会,并且二者之间的契约关系处于不断变化之中。此后,托马斯·邓菲主张将人与人之间实际存在的契约关系纳入分析框架中,并提出了实际社会契约论。1994年,唐纳森和邓菲将各自的理论相互结合,提出了综合社会契约论。他们认为,在全球经济交往中存在着一种广义上的社会契约,这种社会契约以两种方式存在:一是假设的或宏观的契约,反映一个共同体内所有理性成员之间广泛存在的假设的协议;二是现存的或微观的契约,反映一个经济共同体内的一种实际的契约,是行业、企业、同业工会等组织内部或相互之间存在的现实的协议。

尽管西方坚持契约自由至高无上,社会道德要服从契约的权力和利益,但是我国学者在探讨企业社会契约理论时,更加强调企业必须尊重仁、义、礼、智、信,遵守社会道德。我国学者在研究企业社会契约理论时取得了一致共识——

---

① 王煜泽.霍布斯、洛克、卢梭社会契约论思想比较[J].山东师范学报,2006,33(90):35-59.

在任何一个时点上,企业和社会之间都存在一和基本的约定,即社会契约。该社会契约的主体是一系列目标不同因而可能相互冲突的利益相关者。企业的社会责任契约就是利益相关者站在公正的立场达成的一致性行动的协议,企业依靠一系列的显性或隐性的契约维系与各个利益群体的关系。社会契约理论为理解企业的社会责任提供了一个分析框架,在这个框架中,企业组织通过与社会建立契约而获得合法性,企业社会责任由一系列的契约所规定。企业与社会之间的契约关系,规定了企业有义务遵守其与社会达成的契约,企业的行为必须符合社会的期望,为社会和经济的改善尽自己的义务。

2.2.4 可持续发展理论

可持续发展理论的孕育伴随许多人类预防和消除有害影响的过程。工业化初期,出现了引人注目的社会问题,即人口问题。由于人口的不断增多,粮食供给和人类生存问题已被一些人所关注。如马尔萨斯《人口论》关于人口问题成为人们关注、讨论乃至争论的焦点。但真正引起世人关注是第二次世界大战后,F. 皮尔逊和 F. 哈珀的著作《世界的饥饿》,该著作一经问世,就引发了人类关注自己的命运和发展,关注人口、耕地和食物问题。1949 年 W. Vogtd 的著作《生存之路》使人们看到了人口膨胀、食物的短缺、贫困和饥饿、生态退化、环境破坏以及人类与自然的关系、人类面临的困境等。1954 年汤普森的《人口问题》和 1956 年赫茨勒的《世界人口危机》,促使人类更加关注自身的生存与发展。工业化早期所带来的发展中的问题,使人们重新审视"经济中心型"发展观。虽然其带来了高速的经济增长,但却解决不了人类社会由于工业化初期所带来的一系列问题。此时人类在追求经济发展的同时,已在思考如何解决由于工业化发展所带来的一系列问题。随着工业化进程的加快,到了 20 世纪六七十年代,人类社会发展进一步暴露出许多问题,如 1962 年莱切尔·卡逊所著《寂静的春天》,提出了农药、化肥对生态平衡的严重危害。1969 年鲍尔丁所著《一门科学——生态经济学》,提出宇宙飞船经济理论,指出过去时代经济为"牧童经济",意指对地球资源的开发无所顾忌,就像牧童在广阔草原上放牧,指出经济发展中生态问题的严重性,人类发展的资源的长久支撑危机迫在眉睫。[1]

1968 年 4 月意大利经济学家、欧洲最大的咨询公司经理奥雷里欧·佩切依博士邀请东西方 10 国 30 位科学家、教育家、经济学家、人类学家和实业家聚于

---

[1] 张浩文. 可持续发展的实践与由来[J]. 商业研究,2004,13(2):56-59.

罗马猞猁科学院,成立罗马俱乐部,首先将"全球问题"研究称作"人类困境研究"。1972 年,美国麻省理工学院教授丹尼斯·米都斯等人向罗马俱乐部提交了著名的《增长的极限》的报告,该报告把全球性问题归结为人口、粮食、工业增长、环境污染、不可再生资源的消耗等五个方面。报告从第二次世界大战以来世界人口激增,工业化迅速发展,生产消耗和生活消费空前增加这些事实出发而认为:世界人口和经济如按照当前的增长速度继续下去的话,用不了 100 年,地球上的大部分天然资源就会枯竭,污染将超过人类所能忍受的限度,耕地会绝对不足,严重匮乏,人类可能遭到毁灭。该报告采用系统动力学的方法预测人类可能遭遇的可怕的前景,并提出了"双零增长"的政策主张。《增长的极限》虽立论悲观,方法和观点均大有商榷之处,但它的问世有不可磨灭的历史贡献:在"破"的方面,它无情地批判了"经济增长就是一切"的传统发展观和价值观;在"立"的方面,它为人类的发展确立了自然的界限,这种将资源环境因素引入经济发展视野的做法标志着可持续发展思想的萌芽。同年,世界环境大会于瑞典斯德哥尔摩召开,提出了"合乎环境要求的发展"、"无破坏情况下的发展"、"生态的发展"、"连续的或持续的发展"等关于发展的概念。在以后的有关会议和文件中,逐渐选定了"可持续发展"(Sustained Development)的提法。

世界自然及自然资源保护联盟(IUCN)于 1980 年发表《世界自然保护战略》,首先提出了可持续发展这一概念以及相关的战略主张,指出"强调人类利用对生物圈的管理,使生物圈既能满足当代人的最大持续利益,又能保护其满足后代人需求与欲望的能力"。同年,联合国大会呼吁:"必须研究自然的、社会的、生态的、经济的以及利用自然资源过程中的基本关系确保全球的持续发展。"

随后,人们又把可持续发展概念专门引入到企业研究中,提出了企业可持续发展问题。此问题也得到了中国理论界的高度重视。国内学者李培林指出,企业可持续发展是指企业在追求自身利润最大化的经营过程中,以社会责任为出发点,贯彻经济和伦理相协调的原则,不断进行创新、环保、高效率地使用资源,不断超越自己、不断创造利润,满足企业利益相关者合理要求,追求自身长盛不衰(超过同行业平均寿命周期),实现企业与社会永久性和谐发展的生存状态。刘力钢认为,企业可持续发展,是指企业在追求自我生存和永续发展的过程中,既要考虑经营目标的实现和市场地位的提高,又要保持在自己领先的竞争领域和未来的扩展经营环境中,始终维持持续的盈利增长和能力的提高,保证企业在相当长的时间长盛不衰。企业社会责任对企业的可持续发展起到推动和制约的作用,关系到企业的生存与发展。企业社会责任作为"第三种力量",在一定程度上弥补了政府干预和市场调节的缺陷。因此,企业承担社会责任是可持续发展战略的客观要求,有助于实现经济与环境的"双赢",推动企业可持续发展。①

2.2.5 企业社会回应理论

1.企业社会回应概念的提出

20世纪60年代政治经济社会环境动荡不定,政府、外国竞争、消费者运动等引起企业所处环境产生剧变,这种变化迫使许多企业必须重新思考企业与社会的关系。同时,促使企业社会责任研究不能只停留在概念和争论上,而必须转化成关乎企业生存的实实在在的问题。阿克曼和鲍尔正是在这种背景下首先提出了企业社会回应的概念,虽然他们并未明确定义企业社会回应,但却认识到企业社会回应是一个管理过程,通过这一管理过程可以将企业社会责任的表面语言转化为富有意义的行动。学者们希望用这种新概念来替代企业社会责任概念,以搁置价值观探讨,克服企业社会责任定义上的模糊性与规范性缺点,使研究具有实践上的可行性与操作性(Mitnick,1995年)。这也表明企业社会责任研究从道德维度转向更具操作性与实践性的管理维度。其中,企业社会回应概念强调的是企业回应社会压力的能力(Frederick,1994年),集中于企业内部的管理过程和外部的环境管理技术(Wood,1991)。阿克曼(1973年)和鲍尔(1976年)对企业社会责任与企业社会回应作了区分:企业社会责任强调的是动机而非结果,是公司所承担的义务;而对社会需求的回应是"做什么"的问题,不应只考虑"该做什么"。他们认为企业社会回应同时包括以下五个因素:①企业社会回应是一种公司战略;②企业社会回应是一个管理过程;③企业社会回应是一个创新性的业绩表现衡量方法;④企业社会回应是应对不同时间公众预期变化的新技术和新管理技能;⑤企业社会回应是一种制度化的决策方式。企业社会回应的提出,标志着企业社会责任的研究从企业社会责任的概念转移到企业满足社会需求与社会预期(Ackerman & Bauer)、应对社会压力和进行社会问题管理(Wartick & Cochran,1985年)的问题上,体现的是管理维度上

---

① 张浩文.可持续发展的实践与由来[J].商业研究,2004,13(2):56-59.

对企业社会责任的反思。[①]

明确企业社会回应做出定义的是弗雷德里克,他认为企业社会回应是"企业回应社会压力的能力"。在他看来,狭义企业社会责任主要回答"为什么、是否、为了谁的利益"等问题,而企业社会回应主要回答"如何、什么方法、产生什么效应、根据什么操作指南"等问题。所以,无论是从论调还是从方法上而言,企业社会回应都深具管理品性,它避开了企业社会责任的理念,而着重强调企业管理者与社会之间的关系;它从如何促使企业更好地对环境做出社会回应的实践角度来替代左右企业社会责任的那些抽象难懂的准则。另外,弗雷德里克充分指出,企业社会回应是企业社会责任的概念性转变,是从理念和伦理概念向行为导向的管理概念的转变。这一转变将企业和社会研究提上一个新的现实平台,也使相关研究更符合企业和职业管理者的实践轨道。[②]

2. 关于企业社会回应与企业社会责任关系的不同观点

(1)第一种观点:企业社会回应是对企业社会责任概念的替代

以弗雷德里克与塞西为代表的一派学者认为企业社会回应是企业与社会领域研究的"第二阶段",可以替代充满争议的企业社会责任概念。弗雷德里克对企业社会回应的研究有着重要贡献,他明确将企业社会回应定义为"企业回应社会压力的能力",这个定义得到了广泛接受。弗雷德里克进一步指出,企业社会回应具有两个相互联系的层面:一个是组织上的微观层面,指的是企业管理公司与各类社会团体间关系的能力;另一个是制度上的宏观层面,指的是每个进行社会回应的企业的制度安排与程序设计。弗雷德里克认为,比起企业社会责任,企业社会回应更为切实可行,为企业与社会关系的研究提供了一个新的现实平台,也更符合企业及其管理者实践的需要,这意味着企业社会责任研究从理念与伦理概念转变为行为导向的管理概念,是企业社会责任概念发展的第二阶段,因此弗雷德里克将企业社会责任简称为"CSR1",而企业社会回应则简称为"CSR2"。

塞西则将企业社会行为划分为三个阶段:企业社会义务阶段、企业社会责任阶段与企业社会回应阶段。企业社会回应是超越企业社会责任的阶段。塞西认为与企业社会责任相关的公司社会行为本质上是说明性的,而与企业社会

---

① 陈昕,林晓璇. 从企业社会责任到企业社会回应与企业社会表现[J]. 科技管理研究(Science and Technology Management Research),2012 年(14):120 – 122.

② 陈支武. 企业社会责任思想与相关利益者理论研究 企业经济[J]. Enterpise Economy,2008(4):9 – 13.

回应相关的公司社会行为本质上是预防性的,企业对各类社会问题的回应必须在物质经济与社会政治环境中进行,环境评估在企业社会回应中非常重要。总之,无论是弗雷德里克的"CSR1"与"CSR2",还是塞西的"三阶段论",都认为企业社会回应是企业社会责任之后的一个新的阶段性概念。

（2）第二种观点：企业社会回应是对企业社会责任概念的补充

另外一批著名学者则并不认为企业社会回应可以取代企业社会责任,而是认为企业社会回应与企业社会责任是对等并列、相互补充的。卡罗尔（1979年）认为,企业社会回应只是企业在社会领域中管理性反应的一个行动阶段,代表的是企业社会表现中与企业社会责任完全不同的另一个方面,该方面仅与企业对社会反应的管理过程有关,并不能作为企业社会责任的替代概念。沃帝克和科克伦（1985年）则认为企业社会回应实际上为企业履行企业社会责任提供了方法,企业社会责任与企业社会回应是同等重要的概念,两者都应包括进来成为企业社会参与面的单独方向。他们认为,用企业社会回应来替代企业社会责任将会弱化对企业伦理的重视;企业社会回应只是短期或中期的决策,而企业社会责任则是长期的决策;企业社会责任看重的是终极结果,而企业社会回应注重的是过程方法,企业社会回应并不意味着企业履行了企业社会责任。伍德（1991年）则指出,企业社会回应集中于企业内部的管理过程与企业外部的环境管理技术,提供的是企业行动的方向,是"如何做"的构成部分,应该作为企业社会责任规范性概念的补充。在伍德的界定中,社会问题管理、环境评估与利益相关者管理并行成为企业社会回应的三大支柱。

应该说,一段时期以来,企业社会回应一度成为与企业社会责任并驾齐驱、相互竞争的概念,但由于其重点毕竟只是在企业及其管理者反应过程方面,过于强调了企业应对环境变化压力的实用性方法,而忽视了企业与社会间互动的道德与伦理方面的规范性基础,因而最终并未能取代企业社会责任的概念。

2.2.6 企业公民理论

企业社会责任涉及经济学和管理学的核心问题,如企业的本质、企业的目标、资本与道德、市场机制与政府规制等。关于企业是否要承担社会责任一直是理论界和实业界争论的焦点。进入 21 世纪后,企业公民思想融入了企业社会责任这一大范畴。目前,全球大型企业的领导人对企业公民思想极为关注:一些公司正在调整政策修订企业公民项目计划;一些公司正在筹划构建企业公民指导委员会,来对公司的环境和社会绩效进行评估并发布公告;一些公司正努力整合各种职能部门并将责任和义务纳入公司的经营活动中来;一些先锋企业正试图为企业公民思想的发展创造一个更加广阔的市场和提供更好的产品和服务,以此盈利并试图创造一个更加美好的世界。①

企业公民理论主要从三个不同角度论证企业承担社会责任的必要性。

一是公民身份论。该理论试图通过赋予企业以公民或准公民身份要求企业承担社会责任,其基本逻辑是:政治学中的公民概念不仅赋予公民基本权利,同时也要求公民承担义务,那么企业获得公民或类似身份意味着企业应该承担超越商业利益的社会责任。Logsdonand Wood 最早借用政治学基本概念论证企业公民身份。他们认为,按照 Parry 对公民权的政治学分析,基于自由极小主义的公民观不承认企业具备区别于个人公民的组织公民身份,但是,基于社会观的公民观将企业看作独立主体,企业在拥有权利的同时,应该对其行为后果承担责任,因此,企业可以获得公民身份。企业公民身份决定企业必须承担社会责任。Moon 等学者不赞同企业公民身份论,但强调企业能够像公民一样行动。② 基于 Stokes 的四个民主公民模型,Moon 等学者认为,尽管根据自由极小主义公民观,企业并不具备个人公民的法律地位,但是按照公民共和主义观、发展民主观以及反思民主观,虽然企业不具备公民的法律地位和身份,但企业能够在不同程度上、以不同形式像个体公民一样拥有权利与承担义务,即企业能够像公民一样参与社会事务和社会治理,企业是"隐喻的"公民,即"企业像公民"。显然,Moon 等学者实质性地拓展了企业社会责任的范围,即企业不仅要承担传统意义的社会责任,也要积极主动地参与政治解决社会问题,企业被进一步赋予了政治功能。

二是政府失灵论。Matten 和 Crane 认为,特定社会经济条件下的政府职能失灵是导致企业通过介入公民权管理而承担社会责任的关键之所在。在借鉴 Faulks,Marshall 等学者研究成果的基础上,Mattenand Crane 认为,传统社会中公民权、社会权、民权、政治权与主权国家政府密不可分,政府是公民权的担保人,即政府保护个人民权、提供社会权所要求的福利保障、行使政治权。然而,在全球化背景下,政府作为公民权担保人的地位面临两个挑战:一方面,主权国家不得不面对越来越多的超国界经济、社会与政治行为;另一方面,经济与社会

---

① 焦晓波,孔大超.企业公民理论与实证研究动态[J].阜阳师范学院学报(社会科学版),2011 年(1):98 - 102.

② 唐更华,史永隽.企业公民理论视角下的企业社会责任观[J].广东行政学院学报,2009 年(12):88 - 91.

活动主体也越来越能够轻而易举地突破主权国家的界限。全球化导致主权国家及其政府传统职能局部失灵，政府丧失公民权唯一担保人资格。Matten and Crane 认为，政府公民权管理局部失灵，为拥有日益强大社会经济权势的企业参与公民权管理提供了必要性和可能性。企业在以下三种情况下替代政府承担公民权管理责任：一是政府放弃或被迫放弃公民权管理时，如转型国家政府失灵时，大公司应该保护公民权；二是政府仍未管理某些基本公民权时，如跨国公司采取行动保障发展中国家雇员基本权益等；三是政府无力管理全球性公民权时，如跨国公司参与或协同解决全球性生态问题等。这些看法得到 Nero-nand Norman 的认同，不过他们强调，企业应该在独特政治领域发挥作用，尤其应该在政府缺乏足够管理技巧和经验的领域发挥作用，如企业所在行业基本政策和管理规范的制定与完善等。

三是双重公民身份论。Schere 等学者认为，隐含于古典观中的企业与政府职能分工的二分法观点不符合当代社会经济发展实际，尤其在全球化背景下，政府在管控社会经济事务方面越来越力不从心。政府职能失灵为企业介入政治事务留下空间，企业因此获得既是经济活动主体又是政治行动主体的双重公民身份，即企业一方面是以营利为目的个体公民，另一方面又是能够介入社会公共事务的国家和社会公民。Schere 等学者主要借鉴"共和主义商业伦理观"和哈贝马斯的政治哲学观论证企业的双重身份。Steinmann 等构建的共和主义商业伦理观认为，一旦法定规范失效或仍未建立，自治规范将发挥替代性作用；20 世纪 90 年代以来出现的各种企业生产守则和行业规范等是这种替代性规范的典型代表。而在哈贝马斯看来，作为社会公民，企业参与制定政治规则，这些规则是包括企业在内的众多社会经济主体参与的交往过程的产物。在这一交往过程中，参与者不断调整偏好并逐步达成能够兼顾各方的公共利益最大化结果。社会规则与制度体系是个体公民、企业、非政府组织等各种社会行为主体共同协商和沟通交流的结果。企业双重公民身份论不仅重塑了企业的社会经济功能，也相应重新定义了政府的职能，即政府在承担传统政治和经济职能的同时，也要为确保公众商谈过程的顺利进行提供基本条件与保证。①

企业公民概念的演进也在实践层面运用，如 1979 年强生公司推出的信条和 1982 年麦道公司公布的理念，然后得到了政府的推动，如 1996 年在美国乔

---

① 焦晓波,孔大超.企业公民理论与实证研究动态[J].阜阳师范学院学报(社会科学版),2011(1):98 – 102.

治敦大学召开的"企业公民会议"和随后设立的"企业公民总统奖",最终激发了学者们的研究热情。

企业公民首先是由企业、企业公民演化阶段模型及 Mirvis 和 Googins（2006年）基于格雷纳的企业成长模型,将企业公民分为七个维度,即公民概念、战略意图、领导、结构、问题管理、利益相关者关系和透明度,并提出了企业公民发展的五阶段模型,如图 2－3 所示。

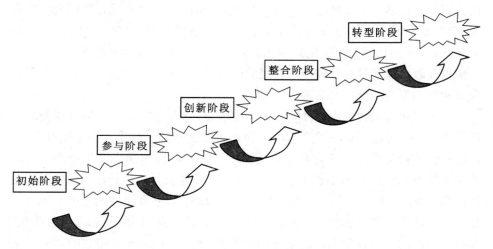

图 2－3 企业公民演化五阶段模型

第一阶段:初始阶段。在该阶段,企业公民活动是短暂的,且公民项目未被关注和开发。对于企业高层来说,企业公民项目是无关紧要的。解决顾客抱怨的责任被分派到诸如人力资源部、法务部、公关部等职能部门。在很多情形下,针对外部压力,采取的是防御的姿态。一些高层管理者赞成米尔顿·弗里德曼关于企业对社会的责任就是"获取利润,支付税款和提供工作"的观点。Mirvis 和 Googins 认为该阶段的挑战是赢得信任。

第二阶段:参与阶段。高层管理者开始觉醒,对其企业在社会中的作用采用一种新的观点,即认为企业不光是守法,而需赢得公众的信任。企业采取各种政策措施以减少诉讼和承担风险的可能性。企业的政策被要求按照高于法律的要求,而较多地考虑就业、健康、保险和环境实践,企业更多地去关注社区问题、环境问题和社会问题。在该阶段,高层管理者开始对时局感兴趣并加以关注。企业对正在变化的社会和环境问题趋向于"反应",并通过咨询专家和顾问来提高职能层次的知识。该阶段的挑战是能力打造。在该阶段,人们会经常忙于对各种利益相关者关系事务的处理中,而较少能够及时发现新问题和新机会。所以必须扩大关于企业公民的知识而向创新阶段迈进。

第三阶段:创新阶段。该阶段可通过两种方法向前迈进:一种是通过对公民概念更加深刻的理解来扩大企业的议事日程;另一种是高层管理者采用更多服务者角色来深化企业公民思想的渗透。该阶段的标志是:高层次的创新和学习。为了达到高层次的创新和学习,一方面要加强与各种利益相关者协商的力度,另一方面要通过论坛、研讨会和专家会议的形式与先锋企业和有关专家接触。但首先由于企业各职能机构并未看到共同工作的必要性和价值,特别是为各自特别是为各自的部门利益而争夺稀缺资源;另外很多直线管理者,尤其是面对竞争性和短期利益时,难以看到相关性;综合的公民观未与企业战略相连接,或未嵌入企业的文化,所以,该阶段的挑战是:构建一致性。

第四阶段:整合阶段。企业在此阶段,对公民理念在整个企业加以制度化,在董事会下辖公民委员会,并采取有效措施在日常经营活动中推进公民项目。如设置目标,建立关键绩效指标和通过平衡记分卡对绩效进行监控。企业经常性地出台社会和环境报告。该阶段的一个重要特征是作为企业公民,对其失误之处加以披露和揭示。该阶段的挑战是:强化承诺。

第五阶段:转型阶段。在该阶段,企业的战略意图是通过公民理念与经营的融合而创造新的市场。企业由具有远见卓识的人领导,更加关注创新而非模仿,更加关注企业的价值观。一些 CEO 为社会和环境问题担忧,他们渴望创造一个更加美好的世界。在该阶段,企业很少独自解决社会和环境问题。它们与其他企业、社区组织和非营利组织结成伙伴来解决问题,开辟新的市场,发展地方经济。①

2.2.7 层次责任论

企业社会责任的层次理论是对企业社会责任内容的划分,即企业应该承担怎样的社会责任。国外的企业社会责任层次观主要体现在美国经济发展委员会(Committee for Economic Development,简称 CED)和佐治亚大学卡罗尔教授对于企业社会责任内容的定义上。随着我国企业社会责任的发展,国内学者也提出了企业社会责任的层次观点,加深了理论界对于企业社会责任内容的认识和

---

① 焦晓波,孔大超.企业公民理论与实证研究动态[J].阜阳师范学院学报(社会科学版),2011,(1):98-102.

理解。

1. 国外企业社会责任层次观

美国经济发展委员会在 1971 年提出了一个三层同心圆的社会责任层次观:内层圆是最基本的责任,即有效地执行经济职能;中层圆是顺应社会价值偏好的变化来执行经济职能,如节约资源、保护环境、向顾客提供真实可靠的信息等;外层圆包括企业应承担的新出现的和未明确的责任,广泛参与改善社会环境的活动。卡罗尔(1991 年)提出公司社会责任金字塔说(四责任理论),从下往上依次为经济责任、法律责任、伦理责任和慈善责任。首先,经济责任是企业最基础也是最重要的责任,没有经济责任也就无所谓其他的社会责任;其次,企业在实现收益最大化等经济目标的同时应该遵纪守法,在法律所允许的范围内从事经营生产;第三,企业在遵守强制的法律责任基础上也应承担被社会所公认的不成文的道德规范;第四,社会公众期望企业应该承担更高层次的慈善责任,当然自愿是基础,主动权和选择权在企业手中。①

2. 国内企业社会责任层次观

陈志昂等(2003 年)提出了企业社会责任三角模型,以帮助管理者评估有关企业社会责任的战略决策。该模型包括三个层次:最下面一层是法规层次,对企业社会责任的承担强制性最强,是企业所必须承担遵守的法律法规;中间一层是标准层次,即企业应该按照社会标准、行业标准行事,如若不按此行事,则得不到社会各界的认同而逐渐被市场淘汰,这一层的强制性有所减弱;最上面一层是战略与道义层次,强制性最弱。战略层次是指企业管理者从战略意义上而采取的行动,对企业长久发展以及利润最大化具有战略性意义;道义层次是管理者从自身的价值观做出的行动。战略和道义没有明确的界限,都是从公司的长久利益出发做出的行动。陈迅等(2005 年)根据社会责任与社会关系的紧密程度把社会责任分为三个层次:一是基本企业社会责任,包括对股东负责和善待员工;二是中级企业社会责任,包括保证产品质量对消费者负责以及保护环境等;三是高级企业社会责任,包括积极参加慈善活动和公益事业。②

---

① 李彦龙.企业社会责任的基本内涵——理论基础和责任边界[J].学术交流,2011 (2):64 – 69.

② 于蕾,王爱君.企业社会责任需求层次理论[J].经济实践,2014(9):123 – 125.

2.2.8 企业社会责任需求层次理论

1. 企业社会责任的具体内容

20世纪70年代以来,经济全球化迅速发展,在更高层次和更大范围内优化社会资源配置,带来经济繁荣发展的同时,也形成新的世界贸易规则,人们的价值观念、消费观念也随之改变,企业社会责任的内涵和外延也随着国际经济社会的不断发展得到进一步丰富和拓展。总体概括起来,企业社会责任的内容包括以下几个方面:

(1)对国家的责任

遵章守法;自觉纳税,没有逃税漏税和避税行为;创造就业机会,促进经济增长;自觉贯彻国家的宏观调控方针政策。

(2)对人的责任

①对股东:对资金安全负责;保证投资回报(利润和股本增值);提供真实、可靠的经营和投资信息;接受股东监督。

②对员工:员工的工资待遇以及福利保障制度;安全、健康的工作环境;平等的就业机会、升迁机会、接受培训教育发展机会;民主参与企业管理的渠道;不雇佣童工;不压榨劳动力(如无偿加班、克扣工资);失业、裁员以及企业倒闭对员工的安置;歧视、妇女和少数民族问题;等等。

③对业务合伙人债权人:按时偿还债务本金;按时支付利息;扩大借款机会;向供应商按时付款(包括预付、应付);扩大供应规模的机会。

④对消费者:提供安全可靠的产品;提供消费者知情权和自由选择权;赋予并教育消费者求偿权;进行知识教育和培育顾客群体;引导和纠正消费者的消费观念和行为。

⑤对竞争者:公平竞争;增长速度;自主创新能力(知识创新、技术创新、产品创新)。

(3)对环境的责任

尊重、爱护自然;合理利用自然资源;保护生态环境;有环保意识。

(4)对社会的责任

①社区:为社区居民提供就业机会;增加居民收入;企业文化对当地居民的引导;保护社区环境;积极参与社区的慈善、福利等公益事业建设;维护社区安定和发展;解决社会问题。

②社会福利和社会公益事业:提供日常性公益捐助(诸如向医院、养老院、残疾人员等进行慈善性捐助,向教育机构提供款项等)或应急性的捐助(如面对自然灾害时伸出援助之手);举办临时性的奉献爱心活动(如援建希望学校、对贫困学子的援助等)。

2. 企业社会责任的需求层次理论

几人经营的小公司是一个企业单位,几千人对社会产生重大影响的公司也是一个企业单位,而拥有以万为单位计数员工的跨国公司更是一个企业单位。它们所应承担的企业社会责任是不同的。因此,有学者根据所承担企业社会责任的不同将各种不同企业分成如图2-4所示的几个企业社会责任需求层次。

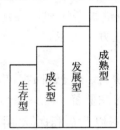

图2-4　企业社会责任需求层次

不同类型企业所需要的企业社会责任的内容层次不尽相同。

(1)生存型企业

生存型企业是指刚成立不久处于创业初始阶段的企业,其首要的目标就是生存,在社会中争得立足的一席之地。处于这一阶段的企业,各项事务都处于起步阶段,往往企业内部制度尚不完善,资金紧张,外部竞争环境激烈,市场空间小,活动范围小。因此,企业承担的社会责任处于生存期,往往追求利润最大化,只有这样才能获得股东的支持;同时,为占领市场、掠夺客户资源而尽量提供消费者满意的产品和服务;在遵守国家法律和制度的前提下满足员工基本的工资待遇。[①] 当然,企业在自身发展的同时,客观上也为社区的就业做出了贡献。而对于环境保护以及社会公益事业的意识尚缺乏,即使有意识,也是资金不允许的。所以,社会责任意识不强。

(2)成长型企业

处于成长型阶段的企业初步有了自己的主导产品,占有一定的市场份额,

---

① 蔡莉,尹苗苗.生存型和机会型新创企业初始资源充裕程度比较研究[J].吉林工商学院学报,2008(1):36-41.

产品和服务逐步得到顾客的承认,并且销量也开始增加,企业开始盈利;内部管理日渐规范,外部竞争者不多,相对来讲,在市场上能有一立足之地。此时,企业的目标开始转移,想占有更多市场,巩固市场地位的同时扩张企业规模。因此,在承担生存期企业社会责任的前提下,企业承担的社会责任也开始转移到成长型,企业盈利,因此能够在缴纳国家税收的前提下,保证股东的投资回报,并且能够保障债权人本金的归还;也日渐意识到想要巩固自己的市场地位,要加强企业人力资源管理,注意对员工提供平等的就业机会,不雇佣童工,不压榨劳动力(如无偿加班、克扣工资等),完善员工福利保障制度,形成企业与员工之间的内部和谐关系,为企业进一步发展打下基础。外部环境方面,企业尊重、爱护自然,合理利用自然资源,与社会的环保意识相融;具有公益事业意识,并开始关注社会福利和社会公益事业。

(3)发展型企业

发展型企业的产品和服务性能已经成熟,深得消费者信赖,占有一定规模的市场份额,销量也相对稳定,企业盈利丰厚,管理规范化,但是外部竞争者相对较多,具有发展成为一流企业的潜力。发展型企业意识到,在经济全球化的国际大融合潮流中,谁先冲出道德良心与社会责任的阴影与误区,以人为本,善待员工,关心员工,履行社会责任,谁就能抢得先机,赢得主动,从而真正靠产品实力走向世界,企业社会责任也随之上升到发展期。内部利益相关者方面,对股东提供真实、可靠的经营和投资信息,并且接受股东监督;对员工提供安全、健康的就业环境,进一步完善员工制度(包括失业、裁员以及企业倒闭对员工的安置;歧视、妇女和少数民族问题,等等)。外部利益相关者方面,赋予并教育消费者求偿权,向消费者传递正确的产品和服务信息;和竞争者公平竞争,促进新产品的开发和技术的进步,为社会的发展做出贡献;注意保护环境,做环保带头人;由于企业规模的扩大,解决了社会的就业问题,创造了社会财富,企业文化也引领了社区文化的发展;为保障企业持续发展,拉近与消费者的距离,获得社会荣誉,企业积极响应社会福利和社会公益事业,救危济困。

(4)成熟型企业

成熟型的企业形成了自己的特色产品甚至名牌产品,在经历了发展阶段的磨炼后各个方面趋于成熟,状况相对稳定,管理模式也制度化、成熟化,规模大因而对社区乃至社会影响比较大,竞争激烈,市场趋于饱和,企业目标将由实现股东短期利润最大化开始转向企业长期利润最大化。这一阶段,企业资金实力雄厚,社会影响深远,因此,社会目标也更加宏大,把提高社会公众利益作为己任,把保护和促进社会发展纳入企业战略管理;赋予企业现代崭新的管理理念,把员工当成必须依靠的、互助互利的合伙伙伴,关心员工的前途和命运,给予其继续教育和升迁的机会;引导和纠正消费者的消费观念;积极响应国家的宏观经济政策;主动倡导环保活动和社会公益事业,即使短期内不一定会有积极作用,但企业社会责任感也不会有所降低。这一阶段,他们已经认识到企业的发展只有和社会发展的总体目标相一致时,其自身才会有一个更加繁荣的未来。

企业社会责任从无到有,一直在实践中不断丰富完善,本章列举了一些目前较为成熟的企业社会责任相关理论,随着社会的进步和发展必然会出现更多的理论和方法以待后续研究。

哪些企业社会责任的理论对你启发较大? 试评价之。

第 **3** 章

我国企业社会责任的现状与问题

企业与企业社会责任之间存在紧密的相互联系,只有深刻地认识到这个相互关系,我们才能更好地阐述和分析不同企业的企业社会责任(图 3−1)。

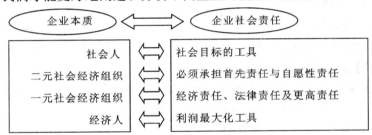

图 3−1 不同企业的企业社会责任

3.1 我国国有企业社会责任的现状与问题

我国的基本经济制度是以公有制为主体,多种所有制经济共同发展。由于经济制度决定经济构成,我们将企业划分为国有企业、民营企业和外资企业分别进行分析。其中,国有企业是体现国家意志的企业,是国民经济的骨干和支柱,支撑、引导和带动经济社会发展,在发挥匡有经济控制力、影响力、带动力方面,有着不可替代的作用。它同时是国家应对突发事件的可靠力量和抵御社会政治风险的重要保证,是中国共产党执政的重要经济基础。这一特殊地位决定了与一般企业相比,它在承担营利功能的同时,还要承担更多的社会责任。这一节,我们将对国有企业社会责任的现状与问题进行研究。

3.1.1 我国国有企业社会责任的现状

我们通过资料分析可知,国有企业的发展经历了不同的阶段,而在不同阶段也担负着不同的企业社会责任:①

第一阶段是从 1949 年新中国建立到 1957 年,这个阶段国家经历了社会主义改造,确立了国有企业的主导地位。此时的国有企业社会责任是发展经济、促进就业、保护国家经济命脉、巩固国家战略安全、提高人民生活水平等一系列基本目标,并且作为中国政府实现政治目标的工具活跃在市场舞台上。

第二阶段是从 1958 年到 1978 年,此时的国有企业作为高度集中的计划经济体制的产物,有"企业办社会"的现象出现。国有企业在自身的经营活动之余,建立了与生产经营活动无关的设施机构和行政管理体系,承担了一些本该由政府履行的责任。

第三阶段是从 1979 年至 1991 年,中国实行"双轨制"的制度结构,此时非国有企业经济迅速发展,而国有企业停滞不前,出现了已有员工不作为,工作岗位不能吸纳过剩劳动力,保障制度建设严重滞后等一系列短期行为。此时国有企业在经营活动中产生了巨大的负外部性,对利益相关者造成了不同程度的伤害,这一期间一直在逃避其社会责任。

第四阶段是从 1992 年至 2002 年,中国以经济目标为根本导向对国有企业进行整体性改革,建立了现代企业经营管理制度,剥离了企业社会服务和行政管理职能。这时的国有企业承担的社会责任主要是经济责任,完全以其经济目标为主。

第五阶段是从 2002 年到现在,在中国成为 WTO 成员的世界大背景下,国有企业作为中国经济的主导力量,积极与世界接轨,在环境、产品质量、劳工权益等各个外部性条件的方面进行了必要和有效的努力。此时的国有企业社会责任的内容被极大地丰富,在保证经济利益的同时,也注重了生产过程中所导致的外部性问题。

总而言之,近年来,面对复杂多变的国内外经济形势,国有企业努力将社会责任理念与企业战略和日常经营相结合,建立健全社会责任管理体系,推动各项实践工作,取得了显著的成效和进展。这些年来,《关于中央企业履行社会责

---

① 郭洪涛.国有企业经济目标和社会目标间的权衡[J].现代经济探讨,2012,(3):10 – 13.

任的指导意见》、《中央企业"十二五"和谐发展战略实施纲要》等接连落地,为推进企业社会责任管理提升指明了方向。

目前学界关于国有企业社会责任这个概念,在具体内容和政策形式下主要表现为以下几点①:

①实现国有资产保值增值。这些年来,国有企业的营业收入、净利润、上缴税收不断增长,为全社会创造了财富。从表3-1我们可以清晰地看到,国有企业利润总额从2009年至2014年几乎提升了1万亿元,除了2012年有所下滑外,近几年都有一定增长。这表明国有企业对我国的经济发展仍然有着不可忽视的价值,这也同时要求国有企业必须通过改善相关政策以及生产方式等方式来担当起他们的企业社会责任。

表3-1 我国国有企业近几年利润总额汇总

年份	利润总额(亿元)	同比增长幅度
2009	13392.2	9.80%
2010	19870.6	37.90%
2011	22556.8	12.80%
2012	21959.6	-5.80%
2013	24050.5	5.90%
2014	24765.4	3.40%

②为国计民生做出重大贡献。作为国民经济的重要支柱,国有企业近年来在应对国内外复杂经济形势时充分发挥了"稳定器"的作用,有力落实国家宏观调控政策,保障经济社会平稳发展。在"神舟飞天"、"西电东送"、"南水北调"等一大批先进技术和民生项目上,国有企业捷报频传。

③加强资源环境保护,建设美丽中国。2012年,中央企业万元产值综合能耗(可比价)比上年下降4.2%,为完成国家节能减排目标做出了积极贡献。

④积极吸纳就业,维护职工合法权益。在国际金融危机中,中央企业坚持稳定就业岗位,起到了就业"稳定器"的作用。

⑤积极参加社会公益事业,积极参与扶贫助教、慈善捐助等社会公益活动。在防治非典、抗击冰雪灾害等急难险重的时刻,国有企业都发挥了顶梁柱作用。

⑥在"走出去"过程中模范履行社会责任,为当地经济社会发展做出了积极贡献,树立了负责任的良好形象。

---

① 中国社会科学院中国特色社会主义研究中心.增强企业社会责任[N].经济日报,2013-11-29(15).

⑦社会责任治理机制不断完善。目前,中国南方电网等90余家中央企业建立了由公司主要负责人牵头的社会责任委员会等社会责任工作领导决策机构,普遍建立了自上而下覆盖公司各层级的社会责任组织管理体系,明确了社会责任工作的归口管理部门,界定了企业运营过程中各部门、各岗位及下属企业的社会责任工作职责,有效落实了工作责任。

⑧社会责任管理制度不断完善。中国兵器工业集团、中国电子科技集团等50余家企业制定了社会责任工作制度文件,明确了社会责任管理工作的指导思想、原则和制度流程等,部分企业专门制定了社会责任工作战略规划。

尽管国有企业在上述不同层面对企业社会责任的履行和实践,起到了模范和推动作用,但是应该看到,经过长期发展,我国国有企业社会责任的实践过程仍有一些问题,亟待解决。

3.1.2 我国国有企业社会责任的问题

在我国,随着社会的发展和进步,企业不仅要追求自己的最大利润,更要担负起社会责任,但承担社会责任并不是一味地追求捐款,我们要区分政府职责下和法律条款要求下企业应该担负的社会责任。

在国有企业重点关注社会责任的时期主要存在以下问题:

第一,国有企业内部缺乏专门的社会责任执行机构。由于国内学者和企业管理人员无法明确社会责任所包含内容,也没有相关的法律法规来解释说明,导致国有企业不能高度有效地承担起社会责任,甚至一些企业的社会责任组织管理体系还没有真正建立起来,推进的力度还不够。另外,在企业内部,对企业社会责任的定量化描述也不够。

第二,国有企业和消费者之间地位不平衡。国有企业主要分布在涉及国家安全、自然垄断、居民公共生活和服务、资源等支柱产业,而这些国有企业所处的市场结构具有高度的垄断性,决定了与消费群体相比,国有企业往往处于垄断优势地位。

第三,履行社会责任的形式过于单一化。多数企业仅仅从经济层面上考虑社会责任,或者干脆把从事公益事业当作一场自我宣传,并未从思想上认识到履行社会责任的重要性。

第四,国有企业运行机制不完善。① 一些企业信息披露不及时、不全面,对

_____

① 肖红军,李伟阳.国企社会责任宜分类管理[N].经济日报,2014 - 11 - 22(7).

突发的社会责任危机处置还不够灵敏；一些企业在环境保护、员工派遣、供应链管理、合规经营等实践方面还有待进一步规范。

第五，公众期望和现实成果存在较大落差。随着改革的不断深入，经济社会发展面临诸多深层次矛盾，社会价值观也在不断多元化，与以前相比，公众对国有企业有更高、更复杂，甚至相互矛盾的责任要求，具体表现为：

①公众会认为国有企业占有大量公共资源，社会责任履行应该非常好，已远远高于对一般企业的要求；

②公众对国有企业的社会责任要求时有矛盾，很难回应；

③我国正处于改革深水期，国有企业成为很多矛盾的交织点，这些复杂的外部环境在很大程度上使得国有企业履行社会责任的水平和公众心目中的企业形象存在较大落差。

第六，附加给国有企业的一些社会管理和服务职能增加了其经营成本和运行风险。例如1958年到1978年期间，这种负担甚至加重了国有企业经营活动的困难。

第七，单纯以经济目标为主，会造成一些社会问题。1992年到2002年期间，在政策的指导下，国有企业单纯以经济目标为主，虽然能大幅度地提升中国经济，但也造成了一些社会问题，比如下岗职工再就业问题。

国有企业的精简改革，会削弱国有企业的社会保障功能和宏观经济的调控能力，降低社会整体福利水平。这也就要求政府积极发挥其功能，担负起公共利益等方面的责任。同时国企的改革加剧了贫富差距及两极分化，并且职工权益不能得到有力的保障。只有深刻了解了国有企业社会责任的现状和问题，我们才能更好地进行研究，为改善我国国有企业社会责任政策制定提供依据，更好地促进我国国有企业的发展。

3.1.3　我国国有企业社会责任实证

中国是世界上最早发现、开采、利用煤炭的国家。近十余年来，我国煤炭开发利用规模快速增加，产量和消费量占全球煤炭产量和消费总量的近50%。煤炭作为我国的主要能源和重要的工业原料，在为国民经济持续快速发展提供支撑和保障的同时，由于大规模开采、消费煤炭，资源、环境与经济、社会可持续发展面临严峻挑战。下面将以煤炭行业为例，用具体事例来分析国有企业社会责任。

根据最新《全国煤炭资源潜力评价》成果，我国煤炭资源总量5.9万亿吨，圈定预测区 2880 个,面积近 45 万平方千米。煤炭保有资源储量超过 100 亿吨的省区有 14 个。从图 3－2 的数据我们得知:2001 年后我国煤炭消费需求持续大幅增加,年均增加 2 亿多吨,煤炭在我国一次能源消费结构中一直占 70% 左右(图 3－3)。

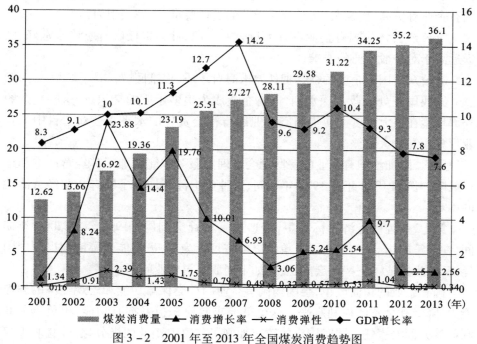

图 3－2 2001 年至 2013 年全国煤炭消费趋势图

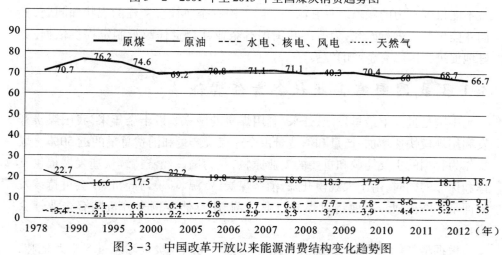

图 3－3 中国改革开放以来能源消费结构变化趋势图

近几年全国煤炭数量又开始大幅减少,国家为了实现可持续经营,增加了大型现代化煤矿产量比重,综合机械化开采煤矿增多。但受资源条件制约,西南、中南、东北等地区小型煤矿数量多、以小煤矿为主的局面还较难改变。这时候,作为国有资源性企业,他们在政府的合理引导下,担负起自己基本的社会责任,配合政府调整煤炭行业结构,淘汰落后生产能力。

煤炭行业在提高生产效率和资源配置效率的同时,所应承担的企业社会责任除了加大经济利益,还有更多深层次的要求,比如煤炭行业的安全问题、环境整治问题等。通过近些年国家加大煤矿安全整治,提高煤矿建设标准,加大安全设备设施投入,推进煤矿资源整合与技术改造,全国煤矿安全生产形势实现了稳步好转,但受资源条件限制,部分地区煤矿安全形势依然严峻。

在煤炭行业不断发展的过程中,生态环境建设与高强度资源开发利用的矛盾越来越突出。煤炭产业作为资源开发型行业,资源、环境约束问题突出,这时我们就更需要各大国有企业积极履行社会责任,加强矿区生态建设,在提高经济利润的同时,担负起环境保护的职责,或是将环境污染成本考虑在生产成本中,全面考虑布局生产规划。

3.2 我国民营企业社会责任的现状与问题

民营经济是社会主义市场经济的重要组成部分,是我国经济实现又好又快发展的重要力量。改革开放以来,我国的发展经验足以证明,国家对民营经济发展的方针、政策是完全正确的,是完全符合中国国情的。本节将对民营企业的社会责任状况进行分析。

3.2.1 我国民营企业社会责任的现状

民营企业成为我国现阶段全面建成小康社会、构建和谐社会的中坚力量。目前,民营企业数量已占全国企业总数 90% 以上,民营经济的税收占全国税收总额的半壁江山。民营经济带动就业已占到新增就业的 50% 以上;民营经济的总产值已经占到 GDP 的 50% 以上。

随着民营企业在市场舞台上逐渐发挥作用,要求其承担起自身的社会责任的呼声也越来越高。民营企业在这方面取得了一定的成效:

1. 主营业务方面[①]

诚信经营，为社会提供合格、优质的产品和良好的服务；依法照章纳税，这是最基本也是最重要的；同时，民营企业规模性质能力各有不同，相应地其所能承担的社会责任也有所不同，并且处在不同企业生命周期的企业所承担和理解的社会企业责任的内容和层次是不同的。目前的民营企业有以下三类：

（1）劳动密集型企业

我国的民营企业多为劳动密集型企业，处于制造产业链中的最低端，规模较小，受到其他优势企业的挤压，利润微薄。因为生产技术设备和创新能力等限制，缺乏资金、人才、竞争力。此类的企业社会责任，只能负担起保证员工就业和工资，能缴纳政府税收等基本经济责任。

（2）企业处于发展初期和成长期

这一阶段的企业资金投入量大、收入不确定性高、发展前景不明确。这时的企业并没有担负起对于员工的优厚福利和社会的捐赠，企业只是在不违反法律法规的基础之上，全力发展经营自己的主营业务，这就构成了其企业社会责任的主要内容。

（3）发展中的民营企业

我国中小企业数已经超过 4000 万户，占全国企业总数的 99% 以上，创造国内生产总值 60% 以上，上缴的税收占 50%，就业人数占 75%，进出口总额占 69%，开发新产品占 82% 以上。民营企业在繁荣经济、促进增长、增加就业、推动创新方面做出了卓越的贡献。

2. 企业内外部劳资关系方面

劳资关系是我国最基本的社会关系，所以良好的劳资关系是民营企业健康快速发展的基本保障，也是社会稳定的基础。构建和谐的企业内、外部环境，主要体现在企业上下游产业链上伙伴的合作共赢和企业内部劳资关系的和谐。近年来民营企业发展逐渐暴露出一些问题，特别表现为劳资关系的矛盾尖锐化。

首先是工作时长问题。我国《劳动法》有明确的规定：劳动力每周工时不得超过 44 小时，每月加班时间不得超过 36 小时。但是如今市场上有很多对于一周五天工作制度熟视无睹的民营企业。据调查，双休日两天的民营企业仅占1/3，这已成为民营企业劳资关系中最突出的问题。其次，民营企业的员工工薪

---

① 杨春方．中小企业评价模式及其影响测度[J]．改革，2013，(10)：135－141．

本身就相对较低,还时常有被克扣、拖欠的情况发生。温州市曾经有过相关调查,结果显示被调查的民营企业工资发放及时的有 54.4%,次月发放的为37.82%,两个月以后发放的为 7.77%。第三,工会组织是一个为工人等劳动者服务的自愿形成的合法组织,本应该发挥协调作用,在完善劳资关系的同时,也促使企业更进一步地承担其应负的企业社会责任,但是就浙江地区的实证分析得知①,被调查的员工中认为工会有很大作用的占 10.78%,认为有一般作用的占 19.55%,有一点作用的占4.37%,而认为完全没有作用的占 25.30%。由此可见员工对工会的满意度很低。

不过随着国家《劳动法》、《劳动合同法》、《就业促进法》等劳动法律相继颁布实施,我国劳动法律体系已基本形成,通过更好地调节劳资关系,会让企业有一个良好的氛围去重视而且承担其社会责任。

3. 环保意识增强

在追求发展的同时,政府倡导:节能降耗,防止环境污染,重视环境保护。虽然很多企业了解以高消耗能源、牺牲环境谋求暂时发展,带给子孙后代的将是灾难。但是在如今竞争激烈的市场上,各个企业均在追求较高的经济效益,“低投入、高产出”是大多数民营企业的经营目标。所以导致民营企业在追求高经济效益的同时,减少了环境保护方面的投入,严重忽视了这个问题。

随着绿色 GDP 统计办法的推广,需要建立起一套有社会、经济、环境三方面评价标准的评价体系。与此同时,还需要按 ISO14000 环境管理系列标准要求,根据企业自身规模大小,建立环境管理体系,实现战略转移,在企业内部建立起一套立足于生态文明的现代科学技术管理体系,从而使民营企业更加完善地发展。②

4. 慈善捐助,扶贫济困

借着改革开放的机遇,一部分人通过自己的勤劳智慧,得益国家政策宽松和全国人民的支持而先富起来。所以先富者有责任和义务去帮助需要救济的人们,反哺社会。

从 2006 年度综合报告中,我们了解到民企在 2001～2006 年这五年迅速发展期间,捐出了善款 150 亿元。自 2007 年有全国忄的捐赠统计以来,民营企业

---

① 百度文库.关于民营企业劳资关系及其存在问题的调查[EB/OL]. http://wenku. baidu. com/link? url = ugcAUpPg1cAhk1PkTlLijJ7SdAM − IiJ1DhYApfup − vmxx5mizoL0Ck0JWyvW_R9OyZM EMh8iNni88j − pDI874X8bORvr8HpKPDY7VtueSya.

② 张金蓉.加强民营企业环境保护对策[J].民营科技,2011,(4).132 − 132.

的捐赠数额一直都占据企业捐赠总量的一半以上。2012 年,民营企业捐赠量为 275.06 亿元,占企业捐赠总量的 57.98%。民营企业和民营企业家也成为获得 "中华慈善奖"最多的部门和个人。[①]

5. 传承文明

一个企业若想长远地发展,必须拥有自己的企业文化。企业文化是企业经营的灵魂和法宝,它可以提高员工的凝聚力和企业的影响力。从发展历程看,我国民营企业早期的创业靠的是锲而不舍的努力和时代给予的机遇,那么后期的发展和壮大则必须依靠企业的群体斗志和凝聚力,企业群体的斗志与凝聚力又必须依靠企业文化的建设。

在市场环境中,民营企业文化层级的高低是由企业文化的类型决定的。民营企业文化主要分为理念引导型、家族情感型、制度约束型和境界追求型四种。我国绝大多数民营企业的企业文化属于第一、二种类型,其他两种类型的比例很小。这是因为企业文化是该企业的独具特色的管理模式的体现,其在某一特定文化背景下才可以形成。不同的企业有不同的发展历程;不一样的生产机制、市场结构、管理模式,形成不完全一样的企业文化。

因此,我们在接受各个企业独特的文化管理模式时,也要求企业必须综合自己的内部结构体系来针对"企业文化"做出一定的计划,这是企业文化建设的关键。民营企业应该让企业之中参与的每个员工既要熟知企业的价值观,又要将其内化成为一种习惯和行为准则,并对其采取一定的措施进行强化。

3.2.2 我国民营企业社会责任的问题[②]

更好地承担社会责任,这不仅是新时期社会对民营企业的必然要求,也是民营企业持续健康发展的必要条件。当前,构建社会主义和谐社会已成为中国发展的主旋律,它离不开企业的积极参与。民营企业在经营过程中,还存在以下的问题:[③]

①某些民营企业单纯地追求捐款捐物表面形式,忽视关爱员工、保护环境等社会责任的基本义务,比如:

① 本报编辑部.民营企业做慈善需更大自由度和政策支持[N].中国经济时报,2014 - 2 - 19(9).

② 胡大立,邓玉华.中小企业社会责任实现机制探究[J].中国流通经济,2013,(7):70 - 74.

③ 赵忠龙.论国有企业社会责任的误区与法治出路[J].兰州学刊,2014,(10):86 - 93.

　　a.无视自己在社会保障方面的作用,逃避税收;

　　b.将利润的获得建立在破坏和污染环境的基础之上;

　　c.自私自利,提供不合格的产品欺骗消费者;

　　d.依靠压榨企业员工收入和福利来为所有者牟取利润。

　　②缺乏承担社会责任的内外部制度保证,甚至无法保证诚信经营。具体表现为:

　　a.缺少诚信经营,对于违反社会责任的行为视而不见,没有相关制度约束;

　　b.缺乏公平竞争意识。

　　③没有将社会责任同企业的发展规划结合起来,没有将社会责任转化为企业的价值观,对于企业社会责任相关知识认知度较低。

　　④由于生存压力的约束和发展条件的局限,能力有限,社会对其影响力也明显不足。

　　总而言之,我们要对其进行合理的规划和扶持,不能以偏概全,要从全局出发,使整个中国市场中的主体均能发挥和承担起自己的社会责任,更好地带动中国经济的发展。

3.2.3 我国民营企业社会责任实证

　　从前两节我们清晰地认识到目前民营企业的蓬勃发展力和对我国经济不可忽视的影响力,以下我们将从正反两个方面举证相关民营企业的社会责任。

　　(1)大玉余甘果有限责任公司

　　该公司董事长黄丹红先后创办4个林果场,1个珍稀种养场,总面积2700亩。她成功培育出专利产品"平丹"牌大玉余甘果,拥有余甘果果酒、果汁、果茶、果脯、蜜饯生产线,产品全部通过食品安全管理 HACCP 体系认证和质量安全管理 QS 体系认证。她通过"公司＋基地＋农户"的模式,带动贵港、柳州、河池、百色、玉林等地5万农民发展余甘果种植;为26个贫困村提供种苗200万株,带动9283户贫困户人均增收585元。公司成为国家、自治区科普示范基地、广西科技示范项目基地。公司资产总额6000多万元,安置员工160人,2008年销售收入1862万元,依法纳税60多万元。2007年以来,黄丹红为社会公益事业捐赠138万元。

　　这就是一个民营企业以合适的方式承担起自己的社会责任的正面案例。她以合理的企业制度、可持续的生产方式保证自己的公司步入正轨,并且强有力地发挥了其经济活动的外部效用,带动了周边地区的发展,提高了更大范围的农民的收入水平,并且在自己力所能及的范围内有一定的慈善行动,树立了良好的企业形象。

(2)海亮集团

海亮集团是一家涉及铜制品加工、教育、房地产等多个经营领域的集团企业。公司是以铜加工及机械设备制造、塑胶管材加工、房地产、教育、酒店服务等六大产业齐头并进的跨地区、多元化、外向型的民营企业集团。2008年海亮实现营业收入303.27亿元,已成为全球知名铜加工企业,全球最大的合金铜管生产企业。

从2002年起,海亮集团响应党中央的号召,积极参与西部大开发,分别在重庆、内蒙古等西部地区投资房产、商贸、市政工程、塑胶管道等领域,至今已累计投入几十亿元,在发展壮大企业的同时,也促进了西部经济和社会的发展。集团还积极投入慈善事业,2007年,董事长冯亚丽和海亮集团为社会公益慈善事业捐资及认购冠名基金7000多万元,受到社会各界的广泛赞誉。

海亮集团不仅找到了适合自己企业发展的道路,并且全力配合国家政策,主动承担社会责任,体现了其身为一个优秀企业的带头作用。

(3)顺丰航空

顺丰航空作为中国民营快递企业顺丰速运的自有运力,尼泊尔8.1级强震发生后,民航局发布相关电报部署赈灾救援工作,顺丰速运主动请缨,积极参加国家组织的赈灾物资运输。这是其首次参与执行国家组织的国际救灾运输任务,在并不充裕的运力内,专门调配了一架性能相对优良的货机在成都待命,等候民航局的调令。

这也说明我国多数民营企业对于自身社会影响力和在整个社会经济中所充当角色的充分认知。

(4)三鹿集团

不可否认,在2008年之前,这是一个大众值得信赖的品牌企业,但是,让人遗憾和气愤的是,2008年,三鹿牌婴幼儿配方奶粉被发现含有三聚氰胺,导致全国大量婴幼儿患肾结石,极其严重地损害了广大消费者的合法权益,危害到了消费者的人身安全。

这是一个令人沉痛的案例,提醒我们在号召各个企业认知和承担起它们的社会责任时,不要丢掉根本,忽视了对于企业发展最基本的产品质量、公司制度、生产结构等要求,一味强调企业社会责任附加的更高层次边缘性的捐赠行为,会使企业就轻避重,不利于企业健康发展。不可否认,类型众多的民营企业为我国经济的发展做出了卓越的贡献,但是随着对企业更高层次的要求,人们对于民营企业赋予了更高的期望值,但是因为现在发展形势或者企业自身构成的局限性,民营企业的发展仍旧要从结构上改善,以法律为依据,力所能及地进行慈善活动,而不是一味地追求闪光灯的一时亮眼,忽略企业可持续发展的基本目标。

3.3 我国外资企业社会责任的现状与问题

自改革开放政策实施以来,外资企业对于我国经济建设发挥了举足轻重的作用,对健全我国企业管理制度、完善社会主义市场体系起到了积极的促进作用。同样,在企业社会责任建设方面,外资企业及其分支机构也一直发挥着重要的引领作用,尤其是跨国公司在国内的子公司或者参股公司,按照母国、母公司或者总公司的要求,在我国积极开展有关企业社会责任的相关活动,及时参与各项社会公益事业,对我国相关公益事业以及本土企业的发展具有重要的借鉴意义。然而从目前发展情况来看,外资企业在我国的社会责任履行情况仍表现出一定的问题,需要在未来发展过程中采取一定措施,增强外资企业的社会责任感。

3.3.1 我国外资企业履行社会责任的现状

从历年《中国企业社会责任研究报告》的结果来看,我国外资企业履行社会责任有了较大的发展,外资企业社会责任发展指数平均分从 2011 年的 12.5 增长到 2014 年的 26.4,表明外资企业社会责任的履行水平有了显著提高。具体表现在以下几个方面:①

1. 责任管理层面

责任管理是企业社会责任实践的重要内容,主要包括责任战略、责任治理、责任融合、责任绩效、责任沟通和责任调研等方面内容,其构成了企业社会实践责任的起点。外资企业和国内企业相比,能够较好地履行责任管理职能,过去四年,外资企业责任管理指数有了较大提升,从 2011 年平均水平的 8.9 提高到 2014 年的 30.8。与同样所有制形式的其他外资企业相比,当中仅有少数企业

---

① 此节内容是笔者根据 2009 年至 2014 年《中国企业社会责任研究报告》整理所得。

的责任管理表现出非常优秀的水平。从地域范围来看韩国企业的责任管理水平处于较高层次。但从发展阶段来看,日本在华企业由于积极完善自身社会责任管理体系,及时发布相关企业社会责任管理信息,整体责任管理水平在大幅度改善,有可能超越韩资企业。从行业来看则是通信设备制造业具有较高的责任管理水平,比较有代表性的企业如韩国的三星。其他外企则在企业社会责任的责任管理维度上,表现出了相对较低的水平,尤其是日化品制造、服务贸易以及服装贸易等行业,如较为知名的宝洁、欧莱雅等品牌公司,在责任管理方面的能力显著低于外企公司的平均水平。

2. 市场责任层面

市场责任主要包含客户责任、伙伴责任以及股东责任三方面内容,这些责任与企业业务活动有着直接的联系,是衡量企业组织效率、企业财务绩效的主要指标。其中,客户责任表示企业与产品消费者之间的关系;伙伴责任则主要强调了企业与合作伙伴、产品供应商之间的发展状况;股东责任则重点表现为是否实现了企业股东权益的增值,以及是否及时向股东发布信息等。外资企业为了扩大在国内的市场规模,往往注重对市场责任的管理,普遍在消费者、合作伙伴以及股东方面表现出了较强的管理水平,如 2014 年外资企业社会责任在市场责任方面的平均指数提高到了 23.8,而这一指数在 2013 年仅有 18.0。从行业来看,处于通信设备制造、计算机等行业的外资企业市场责任指数较高,比如英特尔、索尼等企业,这些企业在市场责任方面处在领先水平。而处在服装以及电子元件制造业的外资企业,它们在市场责任方面几乎无所作为,如在 2011 年的报告中这些行业的市场责任指数全部为 0,虽然在近几年有所提升,但提升速度过于缓慢。

3. 社会责任层面

社会责任主要包含政府责任、员工责任以及社区责任。其中,政府责任主要用于衡量企业是否遵纪守法、照章纳税、促进社会就业等;员工责任体现的是员工福利、员工培训等方面内容;社区责任主要反映企业是否及时参与社区、社会公益事业。从测度结果来看,外资企业在社会责任层面的平均指数虽然有所上升,如从 2011 年的 9.5 上升至 2014 年的 22.8,但整体水平低于其他维度的平均指数,表明外资企业在社会公益事业以及员工福利方面的建设仍存在显著不足。从外资企业的分布地域来看,日本企业在社会责任层面能够较好地履行相应职责。若从行业来看,社会责任平均指数相对较高的行业是通信设备制造业,而平均指数相对较低的行业是电子元件制造业,其中部分企业的社会责任平均指数为 0。这意味着要有效提高外资企业的企业社会责任综合指数,激励其在社会公益以及员工福利方面应做出积极改进。

4.环境责任层面

环境责任主要包含环境管理、节约能源资源、降污减排等内容,是企业社会责任在环境保护方面履行相应义务的集中展示。从历年环境责任维度平均指数的变化情况来看,外资企业总体上对于环境责任的重视程度相对较高,环境责任平均指数均超过同期责任管理指数、社会责任指数等。以 2014 年测算结果为例,外资企业环境责任平均指数达到了 29.9,明显高于同期市场责任指数和社会责任指数。外资企业更倾向履行在环境、能源方面的社会责任实践活动。从行业分布来看,涉及电子设备及其制造行业的外资企业环境责任相对较低,在家电、通信设备制造行业的外资企业则具有较高的环境责任管理水平。从分布地区来看,日、韩企业普遍对于自身的环境责任实践较为重视,其环境责任指数平均水平显著高于整个外资行业环境责任指数的平均值。

3.3.2 我国外资企业社会责任发展存在的问题

外资企业在履行企业社会责任的过程中,为我国同行业企业相关责任的履行提供了一定的借鉴,但是随着对国内经济环境的逐步适应,也出现了一些违背企业社会责任的问题,主要表现在以下几个方面:

1.外资企业环境责任意识十分薄弱

外资企业在进入国内市场初期,为了扩大市场、提高企业竞争力,非常注意在生产过程中采用节能环保的技术,严格按照 ISO14000 系列标准进行生产,甚至有些企业为了在国际市场上提高品牌知名度,将 ISO26000 标准系列作为生产运营的标准规范,为我国节能环保事业的发展起到了积极推动作用。然而由于我国目前相关环保法规不够完善,加上个别地区招商引资过程中存在诸多弊端,导致一些地区在承接国外产业转移过程中,将落后产业、高耗能生产工艺引入国内,致使我国成为国际跨国公司的"污染天堂",对我国的生态环境造成了严重影响,比如在 2013 年我国环保部就对法国威立雅环境服务集团和法国苏伊士环境集团在华合资企业发出警告,督促其尽快改善生产工艺,降低相关重金属物质的排放。同样,处在电子元器件行业的外资企业也对我国生态环境产生了严重负面影响,尤其是过去几年电子废料、线路板等"洋垃圾"的进入,导致广东、浙江等地水环境和地质环境遭受严重破坏,直接影响到当地居民正常的生产与生活,即使有国际电工委员会(International Electro – technical Commission,简称 IEC)不断更新电子行业生产标准,强制部分跨国公司不断认证,但由于国内相关法规不健全,缺乏相应的执法依据,导致电工行业的生产对生态环境产生了严重的负面影响。

2. 外资企业对劳动者的相关权益重视程度存在不足

外资企业对于劳动者相关权益的关注在不同行业和企业之间存在较大差异,有些企业秉承母公司的一贯原则,按照不同国际标准规范生产过程,关注企业员工的福利,尤其是按照国际社会责任组织发布的 SA8000 标准进行产品认证,或者通过 ISO26000 强制认证,从劳动时间、工资标准、生产安全等方面保护员工各项权益。但是仍然有部分企业并没有遵守相应规则,降低了员工的福利水平。比如 2012 年瑞典朱拉、路斯塔等四家在华合资企业,在生产过程中不仅存在生产设备存在安全隐患、车间灯光昏暗等问题,而且工作时长,每天长达 11~13 小时,每月正常休假不到 1 天时间,严重违背了相应的社会责任管理标准。还有像一些国际知名品牌,如耐克、阿迪达斯等,其在华企业都普遍存在过度用工的情况,均被称为"血汗工厂",严重忽视了对劳动者权益的关注,致使劳动者人身财产安全存在严重隐患。可见,有效提高在华外资企业对劳动者权益的维护和管理,对于提高外资企业整体社会责任水平有着重要促进意义。

3. 部分外资企业产品质量不过关,侵害消费者权益

在改革开放初期,国内市场一致认为外资企业生产的商品质量往往高于国内同类型产品,但是随着市场经济体制的确立,市场化水平的提高,内资企业在生产工艺和产品质量方面都有了显著提高,而外资企业却在产品质量方面频频发生危害中国消费者权益的事件,严重影响到国内消费者对外资企业的评价。比如国际知名的快餐业巨头肯德基曾在其肉制品中添加"苏丹红"等违禁化学品,给广大消费者的身心健康带来了严重危害。然而在事件发生初期,肯德基下属的中国百盛餐饮集团并没有向国内消费者做出及时补偿,反而转嫁责任,认为是原材料供应商存在的问题,这种敷衍、忽视消费者权益的态度直接降低了肯德基在消费者心中的形象。同样,在北京的日本吉野家快餐店,在 2013 年生产卫生检查过程中,发现相关工作人员没有健康证、餐具不能正常清洗等问题,严重影响到消费者的生命健康安全。除了快餐行业,其他行业危害消费者权益的事件也屡见不鲜,比如早期的化妆品知名品牌宝洁 - SKⅡ在其产品中加入了具有腐蚀性的物质,包括氢氧化钠、聚四氟乙烯等有害物质,而且存在虚假广告宣传等行为,对消费者的皮肤产生严重损害。类似事件还包括丰田汽车的"踏板门"事件、雀巢奶粉的碘超标等等,几乎危害消费者权益的事件在所有行

业中都普遍存在。由于我国目前这方面的监管还存在一定的漏洞,才给了这些外资企业以可乘之机,欺骗了国内消费者,侵害了广大消费者的权益。

4.法律责任问题已经成为外资企业社会责任管理的重灾区

从发展趋势来看,随着我国经济体制、法律制度以及监管制度的完善,法律责任问题有可能成为外资企业社会责任履行过程中碰到的最主要内容。从当前外资企业社会责任发展状况来看,由于外资企业对我国现有经济体制、监管制度以及法治建设逐渐适应和了解,他们针对我国市场制度建设方面的不足和漏洞,甚至采取不正当竞争手段,获取有利资源提高企业收益,主要的表现形式有:

第一,商业行贿。基于我国现行行政审批过程存在漏洞,加之外企对于中国市场环境了解的深入,外资企业在中国市场的发展,有时通过行贿等手段获取市场资源,比如美国诊断产品公司(DPC)在华企业从1991年至2002年向中国部分医院的相关人员进行的商业行贿总金额高达162.3亿美元,同样的非法行为也发生在葛兰素史克投资公司,2013年中国公安部通报该公司存在严重的商业行贿等经济犯罪行为,并对相关责任人进行了控制和审查。这些非法行为严重干扰了市场秩序。

第二,非法避税。由于我国税收体制不够完善,加上执法过程中存在不足,为部分外资企业逃税、漏税、骗税提供了空间,这些企业纷纷采取转让定价、调整资本财务报表、关联交易等方式,以达到避税的目的。如2009年,在福州的一家从事电子行业的外资企业,利用其在广东的一家合作伙伴,通过关联交易的方式规避税款达60多万元;青岛京芳有机硅有限公司,利用账目调整,仅2010年一个季度就少报250万元税款;同样,作为世界500强的谷歌互联网公司,其下属在华企业咕果信息技术(上海)有限公司以及谷歌信息技术(中国)有限公司等利用假发票、虚设科目等形式年偷税漏税额高达4000万元人民币。正是这些外资企业的不正当经营行为,不仅对我国税法建设、行政执法提出了挑战,也使得外资企业在我国境内充分履行企业社会责任的难度加大。

总体来看,外资企业虽然在我国经济发展方面提供了大量的技术和管理支持,可是在企业社会责任方面的实践表现方面仍然低于国内市场对它们的期望水平,一些企业为了赚取高额利润仍不惜铤而走险,不仅给自身发展带来了较大的负面影响,还对我国消费者、员工、股东等利益相关者的福利水平造成了巨大影响,所以我国政府和相应监管部门仍需要不断完善相关制度标准,加强监督执法力度,不断提高在华外资企业社会责任管理水平。

3.4 主要企业社会责任标准简介

从目前运行情况来看,国内外企业普遍认证的与企业社会责任有关的标准体系主要包括 ISO14000、ISO26000、SA8000 以及电子行业行为准则(EICC)四类,它们针对不同主体有不同的内容和特征。虽然 ISO9000 体系中也涉及企业社会责任的内容,但是由于其主要是对产品质量的规定,并按照不同行业、不同产品设置的产品质量标准体系,而且后期公布的 ISO14000 标准是对其进一步的完善,因此本书主要对后者以及现有比较重要的标准体系进行介绍。

3.4.1 ISO14000 标准体系的主要内容[①]

ISO14000 标准体系一定程度上是对早期 ISO9000 标准体系的完善,即国际标准化组织在 ISO9000 质量认证体系中加入了关于环境管理的相关标准,既适应了当前可持续发展的理念,也为企业和非政府组织环境行为提供了具体标准。

该系列标准主要由两大部分组成:一部分是管理体系标准,这是对企业进行 ISO14000 认证的主要依据,也是 ISO14000 的核心内容;另一部分是环境审核标准,通过审核来评估企业的行为是否符合标准。ISO14000 共包含 100 个标准号,包括环境管理体系、环境审核、环境标志、生命周期评估、环境行为评价等方面内容。其中 ISO14001—14009 的标号是关于环境管理和审核的核心内容,提供了一种环境管理模式,即以预防为主的全过程自我管理与权威机构认证相结合的管理模式,是涉及企业社会责任实践在环境方面的行动指南。

第一,环境方针。实施 ISO14000 的组织应根据自身的特点确立环境方针,以便为本组织制定具体的目标指标提供一个框架。环境方针应反映本组织的环境发展方向及其总目标,应对持续改进和污染预防、符合法律法规和其他要求这两项基本要求做出承诺。

第二,规划。实施 ISO14000 的组织应制定环境规划,规划工作应包括如下内容:

---

① 蔡守秋. 论实施 ISO14000 环境管理系列标准所引起的法律问题[J]. 法学评论,1999,(4):40 – 50.

①确定重大环境因素。实施 ISO14000 的组织应全面系统地调查和评审本单位的总体环境状况,识别其能够控制和施加影响的环境因素,确定重大环境因素,作为设立目标指标的依据。

②识别法律法规和其他要求。

③设立环境目标指标和管理方案,实施 ISO14000 的组织应根据法律法规、技术可行能力、财政经营情况等因素,设立有关层次的环境目标指标;制定详细的实施方案,包括实施的方法、步骤、时间进度和相应的职责等内容。

第三,实施与运行。实施环境目标指标和管理方案的要点如下:

①确定组织机构,明确职责分工。

②提供必要的培训。

③建立通畅的内部和外部信息沟通途径。

④建立文件化的体系并采取必要的文件控制措施。

⑤对关键活动进行控制。

⑥建立紧急准备与反应程序。

第四,检查与纠正措施。检查、纠正措施包括:确定专门的内审员对组织的日常运行和活动进行监控、测量;由内审员按照规定的程序,对体系整体的活动是否符合法律法规及其有效性进行内部审核;将体系运行的有关活动记录在案,作为审核的依据。

第五,管理评审和持续改进。管理评审是指体系的最高管理者在内审基础上,对体系的持续适用性、充分性和有效性进行评价。通过管理评审,可以确定本组织环境管理体系中存在的主要问题和有可能进行改进的领域,并以此作为环境管理体系持续改进的基础。

ISO14000 标准体系的主要特点在于:第一,强调遵守法律法规,ISO14000 标准要求实施它的组织必须承诺遵守所在国家或地区的有关法律、法规和其他要求;第二,强调污染预防,ISO14000 标准的基本指导思想是污染预防,即首先从源头考虑如何预防和减少污染,强调全过程环境管理,而非仅仅是末端治理;第三,强调持续改进;第四,强调系统化、文件化和程序化;第五,强调自觉实施,ISO14000 系列标准不是强制性标准,而是企业和组织自愿执行的标准,即企业可根据自身需要自主选择是否实施该标准;第六,具有第三方可认证性,ISO14000 可以作为第三方审核认证的依据,获得第三方的审核认证证书;第七,具有广泛适用性,ISO14000 标准可以广泛适用于企业、事业单位、商行、政府机构、民间机构等任何类型的组织。

3.4.2 ISO26000 标准的主要内容①

ISO26000 是国际标准化组织在 2010 年公布的关于社会责任的最新标准，其将社会责任定义为：

①致力于可持续发展，包括健康和社会福祉；

②考虑利益相关方的期望；

③遵守适用的法律，并符合国际行为规范；

④融入整个组织，并在其关系中得到践行。

和现有主要责任标准相比，ISO26000 标准在内容安排上可以说是对社会责任的定义进行了详尽扩展和具体的阐述，共分为八个部分，分别是：

①范围；

②术语和定义；

③理解社会责任；

④社会责任原则；

⑤认识社会责任和利益相关方参与；

⑥社会责任核心主题指南；

⑦社会责任全面融入组织指南；

⑧附录。

和其他标准相比，ISO26000 具有三个方面的特征：

第一，ISO26000 自身性质特征。

①ISO26000 是国际标准化组织首个社会道德领域标准；

②该标准是一种指南性质标准，ISO26000 标准的标题是《社会责任指南》，强调"本国际标准为所有类型组织，无论其规模大小和所处何地，均可提供指南"；

③ISO26000 标准不是管理体系标准。

第二，ISO26000 适用范围特征。

①适用于所有组织，ISO26000 适用范围将原来只针对企业的社会责任扩大为针对所有类型组织的组织社会责任；

②不适用于认证，ISO26000 标准不试图用于也不适用于认证目的、法规和

---

① 李伟阳，肖红军，王欣. 社会责任国际标准 ISO26000 在中国的"合意性"研究[J]. 经济管理，2011，(9)：81 - 89.

合同用途,任何进行 ISO26000 认证的提议或通过 ISO26000 认证的声明,均是对本国际标准意图和目的的错误表达及误用,既然本国际标准不包含认证要求,任何此类认证均表明不符合本国际标准。

第三,ISO26000 应用实践特征。

①无法替代相关国家义务,ISO26000 标准明确指出政府组织,如同任何别的组织,可能会希望使用本国际标准,但无论如何,本国际标准并不试图替代、变更或以任何方式改变国家的义务;

②无法替代其他倡议工具,ISO26000 标准指出本国际标准附录 A 对自愿性倡议或工具的引用,并不意味着国际标准化组织认同这些倡议或工具,或给予其特殊地位,并且在适用范围中指出,"指南旨在促进社会责任领域的共识,并且补充社会责任的其他文件和倡议,而不是代替它们";

③不作为 WTO 义务,ISO26000 标准在适用范围中明确指出,"本国际标准旨在为组织提供有关社会责任的指南,可用作公共政策活动的一部分";

④应用过程考虑多样性和差异性,ISO26000 标准指出,"在应用本国际标准时,建议组织要考虑社会、环境、法律、文化、政治和组织的多样性以及经济条件的差异性,同时尊重国际行为规范,本国际标准旨在帮助组织对可持续发展做出贡献",并且"在承认遵守法律是任何组织的基本义务及其社会责任重要部分的同时,鼓励组织进行超越而不只是满足于遵守法律,促进社会责任领域的共识,并形成对其他社会责任文件和倡议的补充,而不是对这些文件和倡议的替代"。

3.4.3 SA8000 标准的主要内容[①]

SA8000 社会责任国际标准是 1997 年由总部设在美国的社会责任国际组织发起并联合欧美跨国公司和其他国际组织制定的。SA8000 标准由 9 个要素组成,其主要内容是:第一,不使用或不支持使用年龄在 15 周岁以下的童工。第二,不使用或不支持使用强迫劳动,严禁强迫劳动:包括强迫犯人及契约劳力,不可要求员工在受雇之时交纳押金或存放身份证于公司。第三,健康与安全:提供健康和安全的工作环境,对员工有系统地进行健康和安全培训,采取必要措施以防止工伤。第四,结社自由及集体谈判权利:尊重员工建立和参加工会

① 姜启军,贺卫. SA8000 认证与中国企业发展[J]. 中国工业经济,2004,(10):44 - 51.

并集体谈判的权利,在那些有法律限制这些自由的地方,雇佣方要提供相似的方式以给予结社和集体谈判的权利。第五,不从事或不支持歧视:禁止基于人种、社会阶层、出身、宗教、残疾、性别、同性恋倾向、社团或政治身份及年龄方面的歧视,禁止性骚扰。第六,惩戒性措施:禁止体罚、精神或肉体的压迫或言语辱骂。第七,工作时间:每周不得超过 48 小时,每 7 天至少有一天休息时间,自愿加班应得到比正常工作更多的工资且每周加班不得超过 12 小时。第八,工资报酬:必须达到法律或行业规定的最低标准,并且必须足够满足员工及其家庭基本的生活需要,不得因纪律惩罚而被削减。第九,管理体系:必须有一套管理系统以保证对标准中各要求的长期贯彻执行,制定并签署一份社会责任政策,并承诺遵守 SA8000 标准、法律法规,并持续改善,这一政策必须公开透明。

SA8000 作为全球第一个可用于第三方认证的社会责任管理体系标准,为发达国家对内向企业提供了社会责任规范,任何企业或组织可以通过 SA8000 认证,向客户、消费者和公众展示其良好的社会责任表现和承诺。SA8000 是社会价值引入企业实践的重要标志。

3.4.4 EICC 标准的主要内容①

电子行业行为准则(EICC)是 2004 年由惠普、DELL、IBM 等电子计算机企业共同发起,用于规定电子产业供应链各环节工作环境安全、工人尊严以及生态安全等问题的准则。该准则由一系列的基本规范组成,主要内容涵盖电子行业生产与供应厂商劳工招聘、健康安全、环境责任、管理系统以及道德规范等。

1. 劳工标准

在劳工标准方面,具体涉及的内容有:第一,自由选择职业的问题:规定不能使用强迫、抵债或用契约束缚劳工,或者是非自愿的监狱劳工。第二,禁止使用童工:在制造的任何阶段都不得使用童工,尤其是所有 18 岁以下的工人不得从事有可能危及未成年工人身体健康或安全的工作。第三,工作时间问题:要求工作周不应超过当地法律规定的最大限度,除非是紧急或异常情况,一周的工作时间包括加班在内不应超过 60 小时,每周七天应当允许工人至少休息一天。第四,工资与福利问题:支付给员工的工资应符合所有适用的工资法律,禁

---

① 百度百科. 电子行业行为准则[EB/OL]. http://baike. baidu. com/link? url = 2Y − 4Gu_6hCEUnGCN_W68DlSAa19jJaXqsBI8w6a3HrkKCevuodX84BBmxdlVsrnehsfiVoOcZ2hsXjx8LDhAIK.

止以扣除工资作为纪律处分的手段。第五，人道待遇问题：不得残暴地和不人道地对待员工，包括任何形式的性骚扰、性虐待、体罚、精神压迫或口头辱骂、威胁等行为。第六，不歧视：认证企业应承诺员工免受骚扰以及歧视，不得强迫员工或准员工接受带有歧视性的医学检查。第七　自由结社：认证企业应尊重员工的权利，员工应能够在不用担心报复、威胁或骚扰的情况下，公开地就工作条件与管理层沟通。

2. 健康与安全标准

在职工健康与安全方面，认证企业需要履行的社会责任内容包括：第一，职业安全：应为员工提供适当的、保养良好的个人防护装备，不得通过惩戒来提高员工的安全意识。第二，应急准备：包括紧急报告、通知员工撤离步骤、工人培训和演练、适当的火灾探测和灭火装置、充足的出口设施和恢复计划。第三，职业伤害与疾病：应当制定程序和体系以预防、管理、跟踪、报告职业伤害与疾病。第四，工业卫生问题：应当鉴别、评定并控制由化学、生物以及物理因素给员工带来的影响，必须通过工程技术和管理手段控制危险源过度暴露，应该为保护员工健康建立和运行适当的个人防护装备方案。第五，强化对体力需求较高工作的管理：应当鉴别、评估并控制从事高体力劳动工作给员工带来的影响。第六，采取积极的机器防护措施：包括对生产设备和其他机器作危险性评估，对工人能造成伤害的机械应提供物理防护装置、联动装置以及屏障，并正确地进行维护。第七，公共卫生、餐厅和宿舍的维护：为员工提供干净的卫生间设施，提供饮用水、清洁的食物预备存储设施和用餐用具，提供适当的紧急出口、洗浴热水、充足的供暖和通风以及合理的出入方便的私人空间。

3. 环境标准

认证企业在环境方面执行的标准有：第一，环境许可和报告：应获取所有必需的环境许可证、批准文书和登记证。第二，预防污染和节约资源：应在源头上减少和消除所有类型的耗费。第三，有害物质：应当识别和控制释放到环境中会造成危险的化学物质及其他物质，以确保这些物质得到安全的处理、运输、存储、使用、回收或重用和处置。第四，废水及固体废弃物的处理：经营、工业加工以及卫生设施所产生的废水和固体废物按照要求进行分类、监控、控制和处理。第五，有害气体排放：在运营过程中产生的挥发性有机化学物质、气雾剂、微粒、臭氧消耗化学品以及燃烧副产品等空气排放物，在排放之前应按要求辨别、监控、控制和处理。第六，产品含量控制：应当遵守所有关于禁止或限制特定物质的适用法律法规和客户要求。

4.管理体系标准

认证企业在设计管理体系时,应确保:第一,公司的承诺,尤其是认证企业的社会及环境责任政策,应由高阶管理层签署。第二,管理职责与责任的规定:认证企业代表负责保证管理体系和相关方案的实施,同时企业高层管理定期检查管理体系运行状况。第三,法律和客户要求:其中有关产品等的鉴定、监控并理解适用的法律法规和客户要求。第四,风险评价和风险管理:认证企业应制定一套程序,以识别生产经营有关的环境、健康与安全以及劳工道德实践风险,确定每项风险的级别,实施适当的程序和实质控制,以确保合规性并对已识别出来的风险实施控制。第五,附有实施计划和措施的绩效目标:要求相关企业应制定绩效目标、指标和实施计划,以提高参与者的社会环境责任绩效。第六,职员培训问题:应为管理层及员工制定培训计划,以落实参与者的政策、程序及改善目标,同时满足适用之法律法规的要求。第七,沟通:应制定一套程序,将参与者的政策、实践、预期目标和绩效清晰准确地传达给员工、供应商和客户。第八,员工反馈和参与:应制定方案持续评估员工对本准则的理解并获取对本准则所覆盖的实践和条件的反馈意见。第九,审核与评估:定期进行自我评估,以确保符合法律法规的要求、本准则内容以及客户合约中的社会与环境责任要求。第十,矫正措施:相关企业需要制定程序以及时纠正在内、外部的评估、检查、调查和审核中所发现的不足之处。第十一,详细的文件和记录:需要建立并保留文档和记录,以确保符合法规,符合公司的要求,同时应妥善保守机密。

5.道德规范标准

为履行社会职责,要求企业的经营管理需要满足一定的道德标准,包括:第一,廉洁经营:禁止任何及所有形式的贪污、敲诈勒索和挪用公款等行为,应推行监控和强化程序以确保符合廉洁经营的要求。第二,无不正当收益:不得提供或接受贿赂或其他形式的不正当收益。第三,信息公开:依照适用法规和主要的行业惯例公开有关商业活动、组织结构、财务状况和绩效的信息。第四,知识产权:技术和生产经验的转让要妥善保护知识产权。第五,公平交易:必须公平交易,制作客观公正的广告和竞争。第六,身份保密:应制定程序,以保护供应商和员工检举者并确保其身份的机密性。

思考题

1. 国际上有哪些有关企业社会责任的标准？试给予评价。
2. 结合实际，分析我国企业社会责任的现状。

第 4 章

企业社会责任与股东

4.1　企业社会责任与股东的关系

　　企业社会责任是指企业在实现营利目标前提下,为满足社会对企业的期待和自身的内在要求而承担维护利益相关者权益及公共利益的法律义务与道德义务,包括对雇员、债权人、消费者等企业利益相关者的责任、保护环境资源的责任和自愿履行的支持、资助公益事业的责任。然而由于道德义务的不确定性、道德标准的模糊性以及道德责任的不可操作性,故本书将企业社会责任作为法律概念来研究。

　　"责任"一词有两种递进的含义,一是主体基于与他方主体的某种关系而负有的责任,亦即义务;另一含义是负有责任的主体不履行其关系责任所应承担的否定性后果。[①] 企业社会责任从内容上也可分为两个递进的层次:一是企业负有的不威胁、不侵犯社会利益的义务;二是企业违反了上述不威胁、不侵犯社会利益的义务而招致承担不利的后果。[②]

　　企业社会责任之所以相对虚化不是因为责任相对人的不确定,而恰恰是因为缺乏让企业承担社会责任的法律机制。所以,必须以法律明确企业社会责任的概念和原则,以法律确认社会公众的权利、监督企业承担社会责任的法定程序和企业违反社会责任时社会公众的救济途径,对于企业社会责任的内容,包括对雇员、债权人、消费者等企业利益相关者的责任、对环境保护的责任在法律

----

　　① 张文显.法理学[M].北京:高等教育出版社,2003:109 – 110.

　　② 刘敏仪.我国公司社会责任实现之法律机制研究[D].北京:中国政法大学,2009.

上都应有相关的规定。企业社会责任语境下的法律责任是指法律法规明文规定企业应当承担的社会责任,违反这些法定责任就要承担相应的法律后果。①

企业社会责任如果只是法律责任就不存在该不该承担问题,法律强制力保证实施,那它就是一种宣示性的义务,遵守法律是企业履行社会责任的最低要求。

4.1.1 股东的权利和责任

1.股东的权利

①企业资产的所有权。何种形式的企业都是由所有者出资筹建兴办的,因而企业资产应由所有者拥有。非公司制企业所有者对企业资产应有经营、处分和配置权。公司制企业所有者虽未必有能以个人身份直接支配他已投入公司的资本,但可以转让其股票,同时可以通过一定的组织程序,参与公司企业的最终控制,从而能够在一定程度上保证其拥有该项权利。企业中的任何组织和个人,即使有较大比例产权的所有者,都必须尊重每一位所有者的该项权利,对所有者承担资产保值的责任,具有防止其不合理流失及保证其不受不法侵害的义务。

②对企业的控制权。权利表现为所有者制定企业使命、决定经营目标、实施经营策略以及亲自经营企业或委派、评价监督高层管理者等方面的权利。即使是一般投资者,也可以通过投票实施一定的控制权。

③享有剩余所有权。即取得从与其承担风险相应的企业效益中扣除用来支付各项主要要素报酬和投入品价格之后的余额的权利。作为所有者,谋利是其创办或投资企业的主要动机,因此他有权对各投入主体的各项投入的贡献进行监督,以有效防止各投入主体的"偷懒"行为;同时为了防止所有者规避责任,就只能使所有者对自己的监督行为及结果负责。拥有剩余所有权,对于企业而言,就是具有使企业资产增值的责任,保证所有者能够持续地得到与其所担风险相应的可靠回报,并建立起适当的机制防止其他利益群体不道德地侵蚀所有者的该项权利。在公司制企业中,股东按其股权比重获得股利并在股票升值中获得好处,故企业还有义务根据股东的偏好情况决定相应的股利方针,如低收入者和收入动机型机构投资者一般偏好现金收入,企业应保障现金股利的发放;对于高收入和成长型基金等投资者而言,更偏好资本利益,故应侧重从长远

---

① 刘敏仪.我国公司社会责任实现之法律机制研究[D].北京:中国政法大学,2009.

考虑将股利再投资,赢得更大的股票升值。

④其他权利。对于公司制的所有者——股东还有获得公司经营情况方面的信息(财务、报告)和新股摊认权。其中新股摊认权是指公司为筹集资本而发行股票时,经公司董事会认可,赋予股东以分摊新股的权利,以防止股权相对分散,保护股东利益。股东还享有公司章程或者其他有关法规、规则规定的其他权利。

2. 股东的责任

①提供财务资源。企业之所以归所有者所有,归根到底就是因为他们是资金的所有者,是财务资源的供应者,这是企业所有者首要的、基本的责任,是决定其是否享有所有者权利的前提。

②对企业经营最终负责。所有者既然享有剩余控制权,就决定了其必然对企业行为的最终结果负责。对于非公司制非法人企业所有者而言,就是对企业债务负无限责任(有限合伙人除外),公司制所有者则以其认缴的股本对企业债务负有限责任,并有选择管理者的责任。

③所有者必须促进企业与有关的各利益主体保持协调的关系。把个人利益、企业利益和社会利益统一起来,使包括自己在内的各利益相关者在企业生存、发展中持续收益,从而共同推进企业和社会的进步。

④所有者还应有较强民族责任心和自豪感。包括不浪费社会资源,不损害公共利益,不违反国家政策、法规,按时缴纳税金,发展民族工业,增强经济实力等。

⑤法律、法规、公司章程规定的或企业其他利益相关者期望企业所有者承担的其他责任。股东作为企业的实际控制者,其权利和义务代表了公司股东有能力且必须是企业社会责任的承担主体。

4.1.2 股东和企业社会责任

企业存在于社会之中,企业是社会的一个组成部分,企业的任何行为都不是个体行为,而是社会行为,都可能会对社会产生影响。企业在社会中生存和发展,从社会赚取利润,同时必须承担社会责任。企业社会责任究竟是谁的责任? 企业社会责任研究必须解决责任的归属问题。有的学者主张应当由企业本身来承担责任,有的学者主张由企业的股东来承担,也有一部分学者主张企业社会责任的责任主体是董事,承担责任的主体不同,会直接影响企业社会责任的实现。本书认为企业社会责任的责任主体应该是企业所有者,主要从三个方面来考虑:

第一,社会责任的承担不应受企业类型的限制。我国当前的《公司法》及《合伙企业法》中都规定了社会责任制度,但是并未明确如何承担社会责任。社会公众普遍认为:只有具有较大规模、较强实力、对社会具有较大影响力的企业,才需要承担企业社会责任。但现实生活中,很多小型企业更有履行社会责任的现实必要,例如偏远地区的煤矿或者小煤窑。社会责任的承担不应受企业类型或者规模的限制,不应以企业规模大小、是否是有限公司或股份公司、是否为上市公司或非上市公司来区分企业是否应当承担社会责任。① 企业承担社会责任应当是一项原则性规定或一般性规定,对所有的企业均适用,无关企业规模、类型等。

第二,从经济学角度考虑,企业社会责任产生的缘由在于企业本身的行为具有负外部性;从法学角度着眼,违反社会义务的行为主体是企业,因而,企业社会责任的主体应为公司。② 企业作为法律上承人的独立法律主体,具有法律上的权利能力和行为能力,得以自己的名义独立承担有关法律责任。企业具有独立于股东、董事及其他企业经营管理者的独立人格,股东、董事和经理对外所谓行为均以公司名义进行,企业有足够的资格作为其社会责任的责任主体。③

第三,企业非如自然人拥有血肉之躯,虽其承担社会责任,但其行为能力应由企业所有者行使。企业不履行社会责任从根本上说是企业所有者未尽其职责所致,所有者作为企业的"大脑"就应该履行该义务,企业对社会的义务,转化为所有者对社会的义务,而非仅仅只是企业内部之事务。企业违反社会义务,一方面应首先由企业承担责任,另一方面,企业的所有者也须承担个人责任。

综上,本书认为企业社会责任的责任主体应当是企业所有者;公司董事、控股股东应该通过法律机制,作为企业社会责任的承担主体,且社会责任的承担不应受企业类型和规模的限制。

4.2 企业社会责任的经济效益

4.2.1 企业社会责任的履行成本

企业社会责任成本是企业为承担社会责任而付出的经济代价,其含义建立

---

① 李嘉宁,胡改蓉.企业社会责任:基于不完全契约与动态平衡理论的思考[J].甘肃政法学院学报,2008,(9):102-110.

② 李冬雪.公司社会责任的界定及法律实现[D],杭州:浙江大学,2012.

③ 冯果,万江.论公司的社会责任[J].淮阴师范学院学报,2004,(6):755-759.

在企业社会责任含义的基础上。但由于社会责任内涵的宽泛性,使得企业社会责任成本的统计较为复杂和困难。本书将企业社会责任履行成本分为两种:第一,融于生产与市场交易中的成本,这部分成本包括企业对员工、消费者和债权人的责任成本。具体包括:保障员工的生活福利、生产安全、职业健康,为员工提供技能培训以及社会保险的成本;保障消费者所购产品或服务的优质、适用及人性化等所发生的成本。第二,独立于生产与市场交易之外的成本,包括企业对社会的慈善捐赠、关注弱势群体、环境治理和保护等的支出。

4.2.2 企业社会责任的经济效益

企业履行社会责任的经济效益主要表现在两个方面:

1.直接利益

①减少管制和降低谈判成本。承担社会责任是一种减少和避免公众批评的方法,这种批评往往会导致政府的干预,企业主动承担适当社会责任可以减少管制和降低谈判成本。企业在运营过程中不可避免地可能与社会中其他集团产生冲突,因此会产生较高的冲突成本,尤其遇到激进的非政府组织,冲突成本可能会更高。这样的冲突会降低盈余和股票价格,而且还会被竞争者夺取市场份额。企业积极承担社会责任使企业更容易获得其所在地的政府和社会公益团体的支持,这种无形收益更有利于企业的长远发展。

②节省交易费用,提高生产效率。企业与员工、消费者、债权人等利益相关者时刻存在着交易行为,这些交易行为又受到各种显性或隐性契约的制约,这就导致企业与这些利益相关者之间者存在着各种交易费用,企业合理承担社会责任状况能够节省这部分交易费用,比如企业承担社会责任,为员工提供安全舒适的环境,与员工建立良好的劳资关系,可以减少员工的流动成本,吸引到更好的员工;投资者可以通过企业履行社会责任状况识别企业的品质,减少信息不对称问题,降低投资者的投资风险,从而吸引到更多的投资。

③提高员工生产率。马斯洛的需求层次理论认为,个人需求可分为生理层次和精神层次的需求,这两种层次的需求激发了人的动机、支配着人们的行为。当生理需求(衣、食、住、行、安全等)达到一定满意程度时,边际的生理满意度对人的激励急剧下降,更高层次的精神需求(成就、地位、归属)对人的激励作用显著上升。企业良好的声誉、负责的形象会给员工带来潜在的正面的心理暗示,具有强大的激励作用,满足员工精神层次的重要追求,即企业形象好,其员工也必然优秀,员工因而会处处体现出一个优秀员工应有的素质,员工整体素质的

提高必然会带来生产的高效率。

④扩大市场，吸引消费。市场上的消费者关注的不仅仅是产品的质量和价格，他们更关注产品背后的企业背景，①企业形象在消费者决策时起着关键的作用。主动承担社会责任，牺牲企业的一时利益可以改善企业的经济、社会和文化环境，有利于树立企业的良好形象，在市场上树立知名度而获得消费者的认同，最终占据更多的市场份额，增强市场竞争力，最终提升企业的利润和股东所得，这也符合企业股东群体的合理期待。

2. 间接利益

①获得良好的企业形象和竞争优势。企业主动积极承担社会责任有助于企业形成良好的声誉，赢得消费者的信赖。在消费者看来，把商业责任和社会责任相结合的企业，会将社会责任渗透到企业的产品设计、生产流程、产品质量检测和产品的售后服务中去，从而增大对该产品的信赖程度，同时也能赢得政府和所在社区的支持。

②推动企业可持续发展。企业积极承担社会责任，不仅是顺应全球可持续发展潮流的必然选择，也能增强企业可持续发展的动力和后劲。因此，企业"不仅要追求利润最大化，并且还要为创造实现利润最大化的经济、社会和资源环境而努力，维护相关利益者的利益，实现以人为本，协调企业与自然、经济、社会的发展，促进企业可持续发展"。②

③构建良好市场环境。现代社会，企业不再是单纯的契约结合体，它越来越多地承担起企业公民的责任。作为社会重要组成部分的企业，无论其经济实力还是对资源的占有程度，都远远高于自然人的个体。因此，企业比普通公民更应担负起推动国家经济发展、促进就业、维护社会稳定的重任。企业社会责任实现更有助于实现可持续发展和促进社会的和谐。而社会的和谐发展则会为企业提供一个健康活力的经济发展市场。

综上所述，企业在实现社会责任时，可以树立良好的企业形象，产生一定的品牌效益，吸引优秀人才，真正赢得消费者的信任，赢得社会的尊重，进而获得相比于其他同类企业的相对竞争优势，从而提高企业的经济实力，有助于企业与国际接轨，获得国际订单。企业在承担社会责任、解决社会问题的同时，也可以从改善了的社会关系中得到好处，使企业获得更稳固的发展根基、更广泛

---

① 韦英洪.论公司社会责任的实现机制[D].北京:对外经济贸易大学,2007.
② 韦英洪.论公司社会责任的实现机制[D].北京:对外经济贸易大学,2007.

的社会认同,可以发现投资机会,拓宽自身的发展空间,为企业可持续发展、稳健运营、更好地为股东创造利润打下好的基础。因此,企业应该承担起社会责任,调整追求短期利益最大化的心态,着眼于对长期利益、可持续利益的追求,改善企业所处的环境,从而有利于企业的长远发展,最终为企业带来利益。

现有文献表明,企业社会责任表现越好,企业的财务业绩也就越好,股东的利益才能得到更多的满足。Francisca van Dijken 研究的是企业社会责任表现对股票的影响情况,他选取的 90 家样本企业均来自美国的道琼斯可持续发展指数,将研究分为 6 年和 10 年两个时间段,研究中,对其股票表现以及股票市场的平均表现进行了比较,结果显示这 90 家企业的股票表现在 6 年里超出市场平均值 90.8%,在 10 年的时间里超出市场平均值 146.08%,股票回报率均高出市场平均水平。① 匹兹堡大学的著名学者 Frooman 对企业不负社会责任和非法行为的反应采用次级资料结合定量分析方法,认为股市对那些不负社会责任和违法的企业持否定态度,这些企业股东的价值就会减少。企业的社会责任行为与企业股东价值和公财务绩效有正相关关系。② Mcwilliams 和 Siegel 对社会责任和企业绩效二者间关系,使用回归模型法对上述结论进行了检验。③ Ruf 的实证检验结论是企业的社会责任表现和当期的财务业绩相关,当期的社会责任表现还与以后期间的企业业绩呈正相关。④

企业追求利益,是为了最大限度地攫取利润,社会责任不仅是和谐社会发展经济的必然要求,更是提高企业绩效的必然途径。股东作为企业的控制主体,企业社会责任所带来的经济效益正是股东利益的最大化体现,既是企业股东的责任所在,也是其利益所在。

---

① Francisca van Dijken. Corporate social responsibility: market regulation and the evidence [J]. Managerial Law,2007,49(4):141 - 184.

② Jeff Frooman. Socially Irresponsible and Illegal Behavior and Shareholder Wealth A Meta - Analysis of Event Studies[J]. Business and Society,1997,36(3):221 - 249.

③ A. Mcwilliams,D. Siegel. Corporate social responsibility and financial performance: correlation or misspecification [J]. Strategic Management Journal, 2000,21(5):603 - 609.

④ B. M. Ruf,K. Muralidhar,R. M. Brown,J. J. Janney,K. Paul. An empirical investigation of the relationship between change in corporate social performance and financial performance: A stakeholder theory perspective[J]. Journal of Business Ethics,2001,32(2):143 - 156.

4.2.3 企业社会责任与利益最大化

企业作为营利性组织,其目标必然是追求利润最大化;而企业同时作为社会组织,其经营行为必须符合社会整体利益。利润最大化目标体现的是企业对股东的义务,而履行社会责任着重反映的是企业具有维护股东以外利益相关者利益的义务。一般认为,企业在履行社会责任时,需要支付一定的社会责任成本,经济上可能会蒙受一定的损失,难免会出现承担社会责任与企业利润目标矛盾的情况,有违企业利润最大化原则。

第一,企业履行社会责任不是对企业营利性目的的否定,而是对其的矫正和补充,二者应当并且可以在制约和平衡中实现各自利益的最大化。[①] 企业社会责任是在承认企业营利性目标的前提下,要求企业把社会利益也作为一个目标,并尽可能多地顾及社会利益。企业利润和社会利益两方面的企业目标,其中任一目标的最大化都将受到另一目标的制约;二者在相互制约中,共同实现各自利益的最大化。二者制约、平衡的结果是,既实现了企业的社会利益,不至于损害到企业投资人的积极性,同时又照顾到了社会利益。

第二,企业履行社会责任有助于企业盈利增长的实现。在社会的实际运行中,股东利益并不必然地与其他社会利益发生矛盾,很多时候,二者是可以相互促进的,即使在企业社会责任目标和企业营利性目标有矛盾的场合,这些矛盾也并非是不可调和的,股东利益和其他社会利益完全可以在同一平台上统一起来,这也是诸多大型企业特别注重承担社会责任的原因。[②] 企业社会责任实现并不会影响企业的长远利益,企业承担社会责任将会产生相应的成本,但承担社会责任可以带来诸如环境、资源等各个方面的社会利益,而这些利益也将给企业带来收益,从而获得更大的社会资本,提升企业的长期利润。

第三,这里所指的利益最大化,并不简单地等同于利润最大化或绩效最大化,并不是可以用财务数字加以描述的企业利润,而是企业在创造利润的过程中,通过履行社会责任,取得包括品牌知名度、企业美誉度、形象认可度等在内的相关价值最大化。所以企业必须强化"社会人"角色,对利益相关者及其他各方承担社会责任,并以此为途径,更好地获得政府的支持、消费者的信任,争取

---

① 韦英洪.论公司社会责任的实现机制[D].北京:对外经济贸易大学,2007.

② 李正华,陈雁飞.公司社会责任理论初探[EB/CL].中国民商法律网,http://old.civ-illaw.com.cn/article/default.asp? id=19919.

优秀的合作伙伴,吸纳优秀的人才,使企业更具生命力、创新力和竞争力。反之,"当今的企业如果仅仅关注利润,而不注重行为的合法性、道义性,对公益事业、慈善事业漠不关心的话,其社会公众形象和消费者认可度必将大打折扣,其竞争力也必将下降。企业利益也必然收到损失"。①

承担社会责任固然会增加企业生产性支出,造成短期利益的损失,但履行社会责任却会带给企业更加长远的利益,通过承担社会责任支出的合理成本势必带来更为丰厚的收益,从而弥补当期生产性支出方面的损失。一个健康发展的企业,其经济利益与社会责任是同步增长、相辅相成的,企业社会责任实现与企业追求利益最大化之间并无矛盾。需要注意的是,尽管企业履行社会责任能够促进企业长期利润的提升,带来更多的利益,但也不是企业履行社会责任越多越好,只要保持在一个合理的范围内,就能实现企业利益与社会利益的共赢。

Chuck Mcpeak 和 Nina Tooley 研究了美国 56 家企业从 2002 年到 2007 年的财务数据,发现这些企业的股价涨幅平均值大于 101%,并且财务绩效表现都比较出众,而标准普尔 500 指数中的其他企业股票的涨幅是 66.07%,对比可见样本企业的数据明显偏好。另外,样本企业的资产回报率也很高。研究结果显示企业社会责任和财务绩效之间呈正相关。② 这一研究充分说明企业社会责任的表现不单单可以提升短期的财务业绩,还能够提升长期的财务业绩。

沈洪涛对企业社会责任表现和财务绩效的分析认为:我国企业社会责任与企业绩效的关系是互为因果,并且二者相互影响,呈现显著的正相关关系。③ 刘长翠和孔晓婷选取的研究样本是沪市的上市企业,探讨了样本企业披露的社会责任会计信息对所选样本企业经营绩效的影响,结论显示社会责任会计信息会给企业带来更好的财务业绩。④ 李正选取我国的沪市 521 家上市企业作为样本实证分析了社会责任和企业价值之间的关系,研究显示:从当期看,承担社会责任越多的企业,其价值越低;但是从长期来看,承担社会责任并不会降低企业的价值。此外,企业资产与企业社会责任表现显著正相关;在企业财务状况方面,

① 刘藏岩. 刍议企业社会责任与竞争力[J]. 商业时代,2005,(23):51-51.

② C. Mcpeak,N. Tooley. Do Corporate Social Responsibility Leaders Perform Better Financially? [J]. Journal of Global Business Issues,2008,2(2):1-6.

③ 沈洪涛. 公司社会责任与企业财务绩效研究[D]. 厦门:厦门大学博士论文. 2005.

④ 刘长翠,孔晓婷. 社会责任会计信息披露的实证研究——来自沪市 2002 年—2004 年度的经验数据[J]. 会计研究. 2006,(10):36-43.

负债比率与企业社会责任表现也显著正相关。①

　　企业在追求利润最大化的同时就是在承担着企业的原始责任。虽然这不是企业应该承担的充分的社会责任,但却是企业应该承担的基本的社会责任,这些基本的社会责任构成了企业社会角色的基本内容。如果企业不追求利润最大化,社会资源就不能得到最优配置,也就是说,利润最大化又是资源最优配置的前提条件。因此,企业若不追求利润最大化,它所应承担的一切社会责任将难以持续。② 所以企业利益最大化与企业社会责任是相辅相成的。

4.3　股东利益视角下企业社会责任实施的路径

4.3.1　股东利益视角下企业社会责任实施的法律路径

　　企业社会责任研究的逻辑归宿是企业社会责任的法律实现。综观世界各国企业社会责任实现机制现状,法律无疑是落实企业社会责任最为关键的保障。我国对企业社会责任进行了一定的法律规定,但是考察其现状以及我国企业社会责任的履行现状,我们会发现我国企业社会责任的法律实现仍有待进一步完善。

1. 完善和健全社会责任法制制度

　　法律法规对企业履行社会责任具有最强的外在约束,完善法律法规要从我国企业社会责任实践和法律环境现状出发,明确企业对其利益相关者应负的责任内容,制定和完善有针对性的法律法规。我国现有如《劳动法》、《消费者权益保护法》、《反不正当竞争法》和《环境保护法》等,虽对企业社会责任作了规定,但是却过于笼统,缺乏针对性和量化标准,难以适应政府对企业的监督和管理。因此,对于现有法律必须加以完善,规定明确社会责任量化标准,并制定对于逃避社会责任的企业行为明确的惩罚规则;对一些还没有现成法律的领域,需尽快研究制定新的法律,并动态调整一些不适用现实情况的法律规定。通过将企业社会责任纳入到国家的法律法规体系中,制约与约束企业的行为,使企业承

---

① 李正. 企业社会责任与企业价值的相关性研究——来自沪市上市公司的经验证据[J]. 中国工业经济. 2006,(2):77－73.

② 雍兰利. 论企业社会责任的界定[J]. 道德与文明,2005,(3):42－45.

担相应的责任与义务,使利益相关者的权益得到切实的保障。① 在完善法律法规的同时,还要切实提高政府的执法水平和执法力度,做到严格执法,不使法律成为一纸空文。

2. 建立社会责任指标体系

社会责任指标体系是促使企业履行社会责任的基础。只有建立明确和科学的社会责任指标体系,才能够使企业履行社会责任有一个明确的目标,利益相关者才能够充分地监督和评价企业履行社会责任的情况,这样就可以降低外部监督的成本。企业对社会责任指标的选择,必须符合国家有关政策法规的要求,要能够反映企业社会责任的特点,应符合企业社会责任和可持续发展的国际基本原则和标准的要求,以及具有可操作性、代表性等要求。②

目前,企业社会责任在国际上已经形成一场浩浩荡荡的社会运动,以SA8000 为首的各种企业社会责任标准也已经在许多国家得到推行。SA8000 标准是根据《国际劳工组织(ILO)公约》、《联合国儿童权利公约》及《世界人权宣言》制定的,其宗旨是为了保护劳工基本权益,目标是通过有道德的采购活动改善全球公认的工作条件,确保供应商所提供的产品符合社会责任标准的要求,最终达到公平而体面的工作条件。虽然目前我国官方还未承认 SA8000 标准,但是在法律规定的强制性规定之外,有关社团或者机构可以在总结各国有关经验和社会意见的基础上制定企业社会责任指标体系,其中包括职工福利指标、环境责任指标、大众形象指标、消费者权益维护指标、参与公益活动指标,等等。对综合指标排名靠前的企业给予通报表扬及其他奖励,而对达不到指标及格线的企业进行通报批评和谴责,从舆论方面对企业履行社会责任进行引导和监督。③

3. 建立社会责任报告制度

随着企业社会责任理念的传播和逐渐为人们所接受,社会各界对社会责任报告的可信度产生了更高要求,这就需要政府根据我国企业发展的实际情况制定一套切实可行的社会责任报告审计标准,以随时对企业履行社会责任的状况进行规范和监督。其中,对于社会责任报告的审计主体、审计对象和审计范围等重要项目都要进行明确严格的规定,对审计方法和程序都应进行合理设计以

---

① 张志超.我国企业社会责任缺失的成因分析与解决路经[J].城市地理,2014,(14):206－207.

② 王敏,李伟阳,王晓光.建立企业社会责任指标体系[J].中国电力企业管理,2009,(1):35－38.

③ 韦英法.论公司社会责任的实现机制[D].北京:对外经济贸易大学,2007.

防止审计疏漏和操作烦琐,并根据与内容相适应的原则不断进行修正和完善。这样,社会责任报告的审计将有据可依,企业社会责任报告的客观性和公信力也将得到进一步强化,从而形成规范化、制度化的长期效用。

4. 建立社会责任标准认证机构

首先,建立统一规范的产品认证认可标准是构建企业社会责任评价体系的重要内容,这将为社会责任评价设置一项标准和基础规范。它不仅可以彰显认证机构的公正性和权威性,而且可以使企业在履行社会责任时有章可循。其次,对国内已有认证机构进行规范、扩展和重组,并积极与国外知名认证机构进行协作,以取长补短,扩大知名度,创造品牌效应。同时,对不合格认证机构要迅速予以取缔,以维护认证机构队伍的纯洁性和美誉度。第三,建立与国际权威认证机构的相互认可机制,以相互间通用认证的方式消除国际和各国间设立的技术壁垒。例如,欧盟规定,只要通过政府和认证机构间相互承认合格评定的协议获取欧盟授予的"被指定机构"资格,其产品就可以在国内获得认证后直接进入欧盟市场。① 第四,在产品认证机构不断发展成熟的前提下,应逐步提高我国社会责任标准认证机构的权威性,不断扩大认证范围,提高认证能力,以期达到与国际认证机构之间的证书通用。②

5. 建立社会责任信息披露制度

企业社会责任信息披露制度是促使企业履行社会责任的重要措施。企业通过报告社会责任的履行情况,能够很好地向利益相关者传达企业履责信息,消除利益相关者的信息不对称,有利于利益相关者对企业的履责情况进行监督和评价。建立企业社会责任信息披露制度,既要发挥企业的积极主动性,也要依靠政府的强制规范,使强制披露和自愿披露结合起来。同时,要保证企业信息披露制度的有效性,保证企业披露的信息是真实、准确和可靠的,要加强对披露信息的审查。最后,应对企业公开的信息报告做出期限规定,而且还要由专业机构对报告进行考察核算,并将审核结果予以定期公开,③比如对企业公布的社会责任报告进行审计,杜绝企业只披露对自己有利的信息,甚至虚假信息。

---

① 卢岚,刘开明.跨国企业社会责任实施指南[M].北京:化学工业出版社.2006:22.

② 唐剑,李宝平.内生性动因视角下的企业社会责任实施体系构建[J].华东经济管理,2011,(3):25-27.

③ 陈美玲.从奶粉门事件透视与重构企业社会责任[J].企业经济,2009,(1):17-19.

4.3.2 股东利益视角下企业社会责任实施的道德路径

法律虽然是主要的社会行为规范调整工具,但却不是唯一的,更不是万能的,总有法律之手触及不到的地方。"法律是最低限度的道德",道德是企业的行为约束和资源。

1.加强社会文化建设

国家和地区的经济形态和结构的产生发展,都不单纯依赖于经济活动,总伴有长期历史积淀下来的社会文化的促进作用。企业社会责任在西方国家的广泛传播,与其基督教文化不无关系,基督教宣扬博爱精神,提倡社会要承担关注弱者的责任,并付诸行动,成立孤儿院和医疗慈善机构等。追寻中国传统文化特别是儒家文化,其最鲜明的特色就是人本精神,它所强调的"仁政"、"泛爱众"和"天人合一"等思想以及追求诚信与和谐的特质与企业社会责任的要求在本质上具有内在一致性。因此,在推动企业履行社会责任的路径选择中,我们必须积极汲取我国传统优秀道德文化,构建一种促进企业履行社会责任的良好文化氛围,充分发挥文化环境对企业履行社会责任的规范作用。

2.加强行业自律和行业监督

有关资料显示,我国行会组织的作用还未能得到有效的发挥,这一组织的巨大作用还有很大的发掘潜力。若能有效利用行会这个企业间的联盟组织来对公司的所作所为进行监督和制约,能在很大程度上减轻国家机关的负担。企业普遍在意行会的意见,因为作为一个团体组织,行会的决定往往是同行企业间利益的共同指向,如果未达到行会的规定,会面临着被同行排挤甚至退出本行业的危险。所以,在政府引导行会的前提下,利用行会进行自律和监督能够对公司的行为产生更实际的影响。[①]

第一,制定相关的行业标准。国外企业社会责任实践表明,行业和企业组织通过制定自律性社会责任行为准则和标准,指导和约束本行业和组织内部的行为,是比较有效的方式。鉴于国外发展的经验,我国行业组织应当根据行业特点制定本行业的自律行为准则和相关的评价体系,特别是应突出行业实施社会责任的优先重点,以便于行业内各公司共同遵守实施。

第二,监督企业的经营行为,根据企业的行为采取不同的处罚措施。以行业的自律标准和评价体系为基础,建立企业信用档案和记录,通过协会章程明确地加以规定,如果一旦发现成员单位有违反规定的不道德经营行为,就可以

---

① 韦英洪.论公司社会责任的实现机制[D].北京:对外经济贸易大学,2007.

采取警告、处分、开除出会等措施,并将其公之于众。在这一做法中,行业内占有最多份额的市场领导者肯定受益最多,因为行业内恶性竞争对其损害最大,所以其最有积极性。对会员单位而言,协会外企业的不道德竞争行为将不会对协会成员的信誉产生恶劣影响,消费者逐渐会认识到协会会员单位有更好的信誉保证。同时,为了获得消费者的信赖和自身的经济利益,非会员单位这时也会要求入会,主动停止不符合行业规范的企业经营行为。因此,充分发挥行业协会的监督作用,将更加有利于促进企业社会责任的实现。①

3. 成立第三方监督机构

建立健全企业社会责任的监督机制是落实企业社会责任的重要保障。企业社会责任的监督主要由政府监督和社会监督两个部分构成。政府作为社会公共利益的总代表,职能所属决定了其对企业社会责任履行的监督是"硬约束";而社会监督则作为政府监督的补充发挥"软约束"作用。因此当前应该充分发挥政府和各社会团体的协作监督功能,通过增加企业履行社会责任的外部约束力来强化企业的社会责任行为。②

社会公众的认同和支持会对企业产生强大的外在压力和动力,促使企业关注社会责任,并将之与企业长远发展和追求经济利益的内在动力相结合,促使企业主动形成履行社会责任的良好机制。由于公众意识的驱动对企业社会责任的形成有重要作用,且公众对责任产品的偏好程度直接影响企业效益,因此,社会公众通过提高社会责任意识、建立起绿色消费概念,将起到对企业不良行为进行纠偏的作用。消费者利用自己的"货币选票"可以有效地对企业施加外部压力,从而形成"企业承担社会责任—消费者货币选票支持"的良性循环。

4. 形成媒体网络的社会舆论约束

美国著名法官布兰狄西有一句名言:"阳光是最好的防腐剂,灯泡是最有效的警察。"社会公开机制在某种程度上能够起到最大的监督和制约功能。构建企业履行社会责任的实现机制,必须充分发挥媒体网络的监督导向作用。媒体网络对企业履行社会责任的情况进行宣传报道,能够消除利益相关者的信息不对称,降低监管成本;对不履行社会责任企业的曝光,通过网络的渲染和放大,能够对逃避社会责任的企业形成强大的外部舆论压力,迫使企业不得不履行社会责任;对积极履行社会责任企业的正向报道,能够使这些企业获得良好的社

---

① 吴黎譔. 论公司社会责任的实现机制[D]. 太原:山西财经大学,2009.

② 唐剑,李宝平. 内生性动因视角下的企业社会责任实施体系构建[J]. 华东经济管理,2011,(3):25 – 27.

会声誉,进一步提高其承担社会责任的自觉性和积极性。对在媒体报道的社会责任实施状况良好的企业,可以给予税费方面的减免或者政策上的优惠,或者设置相应的激励机制,鼓励职工等其他利益相关者对企业承担社会责任进行监督等。因此,应积极发挥媒体网络的舆论作用,以社会正确的价值观来影响和引导社会公众和企业,积极评价履行社会责任的企业,让全社会都来关注并参与到推动企业社会责任的行动中来,潜移默化地引导企业重视社会责任。

5. 促进公益团体组织的发展

全球范围内对于企业社会责任的推动与实施,各种公益性团体组织的作用可谓功不可没。在各种国际劳工组织、消费者团体、人权组织和环保组织的发起和号召之下,形成了强大的社会压力和公众舆论导向,并在各国以企业社会责任为导向的法律变革中发挥了关键作用。鉴于国际发展形势,应当加快促进我国公益性组织发展。一方面,我国政府应大力支持和鼓励公益性团体组织的发展,成立诸如环保组织、动物保护协会、民工权益保障协会等组织。有了这些强有力的组织保证,许多企业社会责任的监管工作都可以放手让这些民间组织来进行,政府只需做好对这些组织在更高层次上的监管。这样既可以降低政府的监管压力,也可以提高政府监管的效率,更有利于企业社会责任的落实。另一方面,要加强公益性团体组织的独立性。从环保组织、劳动组织的监督方面来讲,我国这类组织不具有行政强制执行权,在企业违背社会责任案件的处理中权力有限,加之隶属于地方政府,往往受到地方政府的制约,处理过程中不得不有所顾忌。所以,赋予公益性团体组织在监督企业社会责任履行中独立的行政强制执行权,并建立独立的、垂直管理的体系,不仅是一种现实需要,而且具有迫切性。公益性团体组织形成的对企业社会责任的推动和制约力量,可以构成政府法律管制的有益补充,使其在企业社会责任的履行中扮演更加重要的角色。①

4.3.3 股东利益视角下企业社会责任实施的公司治理路径

公司治理结构决定了企业的运营方式,企业漠视社会责任的根本原因就是不规范的公司治理结构导致的企业和管理层追求短期经济效益,而不愿意为企业长期发展和竞争力支付社会成本。因此,规范公司治理结构、改善公司治理是保证企业积极履行社会责任、换取长远生存空间的重要手段。②

---

① 吴黎讓.论公司社会责任的实现机制[D].太原:山西财经大学,2009.

② 南文化,范仁庆.论企业社会责任[J].哈尔滨学院学报,2006,(12):13-16.

1. 培育优秀的企业社会责任文化

企业文化是企业生存和发展的精神支柱,是企业价值观的集中体现,是企业的灵魂所在。企业文化影响企业行为,优秀的企业文化是企业软实力的重要表现,能够吸引和凝聚优秀员工,赢得供应商和消费者青睐和政府支持。培育优秀文化就是培育富有社会责任观的企业文化,用企业文化来推动企业社会责任的履行。企业文化能否建立健全,很大意义上归结于企业能否形成自己的核心价值观。核心价值观作为企业领导人内心最深处的是非判断和善恶取舍,是企业未来行为方式与业务导向的最根本指引。企业核心价值观最初需要发挥企业家的核心作用,企业管理者即企业家的人格在企业文化体系中起着核心作用。大量事实表明,作为企业道德人格核心的企业家人格是影响企业成长和发展的决定性因素,也是影响企业承担社会责任的重要因素。所以企业文化的关键之处在于企业领导人的以身作则。当前,我国企业家大都是改革开放以后成长起来的,成长时间较短,加上受历史文化的影响,大部分企业家人格不够完整,道德素质低下,缺乏人本管理意识和诚信品质,价值观和社会责任感存在偏差,影响了企业家在企业文化形成中关键作用的发挥。

2. 建立社会听证制度

凡有涉及社会利益的重大决策时,企业应先组织社会成员进行听证。为使社会听证工作真正成为社区居民民主参与的途径,首先,要使听证工作更加公开。可以先期公告听证的时间、地点、主要内容、代表的选拔情况;既要在社区内也要通过网络等先进手段公告消息。其次,在知情和关心听证内容的相关居民中产生代表。企业还应注意建立对内对外的信息沟通体系,这是社会责任有效运行的关键。对内可以设立意见箱或安排管理层定期与职工代表对话,对外可以定期走访利益相关者或邀请他们到企业参观等,或通过会议及广告等方式宣传企业政策或企业履行社会责任的情况。如果形成制度,可以避免现在企业出现的许多不正常的现象,譬如有些企业为了提高自身的知名度,乱搞"政绩工程",而对纳税、职工权益等最基本的法律义务千方百计进行逃避等。①

3. 提倡多元利益主体参与企业社会责任实施

多元利益主体参与企业社会责任实施可借鉴《上市公司治理准则》设立独立董事以保护中小股东合法权益的做法,在公司董事会中设立社会责任独立董事,以确保公司董事会做决策时能够顾及利益相关者的利益。对于何种公司应设立社会责任独立董事,可由《中华人民共和国公司法》根据企业的规模以及对社会的

---

① 段武涛.企业社会责任及其实施的环境[D].北京:对外经济贸易大学,2006.

影响程度作强制性规定。为了确保社会责任独立董事的独立性，社会责任独立董事不应由企业股东会直接聘任，而应由政府部门牵头建立社会责任独立董事协会或类似组织，会员由律师、会计师、环保专家或其他专业人士组成；达到一定规模的企业由行业协会直接指派社会责任独立董事。企业的社会责任独立董事代表利益相关者的利益，可不对公司股东会负责，只对社会责任独立董事协会和社会负责。独立董事一般包括如消费者董事、环保董事、所在社区董事等。

多元主体利益代表董事可以以独立董事的身份进入董事会，他们对执行董事提交的决议进行审查，看其是否损害社会利益，有权要求执行董事就提交的决议做出详细说明，决议最后由全体董事投票决定是否通过。由于社会利益代表董事在董事会中占一定票数，能解决内部人控制问题，可以有效防止有损社会利益的决议得到执行。

4. 完善上市公司企业社会责任信息披露制度

以环境责任为例，企业在环境信息披露方面支付的成本可以帮助企业获得巨大的经济收益。通过对美国环境信息披露公司的历史数据研究发现，环境信息披露的水平不同，对资本市场产生的影响也不同。一个企业将其潜在的环境成本费用揭示得越详尽，其因此增加的声誉和市值会进一步降低企业的资本成本。① 这就意味着，一个企业如果将其潜在的环境费用充分揭示的话，资本市场相应会给它提供更多有益的回报。可见，将社会责任相关事项向公众披露，有助于督促企业积极全面地履行社会责任。如果说财务信息披露的是企业是否盈利、盈利多少的话，那么社会信息披露的是企业如何生产经营、如何获得盈利。通常情况下，社会信息披露应该包括安全生产、职工概况、职工培训和继续教育、养老金计划，以及研发设施、废物排放情况及环境保护措施等。我们可以借鉴西方的做法，采用财务、环境、社会责任三结合的业绩模式，以透明方式向社会公布企业运作的综合效果，使企业赢得公众的信任与支持。将企业经济状况、履行社会责任的状况通过定期与不定期的信息披露机制向社会公众告知，使那些主动自觉履行社会责任的企业得到普遍的赞扬和传颂，从而使企业的知名度和社会形象得以提升；相反使那些怠慢履行社会责任的企业得到曝光，受到社会舆论的谴责或法律的制裁，使其降低、最终丧失市场的竞争力，从而维护良好的市场经济秩序。②

---

① 杨瑞龙，周业安.企业的利益相关者理论及其应用[M].北京:经济科学出版社,2000: 44.

② 刘婷.公司社会责任的界定和实现路径[D].长沙:湖南大学,2007.

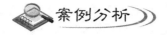案例分析

案例一

  ××公司自成立以来,通过几十年的发展,如今已成为从事园林美化工程设计、智能工程建设和相关产业的服务研发、设计、施工及后期服务为一体的集团企业。另外,公司还建立了软、硬件开发部,针对客户不同的需求开发独有的自主产品,为公司未来的发展夯实基础。

  ××公司在同一领域里称得上是先驱者,根据社会发展趋势和需求,未来的市场份额将不可限量,所以有资金实力的投资人向公司抛来了橄榄枝。公司为了开发新的产品和新的技术,正好需要大量运行资金的投入,所以在这些投资人中选定了一部分了解该公司又对公司项目有信心的投资人作为企业的股东。

  某天,该公司经理办公室人员看到当地政府的一条消息,通过调查发现,居住在当地经济落后农村地区的儿童饮食严重缺乏营养,同时,农村学校的卫生条件也相对落后,于是出于关心和照顾下一代健康和成长的目的,他有了一个想法。于是他向公司管理层提出了"健康之路"的项目计划书,投入28万元人民币为30家工厂所在地的43所农村学校近1.7万名师生,提供适合农村人营养需求的豆奶粉等营养品。公司管理层认为该计划的想法是很有意义的,但是如果要真正实施,还应该征得股东们的同意,于是决定召开股东大会对该计划的实施进行讨论。

  第二天,股东大会如期召开,就"健康之路"这一计划展开了激烈讨论。

  股东A认为:这一项目可以改善农村学生的营养状况,并且可以树立企业的良好形象,表示支持。

  股东B说:这种做法完全没有考虑股东们的切实利益,企业又不是慈善机构,应该以营利为主要目的,而不是花时间和金钱去做慈善。

  股东C补充说:这样的计划完全是拿着我们股东的钱做公益,不会得到什么利益回报,而且钱到底花哪儿去了都很难控制,我不同意这项计划。

  股东D说:我们不应该追求公司的短期利润,更应关注公司长期获取利润的能力,而公司主动承担社会责任有助于增强公司的长期盈利能力,有助于在长远的发展中树立起自身品牌,这样下来,公司自身将是最终的受益者。

  股东E也发表自己的意见:公司作为社会中的一个组织,应该主动承担社会责任,公司的发展离不开社会的支持与信赖,这样的做法还是很有必要的。

  股东F认为:公司履行社会责任,做点公益没有错,但是这样的捐赠并不能达到长期有效的结果,我们应该利用公司优势,在解决社会问题的同时还能取得经济效益或保持竞争力,实现公司与社会双赢才是最好的。

经过近两个小时的讨论,进行股东投票表决,有三分之二的股东通过了该计划,于是公司最终决定实施"健康之路"的计划。

思考题

1. 如果你是该公司的股东,你会同意这个计划吗? 为什么?
2. 公司管理层为什么要召开股东大会来讨论这个计划?
3. 你认为承担社会责任,除了慈善捐赠还有哪些方式?

案例二

"请保持肃静!"法官不停地敲击着手中的法槌,反复地强调着法庭的秩序,"请污点证人继续陈述!"

原告席上是 A 公司前财务总监李小姐,她在 A 公司的工作时间已经长达十年之久,从她大学毕业到现在,中间还从未换过工作。

"虽然我才三十多岁,但是我在 A 公司已经算得上老员工了,可以说我是看着 A 公司一步步走向辉煌和没落的。刚开始,我只是想一心一意干好工作,爬到我理想中的地位。我好不容易爬到财务总监的位置,后来张总上台了,一切都变了。"

张总是此次案件的被告当事人,曾经的他可以说是白手起家,是整个行业都赞不绝口的励志人才。三年前 A 公司面临了一次大危机,整个公司的业绩不断下降,股价一跌再跌,公司的高层们一度认为当初选择上市是个错误的决定,甚至有小股东集结起来对 A 公司进行打砸,恶意损坏。面对这样巨大的压力,被推到风口浪尖的原 CEO 王总选择了辞职。这段时间内,A 公司上下已经全乱套了。这个时候张总站了出来,他首先做的就是把部分股东的股票收到自己的个人账户里,一夜之间就成了 A 公司的第二大股东。

"他的出现让我们全公司上下都为之震惊,当时我和我的团队都已经打算跳槽了,结果他想尽办法把我们都留了下来。也是从这个时候开始,我也有了 A 公司的股份,成了一个股东。"李小姐面无表情地慢慢说道。

张总是个很有手段的人,虽然整个公司都到了不能按时发放工资的地步了,但他还是想尽办法为员工发了一笔丰厚的奖金。除此之外,他还给李小姐等管理层干部"送"了一部分股份。

"虽然股份是'白拿'的,但心里还是想让它给自己带来点什么,就是这种贪念,让张总有了可乘之机。那天下班,他破天荒地送了我一次,在车上,他告诉了我他有办法让公司的股价涨回去,能让我利用手上的股份发一笔横财。但是必须得有我的配合,要把账目做好看。"李小姐说到这里抽泣了起来。

张总从进入公司以来，就一直等待着这个机会，拿到股份只是他的第一步，接下来的三年时间里，他利用自己多年打拼下的社会关系不断地将 A 公司股价炒高，自己从中积累了数亿元的财富。

李小姐平静下来后继续说道："在外人眼里，张总是个成功人士的典范，他利用股价把公司大大小小的股东都哄得十分开心。但实际上，公司内部的资金全都被他用来维持股价上涨，从中获利。这几年时间里，他动用各大银行的关系，不断地利用贷款来拆东墙补西墙，维持着公司的现金流。全公司上下就只有我和他清楚这里面的猫腻，股东们之所以这么满意，账目之所以这么漂亮，都是我找的专业团队给做出来的。"

实际上，正如李小姐所说，张总不断地利用贷款来弥补公司现金流。直到一天在与客户的一次饭局后，醉酒的张总说出了自己蓄谋已久的计划："钱够了，我要把股份都抛了。"这一番话让李小姐听后彻夜难眠。她心里很清楚，张总如果抛售股份，保守估计，他能够坐拥数十亿元现金。但随之而来的还有整个公司虚假账目的曝光，也就意味着公司很快就会倒闭，这无疑对公司上上下下的几百号人都是一个沉重的打击，所有人都会一夜之间丢掉工作。此外，这对 A 公司的股价会产生巨大的恶性影响，股价将会在短暂的时间内跌停。除了张总，大大小小的股东们都会随之遭殃，这其中也包括李小姐自己，而且她也要为 A 公司的财务状况负相关法律责任。

面对这种即将到来的危机，李小姐最终选择了自首，转做污点证人，将这几年来和张总见不得人的所作所为都一五一十地告诉了法院，并把假账真账一并作为证据提交给了法院。

思考题

1. 李小姐所在的 A 公司存在哪些违背社会责任原则的行为？

2. 如果你是 A 公司的负责人，针对当期企业的社会责任问题，应该采取何种措施维护企业形象？

思考题

你认为企业社会责任与股东的关系是怎样的？

第 5 章

企业社会责任与员工

5.1 企业社会责任的员工义务来源

依据法律基础理论,义务是指当事人应他人请求依法做什么或应他人请求依法不做什么。义务的来源直接源于法律的强制性规定,这是义务来源的直接依据。但是深入一步,任何法律规定的产生都是为了解决现实存在的问题,首先要有一定的理论基础作为支撑,亦即作为一项义务的产生应有其理论基础作为义务的间接依据。结合企业社会责任的员工义务来源而言,其包括相关研究的理论基础以及法律依据两个部分,具体如下:

5.1.1 企业对员工义务的理论基础与相关研究

国外关于企业社会责任的研究多基于利益相关者的视角,而企业员工正是这些利益相关者中的一极。将企业对员工义务作为企业社会责任最早提出者是美国的多德,他在 20 世纪 30 年代即指出:公司对雇员、消费者和公众负有社会责任,尽管这些社会责任未必见诸法律而为公司的法定义务,但应当成为公司管理人恪守的职业道德。[①] 其后还有美国经济发展委员会的"内层、中层、外层三个同心圆理论",卡罗尔的金字塔模型等关于企业社会责任的理论阐述,但直接研究涉及企业责任与员工关系的较少。

---

① 步淑段,秦妍.企业履行社会责任的理论依据研究[J].当代经济管理,2012(2):90 – 92.

国内研究企业社会责任与员工关系的主要有:刘彦平(2003 年)就专门撰文从兼论利益相关者管理的角度研究"以员工为中心"的管理理念;白文星(2005 年)在其硕士论文中有针对性地研究了国有企业对员工社会责任的法社会学分析问题;何显富(2011 年)在其博士论文中探讨了企业社会责任、道德型领导行为对员工组织公民行为影响及其作用机理的问题。此外,庾多(2011年)从企业社会责任中的多种利益相关方策略与员工关系改善的视角,洪中发(2012 年)通过大型企业的视角来研究企业社会责任与员工关系的问题,而程浩(2013 年)更是从跨国公司在华企业的视角来探讨企业的社会责任与员工关系的问题。

5.1.2 相关研究的义务来源与法律依据

企业社会责任在员工义务的表现方面,源于企业必须遵守国家有关对员工保护的相关法律、法规,特别是企业需遵守并执行有关的强制性法律规定,不得触碰相关法律红线。对企业而言,国家相关的法律主要有哪些呢?从国家的法律层面,在我国现行法律体系中主要表现为规定劳动者核心劳动权利与义务的《中华人民共和国劳动法》(以下简称《劳动法》),明确劳动者与用人单位签订劳动合同时所必须遵守的《中华人民共和国劳动合同法》(以下简称《劳动合同法》),促进大学生就业的《中华人民共和国就业促进法》(以下简称《就业促进法》),降低和分散劳动者劳动风险的《中华人民共和国社会保险法》等法律,以及国务院《中华人民共和国劳动合同法实施条例》(以下简称《劳动合同法实施条例》)等行政法规以及各地方政府制定的地方性法规等,但具有全国普遍效力的则仅限于前述法律和条例两种。从保障内容上看其主要涉及员工的劳动权保护,员工的休息、休假权保障,员工的劳动安全保障与社会保障以及员工的职业培训与自身提高等方面。

5.2　企业社会责任的相关法律义务内容

5.2.1 员工的劳动权保护

我国现行法律法规对劳动者劳动权的保护主要集中在劳动者劳动权的综合保护,促进就业与防止歧视,劳动合同的签订与保护等几个方面。具体表

现为:

1. 综合保护方面

综合保护是指在宏观整体层面,从原则上对员工(劳动者)的劳动权利进行宗旨性保护。如我国《劳动法》就有如下规定:用人单位有义务依法建立和完善规章制度,保障劳动者享有劳动权利和履行劳动义务。而1999年,劳动和社会保障部、国家经贸委、公安部、全国总工会《关于认真贯彻劳动法切实维护劳动者合法权益的通知》中还要求:各地劳动保障、经贸、公安、工会等部门和组织要从依法治国的战略高度,认真抓好《劳动法》贯彻实施和劳动者权益保障工作,严格依法行政,切实维护劳动者合法权益。对一些企业特别是非国有企业不能自觉遵守《劳动法》,存在用工不签订劳动合同、随意辞退职工、克扣和无故拖欠工资、不依法参加社会保险、欠缴拒缴保险费、随意延长工作时间,以及侵害劳动者人身权等方面的违法行为,要采取有效措施,严肃查处。

2. 促进就业方面

我国《劳动法》及相关法律法规的规定概括起来主要涵盖以下方面:

①整体禁止企业用工时设置歧视性条款:《劳动法》第12条明确规定:"劳动者就业,不因民族、种族、性别、宗教信仰不同而受歧视。"目前许多用人单位存在的招聘中限男性或男性优先,且限定不要特定少数民族等现象均是严重违反我国《劳动法》的情况。

②禁止用工时歧视妇女:《劳动法》规定,妇女享有与男子平等的就业权利。在录用职工时,除国家规定的不适合妇女的工种或者岗位外,不得以性别为由拒绝录用妇女或者提高对妇女的录用标准。而《就业促进法》更是进一步规定了用人单位录用女职工,不得在劳动合同中规定限制女职工结婚、生育的内容。

③禁用童工:我国《劳动法》禁止用人单位使用童工(招用未满16岁的未成年人),如因工作性质特殊需要使用的,"必须依照国家有关规定,履行审批手续,并保障其接受义务教育的权利"。

④对其他特殊人群的保护:我国《劳动法》和《就业促进法》等法律均规定,用人单位招工时,对少数民族劳动者给予适当的照顾,并且国家保障残疾人的劳动权利,等等。

3. 劳动合同保护

依据我国《劳动法》第16条:"劳动合同是劳动者与用人单位确立劳动关系、明确双方权利和义务的协议"。劳动合同是劳动者与用人单位之间劳动关系与相互权利义务的最核心依据,也是保护劳动者劳动权利的最核心基础。依

据我国《劳动法》、《劳动合同法》、《合同法实施条例》的相关规定,劳动合同的保障方面主要体现在:

①整体保护方面:《劳动法》规定,用人单位与劳动者之间建立劳动关系应当订立劳动合同。订立和变更劳动合同,应当遵循平等自愿、协商一致的原则,不得违反法律、行政法规的规定。该法还进一步规定:A.违反法律、行政法规的劳动合同无效;B.采取欺诈、威胁等手段订立的劳动合同无效。

②知情权保障:《劳动合同法》规定,用人单位招用劳动者时,应当如实告知劳动者工作内容、工作条件、工作地点、职业危害、安全生产状况、劳动报酬,以及劳动者要求了解的其他情况;用人单位有权了解劳动者与劳动合同直接相关的基本情况,劳动者应当如实说明。

③劳动合同签约时限要求:"已建立劳动关系,未同时订立书面劳动合同的,应当自用工之日起一个月内订立书面劳动合同。""用人单位与劳动者在用工前订立劳动合同的,劳动关系自用工之日起建立。"

④不签劳动合同的惩罚措施:对于历史上存在的用人单位为了逃避自身责任,故意对所聘用的劳动者不签劳动合同的情形,《劳动法》规定:用人单位未在用工的同时订立书面劳动合同,与劳动者约定的劳动报酬不明确的,新招用劳动者的劳动报酬按照集体合同规定的标准执行;没有集体合同或者集体合同未规定的,实行同工同酬。而《劳动合同法》规定:用人单位自用工之日起满1年不与劳动者订立书面劳动合同的,视为用人单位与劳动者已订立无固定期限劳动合同。《劳动合同法》还进一步规定:用人单位自用工之日起超过1个月不满1年未与劳动者订立书面劳动合同的,应当向劳动者每月支付双倍的工资(但最多不超过11个月的双倍工资)。

⑤试用期的规定:《劳动合同法》规定,劳动合同期限3个月以上不满1年的,试用期不得超过1个月;劳动合同期限1年以上不满3年的,试用期不得超过2个月;3年以上固定期限和无固定期限的劳动合同,试用期不得超过6个月。该法还同时规定:同一用人单位与同一劳动者只能约定1次试用期;完成一定工作任务为期限的劳动合同或者劳动合同期限不满3个月的,不得约定试用期。

⑥劳动合同的单方解除与终止事由:依据《劳动法》与《劳动合同法》的相关规定,在下列情况下劳动者可以解除和用人单位的劳动合同且不必承担任何违约责任:A.未按照劳动合同约定提供劳动保护或者劳动条件的;B.未及时足额支付劳动报酬的;C.未依法为劳动者缴纳社会保险费的;D.用人单位的规章

制度违反法律、法规的规定,损害劳动者权益的;E. 因欺诈、胁迫或乘人之危等手段与劳动者订立合同的情形致使劳动合同无效的;F. 法律、行政法规规定劳动者可以解除劳动合同的其他情形。

劳动者提前 30 日以书面形式通知用人单位,可以解除劳动合同。劳动者在试用期内提前 3 日通知用人单位,可以解除劳动合同。但劳动者给用人单位造成损失的,需支付违约金或赔偿损失。

在下列情况下用人单位可以单方面解除和劳动者的劳动合同且不必提供补偿:A. 在试用期间被证明不符合录用条件的;B. 严重违反用人单位的规章制度的;C. 严重失职,营私舞弊,给用人单位造成重大损害的;D. 劳动者同时与其他用人单位建立劳动关系,对完成本单位的工作任务造成严重影响,或者经用人单位提出,拒不改正的;E. 因本法第二十六条第一款第一项规定的情形致使劳动合同无效的;F. 被依法追究刑事责任的。

在下列情况下,用人单位可以提前 30 日以书面形式通知劳动者本人或者额外支付劳动者 1 个月工资后,可以解除劳动合同:A. 劳动者患病或者非因工负伤,在规定的医疗期满后不能从事原工作,也不能从事由用人单位另行安排的工作的;B. 劳动者不能胜任工作,经过培训或者调整工作岗位,仍不能胜任工作的;C. 劳动合同订立时所依据的客观情况发生重大变化,致使劳动合同无法履行,经用人单位与劳动者协商,未能就变更劳动合同内容达成协议的。

在下列情况下,要裁减人员 20 人以上或者裁减不足 20 人但占企业职工总数 10% 以上的,用人单位需提前 30 日向工会或者全体职工说明情况,听取工会或者职工的意见后,裁减人员方案经向劳动行政部门报告,可以裁减人员:A. 依照企业破产法规定进行重整的;B. 生产经营发生严重困难的;C. 企业转产、重大技术革新或者经营方式调整,经变更劳动合同后,仍需裁减人员的;D. 其他因劳动合同订立时所依据的客观经济情况发生重大变化,致使劳动合同无法履行的。

在下列情况下,用人单位无权按前述规定解除与劳动者之间的劳动合同:A. 从事接触职业病危害作业的劳动者未进行离岗前职业健康检查,或者疑似职业病病人在诊断或者医学观察期间的;B. 在本单位患职业病或者因工负伤并被确认丧失或者部分丧失劳动能力的;C. 患病或者非因工负伤,在规定的医疗期内的;D. 女职工在孕期、产期、哺乳期的;E. 在本单位连续工作满 15 年,且距法定退休年龄不足 5 年的;F. 法律、行政法规规定的其他情形。

5.2.2 劳动报酬给付保障

劳动报酬是劳动者参与劳动关系,出售自身劳动力的核心诉求所在。《劳动法》与《劳动合同法》以及《劳动合同法实施条例》等相关法律法规为了保障劳动者的劳动报酬权,对用工企业作了如下义务性规定:

①劳动报酬是劳动合同中的主要(应当具备)条款;在《劳动法》中还强调了企业应遵守以下向员工发放工资的义务条款:

a.工资分配应当遵循按劳分配原则,实行同工同酬。

b.用人单位支付劳动者的工资不得低于当地最低工资标准。

c.工资应当以货币形式按月支付给劳动者本人。不得克扣或者无故拖欠劳动者的工资。

d.劳动者在法定休假日和婚丧假期间以及依法参加社会活动期间,用人单位应当依法支付工资。

② 用人单位应当按照劳动合同约定和国家规定,向劳动者及时足额支付劳动报酬。

a.用人单位拖欠或者未足额支付劳动报酬的,劳动者可以依法向当地人民法院申请支付令,人民法院应当依法发出支付令。

b.用人单位未及时足额支付劳动报酬,就属于严重违约,劳动者可以据此单方面解除与用人单位的劳动合同,且不用承担任何违约赔偿责任。

③劳动者在试用期的工资不得低于本单位相同岗位最低档工资的80%或者不得低于劳动合同约定工资的80%,并不得低于用人单位所在地的最低工资标准。

④劳动合同履行地与用人单位注册地不一致的,有关劳动者的最低工资标准、劳动保护、劳动条件、职业危害防护和本地区上年度职工月平均工资标准等事项,按照劳动合同履行地的有关规定执行;用人单位注册地的有关标准高于劳动合同履行地的有关标准,且用人单位与劳动者约定按照用人单位注册地的有关规定执行的,从其约定。

⑤被派遣劳动者享有与用工单位的劳动者同工同酬的权利。用工单位应当按照同工同酬原则,对被派遣劳动者与本单位同类岗位的劳动者实行相同的劳动报酬分配办法。

⑥劳动合同对劳动报酬和劳动条件等标准约定不明确,引发争议的,用人单位与劳动者可以重新协商;协商不成的,适用集体合同规定;没有集体合同或者集体合同未规定劳动报酬的,实行同工同酬;没有集体合同或者集体合同未规定劳

动条件等标准的,适用国家有关规定。

⑦集体合同中劳动报酬和劳动条件等标准不得低于当地人民政府规定的最低标准;用人单位与劳动者订立的劳动合同中劳动报酬和劳动条件等标准不得低于集体合同规定的标准。

⑧在劳动者休息、休假时间安排劳动者加班的,《劳动法》规定应提高劳动报酬的支付比率,具体劳动报酬的加成支付内容包括:

a. 安排劳动者延长工作时间的,支付不低于工资的 150% 的工资报酬。

b. 休息日安排劳动者工作又不能安排补休的,支付不低于工资的 200% 的工资报酬。

c. 法定休假日安排劳动者工作的,支付不低于工资的 300% 的工资报酬。

5.2.3 员工的休息、休假权保障

劳动者享有充分的休息、休假权是其劳动力得以恢复的前提,也是相关法律法规对劳动者权益的最重要保护措施。我国现行法律对员工的休息、休假权保障主要体现在以下方面:

1. 劳动时间与休息休假时间的整体性规定

依我国《劳动法》规定:"国家实行劳动者每日工作时间不超过 8 小时、平均每周工作时间不超过 44 小时的工时制度"。该法还规定:用人单位应当保证劳动者每周至少休息 1 日,即我国《劳动法》时至今日仍强调 6 天工作制为最大工作强度。这也是我国当前现实中,为何许多民营企业还实行每周 6 天工作日的原因之一。需要注意的是,随着我国当前最新每周 4 天半工作日的提出与讨论,我国在未来修改《劳动法》时,很有可能将周 40 小时或 5 天工作日在新法中加以明确规定。

2. 加班时限的规定

《劳动法》规定:用人单位由于生产经营需要,经与工会和劳动者协商后可以延长工作时间,一般每日不得超过 1 小时;因特殊原因需要延长工作时间的,在保障劳动者身体健康的条件下延长工作时间每日不得超过 3 小时,但是每月不得超过 36 小时。

但该法同时强调了用人单位基于下列原因而安排加班时不受前列之限制:

①发生自然灾害、事故或者因其他原因,威胁劳动者生命健康和财产安全,需要紧急处理的。

②生产设备、交通运输线路、公共设施发生故障,影响生产和公众利益,必须及时抢修的。

③法律、行政法规规定的其他情形。

3. 休息、休假期间加班的工资

在劳动者休息、休假时间安排劳动者加班的,劳动法规定应提高劳动报酬的支付比率(具体加成支付比例见本节5.2.2)。

4. 劳动者连续工作1年以上的,享受带薪年休假

具体办法由国务院规定。

5.2.4 员工的劳动安全保障与社会保障

1. 劳动安全保障

我国《劳动法》规定,用人单位必须为劳动者提供符合国家规定的劳动安全卫生条件和必要的劳动防护用品,对从事有职业危害作业的劳动者应当定期进行健康检查;劳动者对用人单位管理人员违章指挥、强令冒险作业,有权拒绝执行;对危害生命安全和身体健康的行为,有权提出批评、检举和控告。我国《劳动合同法》进一步规定,劳动者拒绝用人单位管理人员违章指挥、强令冒险作业的,不视为违反劳动合同。劳动者对危害生命安全和身体健康的劳动条件,有权对用人单位提出批评、检举和控告。

2. 社会保障

我国《劳动法》规定,国家发展社会保险事业,建立社会保险制度,设立社会保险基金,使劳动者在年老、患病、工伤、失业、生育等情况下获得帮助和补偿。《劳动法》进一步将劳动者享受的社会保障固化为退休、患病、负伤、因工伤残或者患职业病、失业、生育等方面享受社会保障保险的情形。

5.2.5 对特殊职工的特殊保护

为了保护女职工、未成年工等基于特殊的生理、身体的健康,我国现行《劳动法》及其他相关法律对该类特殊职工做出了明确的特殊保护规定,用人单位必须予执行,表现在:

1. 原则性规定

国家对女职工和未成年工实行特殊劳动保护。未成年工是指年满16周岁未满18周岁的劳动者。依我国现行法律法规,国家一方面禁止在用工时歧视妇女,同时禁用未满16周岁的童工。

2. 女职工的特殊保护

①禁止安排女职工从事矿山井下以及国家规定的第四级体力劳动强度的

劳动和其他禁忌从事的劳动。

②不得安排女职工在经期从事高处、低温、冷水作业和国家规定的第三级体力劳动强度的劳动。

③不得安排女职工在怀孕期间从事国家规定的第三级体力劳动强度的劳动和孕期禁忌从事的劳动。对怀孕 7 个月以上的女职工,不得安排其延长工作时间和夜班劳动。

④女职工生育享受不少于 90 天的产假。

⑤不得安排女职工在哺乳未满一周岁的婴儿期间从事国家规定的第三级体力劳动强度的劳动和哺乳期禁忌从事的其他劳动,不得安排其延长工作时间和夜班劳动。

⑥除非依《劳动法》第二十五条、《劳动合同法》第三十九条(女职工在试用期内或女职工自身有严重过错导致用人单位可以依法解除劳动合同)的情形以外,女职工在孕期、产期、哺乳期不受解聘,用人单位无权解除劳动合同。

3. 未成年工的特殊保护

①不得安排未成年工从事矿山井下、有毒有害、国家规定的第四级体力劳动强度的劳动和其他禁忌从事的劳动。

②用人单位应当对未成年工定期进行健康检查。

③劳动法还禁止用人单位使用童工(招用未满 16 岁的未成年人),如因工作性质特殊需要使用的,"必须依照国家有关规定,履行审批手续,并保障其接受义务教育的权利"。

5.2.6 员工的职业培训与自身提高

我国《劳动法》规定:用人单位应当建立职业培训制度,按照国家规定提取和使用职业培训经费,根据本单位实际,有计划地对劳动者进行职业培训。从事技术工种的劳动者,上岗前必须经过培训。《劳动合同法》还进一步规定了用人单位为劳动者提供专项培训费用,对其进行专业技术培训的,可以与该劳动者订立协议,约定服务期。劳动者违反服务期约定的,应当按照约定向用人单位支付违约金。违约金的数额不得超过用人单位提供的培训费用。

5.2.7 职工离职或被解聘后的经济补偿

1.《劳动合同法》规定了职工离职或被解聘后的经济补偿支付标准

①经济补偿按劳动者在本单位工作的年限,每满 1 年支付 1 个月工资的标

准向劳动者支付。6个月以上不满1年的,按1年计算;不满6个月的,向劳动者支付半个月工资的经济补偿。

②劳动者月工资高于用人单位所在直辖市、设区的市级人民政府公布的本地区上年度职工月平均工资3倍的,向其支付经济补偿的标准按职工月平均工资3倍的数额支付,向其支付经济补偿的年限最高不超过12年。

③需要注意的是:因为劳动者个人的原因主动辞职者不享受该经济补偿。

2.《劳动合同法实施条例》中有关职工离职或被解聘后的经济补偿支付标准

①劳动合同履行地与用人单位注册地不一致的,有关劳动者的最低工资标准、劳动保护、劳动条件、职业危害防护和本地区上年度职工月平均工资标准等事项,按照劳动合同履行地的有关规定执行;用人单位注册地的有关标准高于劳动合同履行地的有关标准,且用人单位与劳动者约定按照用人单位注册地的有关规定执行的,从其约定。

②若以完成一定工作任务为期限的劳动合同因任务完成而终止的,用人单位应当依照前列《劳动合同法》1.(1)的规定向劳动者支付经济补偿。该法还规定用人单位依法终止工伤职工的劳动合同的,除依照前列劳动合同法的规定支付经济补偿外,还应当依照国家有关工伤保险的规定支付一次性工伤医疗补助金和伤残就业补助金。

③前列《劳动合同法》(1)规定的经济补偿的月工资按照劳动者应得工资计算,包括计时工资或者计件工资以及奖金、津贴和补贴等货币性收入。劳动者在劳动合同解除或者终止前12个月的平均工资低于当地最低工资标准的,按照当地最低工资标准计算。劳动者工作不满12个月的,按照实际工作的月数计算平均工资。

3. 需要特别指出的是,依据《劳动部关于贯彻执行〈中华人民共和国劳动法〉若干问题的意见》,下列情况下补偿需要执行如下的特殊规定

①劳动者依据劳动法第三十二条第(一)项(即因为劳动者的个人有过错而导致用人单位可以单方面解除劳动合同的)解除劳动合同,用人单位可以不支付经济补偿金,但应按照劳动者的实际工作天数支付工资。

②在原固定工实行劳动合同制度的过程中,企业富余职工辞职,经企业同意可以不与企业签订劳动合同的,企业应根据《国有企业富余职工安置规定》(国务院令第111号,1993年公布)发给劳动者一次性生活补助费。

5.3　企业社会责任对员工的影响力分析

5.3.1　企业社会责任与员工的满意度关系

1. 员工满意度的定义

员工的满意,即为员工的一种心理感觉状态,指员工通过把对企业的认知与自身的期望值进行比较,当认知高于期望值时,内心产生极大的满足感;而当认知与预期值有一定差距时,员工内心便得不到满足。员工满意度是员工对其内心需求得到满足程度的一种主观感受,它是员工个人的一种主观判断,是员工个人的一种心理变化活动,是员工自身预期与对企业感知的一种比较结果。①

员工的满意度是企业管理的"晴雨表",是衡量企业幸福指数和团队精神的一种参考。它是职业人在工作中存在的一种内心态度,即个人对其所从事的工作和所处环境的一般态度,是企业组织中的个体成员对其工作特征的认知评价,是员工自发地拿工作中实际获得的价值回报和期望获得的价值回报进行比较后,对比较结果的满意或者不满的一种情绪反应和心理变化。它与组织忠诚、工作动机以及工作认真程度等有密切的关系。

2. 员工满意度的理论基础

早在科学管理理论时代,泰罗提出劳资两利的思想革命和管理目标时,就已经开始关注员工工作的满意与企业获利"双赢"的重要性。1932 年行为科学早期的人际关系学说的代表人梅奥对其领导的霍桑实验进行了总结,鲜明地提出了生产率主要取决于工人的工作态度以及他和周围人的关系。提高生产率的主要途径是提高工人的满足度,即工人对社会因素,特别是人际关系的满足程度。满足度高,工作积极性、"士气"就高,生产率就高。梅奥的突破性贡献在于开创了管理的新领域,使过去以"事"为中心的管理转向以"人"为中心的管理。此后,行为科学蓬勃发展,产生了一大批影响力很大的行为科学家及其理论,为员工工作满意度的研究奠定了理论基础。

---

① 水藏玺,化世伟.激励创造双赢:员工满意度管理 8 讲[M].北京:中国经济出版社,2007:16－29.

（1）需求层次论

这一理论是由美国社会心理学家亚伯拉罕·马斯洛在1943年发表的《人类动机理论》一书中提出来的，因而也称为"马斯洛需求层次论"。需求层次理论主要试图回答这样的问题：决定人的行为动机和尚未满足的需求有些什么内容。马斯洛在继承了泰罗倡议的经济利益需求和梅奥强调的人际关系需求外，提出了更为全面的层次需求理论：生理需求、安全需求、社交需求、尊重的需求和自我实现的需求等五个层次。他认为低层次的需求在一定程度上得到满足后，个体就会追求高层次的需求，而已经得到满足的需求则不再对个体构成激励。

（2）双因素理论

赫茨伯格于1959年在《工作激励》一书中，提出了双因素论的基本观点，把能促使人们产生工作满意感的这类因素称为激励因素，相应地把另一类促使人们产生不满意感的因素称为保健因素，即双因素论。赫茨伯格指出，导致满意的因素有五个：成就、认可、工作本身的吸引力、责任、晋升与成长；导致不满意的因素有：企业政策与行政管理、监督、工资水平、工作条件、工作保障等。赫茨伯格进一步总结道，对工作满意起作用的主要因素是成长与发展，对工作不满意起作用的主要是环境因素。

（3）公平理论

1963年，亚当斯提出了公平理论。公平理论的基本观点是当一个人做出了成绩并取得了报酬以后，他不仅关心自己所得报酬的绝对量，而且关心自己所得报酬的相对量。因此，他要进行种种比较来确定自己所获得的报酬是否合理，比较的结果将直接影响其今后工作的努力程度。这种理论主要讨论报酬的公平性对人们工作积极性的影响。

（4）期望理论

期望理论是心理学家维克托·弗鲁姆于1964年提出来的，劳勒作了改进。他们指出人的任何行动都是有目标的，正如德国著名学者马丁·路德所说的那样："世界上所做的每一件事都是抱着希望而做的。"人们如果做着没有目标、没有希望的事，那是没有任何积极性的。①

3. 员工满意度的影响因素

马斯洛的需求层次理论和赫兹伯格的双因素理论为员工满意度的研究提

---

① 吕英.基于员工视角的企业社会责任与员工满意度关系的实证研究——以西安地区IT和零售企业为例[D].陕西：西北大学,2008.

供了早期的理论基础。在以上文献综述中,有关员工满意度影响因素的研究非常广泛,影响员工满意度的因素也非常多,站在不同的角度,处在不同的情境中,影响因素的选取会有所差异;同样,各个影响因素的影响程度也会有很大的区别。整合以往学者的研究发现,员工满意度的影响因素大致可分为两大类:组织因素(工作环境、人际关系、薪资福利、组织规模、企业前景和领导行为等等)和个人因素(性别、年龄、工龄以及所从事的职业性质等等)。其中组织因素是影响员工满意度的主要因素,因此大多数的研究都从组织的角度进行考虑,由此也为员工满意度影响因素维度的划分提供了依据。

4. 员工满意度的测评方法

在确定员工满意度影响因素以及设计员工满意度调查量表时,需要整体规划出量表设计的测评方法,并且通过前人有代表性的研究结论,进行符合自身研究内容的量表设计。目前,员工满意度的测评方法主要有两种形式:单维度整体评估法和工作要素综合评估法。

单维度整体评估法是一种极为概括的评估方法,它反映的是受访者的一个总体态度和对工作的一种总体感受,比如"不论从哪方面来说,我对我所从事的工作满意"。这一方法强调了用一个概括性的维度来评估员工整体对工作的满意程度。工作要素综合评估法,是对单维度整体评估法的一种细化方法,因为单一维度整体评估法操作设计较为简单,对满意度这个唯一维度的提问内涵广泛和笼统,包容性非常广,是一种只有一个整体得分的评价方法。工作要素综合评价法极好地规避了上述弊端,将满意度问题细化到各个方面,进行分门别类的询问和调查,可以很好地发现调查对象的关键维度,找出哪些方面能够影响员工满意或不满的情绪,并通过编制调查问卷,富有针对性地对员工进行全面的了解和分析,最终发现问题所在,为企业提供更加细化和便于操作的对策建议。

以上两种评估方法并没有绝对的好与坏,各有各的优缺点,用在不同的条件下,所起到的作用则大为不同。对单维度整体评估法来讲,虽然没有达到精细化的要求,但是它的概括性和整体性为研究不同对象以及不同企业组织之间的差异性问题提供了较为可行的办法;同样,工作要素综合评估法无论是从问题的设计上还是数据的获取上,都做得较为细致,能够使调查者得到更多的参考信息,便于发现和诊断潜在问题,为企业组织采取相应的措施提供了明确的建议。至于采用哪种测评方法,都要根据研究内容而定,而且这两种测评方法也都需要研究者提前设计好测评量表以及选择好合适的测量工具。

5. 员工满意度的相关模型

（1）Berry 的内部营销理论模型

该理论是将员工当成顾客，认为企业满足员工的需要就会使员工更加具有服务意识，并且通过提高员工的服务质量使企业自身的竞争力得到提升。此时，员工需要将自己的工作当成一种产品，这就需要在人力资源管理中应用新的方法，转变员工的传统思维。

（2）Gronroos 的内部营销理论模型

该理论强调企业在招聘和培训员工的时候，要考虑到员工必须具备顾客导向和主动营销意识。企业信息透明化，鼓励员工参与管理，让员工在工作中拥有更多的自主权，并使员工意识到自己在企业中的重要性，从而通过更加努力工作来提高服务质量，最终提升员工的满意度。当然，工作中的所有活动都应当得到高层管理人员的支持。

（3）Rafiq & Ahmed 的整合简化模型

在 Berry 的内部营销理论模型和 Gronroos 的内部营销理论模型的基础上，Rafiq 和 Ahmed 将两种模型进行整合，经过简化后得出了 Rafiq & Ahmed 的整合简化模型。该模型首次提出了"类营销"的概念，即将招聘、培训和参与性管理等具体工作作为营销"产品"，运用营销技术设计产品，以满足员工需求，以激励员工，使员工对工作满意，同时实现企业内部部门间的合作与整合，进而建立员工的顾客导向意识，最终实现外部顾客满意。①

5.3.2 企业社会责任与员工的忠诚度关系

1. 员工忠诚度的定义

员工忠诚度，是对组织内员工心理和行为研究的一个重要概念，主要探讨员工与组织之间的关系。虽然早在 1960 年 Becker 就强调，忠诚指组织成员单方投入产生的维持"活动一致性"的倾向。但员工忠诚真正引起关注却始于Hirschman（1970 年），他认为忠诚作为一种在离职和发表意见之间起协调作用的力量，具有延缓员工离职的作用，这是对该员工忠诚最早的理解。

一些学者将忠诚的概念外化，认为忠诚是行为的源泉。Mowday 等把忠诚定义为个人认同组织并加入到组织中的相对力量。Richard Coughlan 在研究中指出，忠诚可以在行为中表现出来，这些行为是个人在成员相互依赖的团体中

---

① 马自驹.基于企业社会责任理论的满意度模型研究[D].江苏:江苏科技大学,2012.

自愿做出的内在承诺,或是个体在追求自身与集体目标时坚持大众认可的道德规范。

在知识经济时代,员工忠诚的内涵已经发生了变化。很多学者重新对忠诚进行诠释,认为忠诚是一种新的秩序,这种新的秩序的内涵就是员工认识到企业所面临的竞争性挑战,他们愿意承担迎接这种挑战的重任以换取相应的报酬,但他们不会承诺对企业的忠诚终生不变。也就是说忠诚是相对的、有条件的,当员工感觉企业的行为与自己的意愿相违背时,忠诚度就会降低。对于员工忠诚的衡量,学者们一般使用"忠诚度"的概念,本文对忠诚的测定也是通过这一概念进行深入研究的。所谓员工忠诚度,就是指员工对组织忠诚的程度。

2. 员工忠诚度的影响因素

企业员工忠诚度的高低是影响企业生存发展的主要因素,员工忠诚度提出以后引起很多学者的关注,尤其是关于员工忠诚度的影响因素研究。Bevan 通过研究发现,公司内部因素比外部环境因素对员工忠诚度的影响更大。Tracey 指出,企业给予员工的信任和工作自主权是影响员工跳槽的首要因素,再就是工作条件和薪酬待遇。David J. Kennedy 和 Mark D. Fulford 两位学者将员工忠诚度的影响因素分为不明显因素和明显因素,不明显因素主要是指教育背景、工作时期、性别、跳槽经验等;明显因素则是指工作性质、收入、年龄、发展前景等。

在员工忠诚度的具体内容上虽然还没有形成统一意见,但通过归纳总结可以发现,员工忠诚度的影响因素主要包括企业本身因素、社会环境因素和员工个人因素三个方面。

(1)企业本身因素

企业本身因素主要指企业的基本情况以及企业对员工的态度,如企业规模、企业文化、经营状况、工作环境以及企业对员工的态度等,其中企业对员工的态度对员工忠诚度的影响很明显。Adler,Patricia A. 和 Adler,Peter(2008 年)等学者指出了影响员工忠诚度的五个因子,分别是承诺、合作、认同、控制和集中。Jonathan Barsky,Jan Mcdougal 和 Cindi Frame(2006 年)的研究结果表明工作压力、安全性、薪资待遇、升职空间及晋升公平性等工作因素直接影响员工忠诚度。Phil Kerslake(2005 年)通过研究发现企业经营管理者的管理风格、企业类型等会对员工忠诚度产生间接影响。Jonathan Barsky 和 Lenny Nash(2007年)以 Metrix 市场上 4000 多名员工为研究对象,通过调查分析发现,影响员工忠诚度的主要因素是工作过程中的感情因素,企业政策、员工薪资报酬以及工作安排也会影响员工忠诚度,其中员工的直接领导者对员工忠诚度的影响也比较明显。

曹孟勤和韩秀景(2002 年)等学者认为忠诚是一种需要双方共同履行义务和承担责任的社会契约。企业要想员工忠诚,就需要先对员工忠诚,主动承担对员工工作和生活的社会责任。① 俞海山和周亚越(2003 年)两位学者主要研究了影响员工忠诚度的企业本身因素,认为主要包括企业经营状况、规模大小、工作环境等因素。② 刘莉莉(2006 年)通过研究指出企业经营者的领导力和管理效率是驱动员工忠诚度的主要因素。③ 王赟睿、黎志锋(2007 年)以心理学家赫兹伯格的双因素理论为基础构建了员工忠诚度矩阵,并将员工忠诚度的影响因素分为激励和保健因素,综合分析两类因素如何影响员工忠诚度。其中激励因素是指企业文化,是驱动员工忠诚的核心要素;而保健因素只能保证员工没有不忠诚,并不能保证员工忠诚,主要包括工作环境、企业授权、员工发展机会、绩效评估等因素。④ 张晓光(2008 年)认为影响员工忠诚的因素包括薪资待遇、企业文化、岗位匹配度、员工自我发展和企业对员工的尊重。⑤

(2)社会环境因素

社会环境因素是指企业所处的外部社会环境状况,是企业不可控制的,包括其他企业的竞争、社会观念的变化、社会诚信状况和社会就业机制等因素。因企业对外部社会环境因素无法控制,对社会环境因素的研究并不是很多。李志、王立新和廖冰(2003 年)等学者认为社会环境因素主要包括社会政治环境、宏观经济环境、自然环境和技术环境等。随着商品经济的发展,人们物质生活水平不断提高,对金钱的渴望也随之增加,上述社会环境因素影响员工忠诚度的力度有所提高。俞海山、周亚越(2003 年)通过研究指出社会法律制度的不健全是影响员工忠诚度的一个重要因素。由于约束机制不健全,损害企业权益的低忠诚员工不能得到有效的惩罚,这就阻碍了员工忠诚度的提高;其次市场经济使员工更注重个人价值的实现,员工忠诚度更易受企业薪资待遇的影响。

(3)员工个人因素

员工个人因素是指员工不同的个体特征,是每个员工自身的特质。Smith PL

① 韩秀景,曹孟勤.企业对员工忠诚吗?[J].企业管理,2002(5):34-56.
② 周亚越,俞海山.员工忠诚的三维因素分析[J].理论月刊,2003(3):101-127.
③ 刘莉莉.领导力决定员工忠诚[J].IT 经理世界,2006(10):44-79.
④ 黎志锋,王赟睿.员工忠诚解析[J].市场周刊,2007(4):8-19.
⑤ 张晓光.企业内部的沟通渠道[J].中国人力资源开发,2008(5):45-99.

（1992 年）选取小企业经理为调查对象,结果表明教育水平对企业属性和管理水平的满意度的影响完全相反,而随着在企业任期和年龄的增长,企业经理从企业中获得满意更多,更忠诚于企业。Elaine(1997 年)通过研究指出已婚员工比单身和离婚员工的忠诚度要高,年龄大的员工忠诚度高于年龄小的员工。[1]George Watson 和 Jon Shepard(2000 年)认为员工个体性格直接影响员工对工作、企业的态度,同时也解释了地点和时间变化对员工态度稳定性的影响问题。[2] Solomon Charlene Marmer(1992 年)、Stan Ehrlich(2003 年)通过研究得出与 Smith PL 一样的结论,并指出性别、婚姻状况、年龄等人口统计学变量也会影响员工忠诚度。[3]

俞海山、周亚越(2003 年)通过研究指出个体特征、职业成熟度、技术熟练度和个性品质等个人本身因素会影响员工忠诚度。李桂云和赵瑞美(2003 年)两位学者的研究指出不同员工的个体特质影响员工的行为和流动倾向。如循规蹈矩、胆小的员工不易流动,喜欢冒险、内控性强的员工较易流动;其次员工价值观、行为动机、自身需要等也会影响员工行为和流动性。他们还指出像性别、年龄、教育程度这些社会特质也会影响员工的流动性,如教育程度高的员工流动性高于教育程度低的,男员工流动性高于女员工。另外,员工对满意的认知和衡量标准以及周围同事、家人的忠诚情况也对员工忠诚度产生直接影响。

3. 企业社会责任与员工忠诚度的关系

企业对社会的贡献度问题已经成为近年来研究的重点,社会各界人士对此展开了激烈讨论。由于员工是企业利益相关者中必不可少的因素之一,于是学者们试图通过企业社会责任对员工的影响来解释其效用。在这个过程中,员工的忠诚度问题引起学者们较多的关注。通过对以往文献的梳理,我们知道企业社会责任问题是立足于企业伦理道德之上,研究企业作为社会的必要组成部分,是否应该履行义务以及应该履行哪些义务的问题。而员工的忠诚度是组织行为的范围,主要研究的是员工对组织的忠诚程度问题。将两者结合起来研

---

① Elaine Mcshulski . Well – paid Employees are Loyal Employees [J]. Rmagzine, 1997 (11):57 – 78.

② George W. Watson,Jon Shepard. The Sales Manager as a Role model：Effects on Trust 、 Job Satisfaction and Performance of Salespeople[J]. Journal of the Academy of Marketing Science, 2000 (4):81 – 103.

③ Solomon Charlene Marmer. The Loyalty Factor[J]. Personnel Journal,1992(71):52 – 60.

究,必然要立足于员工的视角,从了解员工对企业行为的感知入手,分析企业行为对员工态度的影响。

2004年哈德森研究所对美国企业员工进行调查,研究表明员工认为企业富有责任感,对企业的忠诚度会远远高于认为企业不负责任的员工的忠诚度。员工不仅仅对其自身的利益比较关注,在工作中会权衡自己受到企业的关注程度。柳冰在其硕士论文中得出福利补贴与工资是影响忠诚度排在前两位的因素,他对其他方面的社会责任表现也有较高的关注程度。张旭等采用回归分析的统计方法,证明企业承担环境责任和消费者责任对员工忠诚度的各个维度存在显著性影响。

5.3.3 企业社会责任与员工的敬业度关系

1. 员工敬业度的定义

"敬业"一词在我国由来已久,最早出现在《礼记·学问》的"敬业乐群"中。朱熹认为"敬业者,专心致志以事其业也",意思是说敬业就是严肃认真地对待自己从事的职业。然而,管理学界对敬业度的研究较晚,开始于20世纪50年代,卡恩(1990年)最早提出敬业度的概念,他认为员工兼具组织成员角色和工作角色,员工敬业度就是组织成员将自己和组织角色结合起来,在工作中投入情感、认知和体能的程度,以及工作中实现自我的程度。[①] Rothbard(2001年)认为员工敬业度是一种内心存在,这种内心存在包括关注和投入两部分,关注是指思考工作所用的时间和对所从事的工作认知的准确程度;投入是指员工全身心地把精力投入到工作当中去。[②] Keeley(2004年)认为员工敬业度是员工的一种可以转化为改善公司绩效行动的情感。盖洛普公司(Gallup)认为员工敬业度是员工对组织的情感认同,是一种对企业的归属感和主人翁的责任感。他们把员工分为三种类型:怠业、从业和敬业三种类型。他们认为怠业类型的员工不仅不能完成企业的工作,还扰乱人心,到处散布对企业的不满;从业类型的员工只是应付组织的工作,对企业缺乏感情,对企业的忠诚度也不高;只有敬业类型的员工是企业里面业绩最好的那部分员工,对组织具有高的忠诚度和责任

---

① Roth Board N. P. Enriching or Depleting? The Dynamics of Engagement in work and Family Roles[J]. Administrative Science Quarterly,2001.46(4):655-684.

② Brite. Thomas W. Derving ,Benefits from Stressful Events: The Role of Engagement in Meaningful Work and Hardiness [J]. Journal of Occupational Heath Psychology,2001.6(1):53-63.

感。[1] 翰威特公司认为员工的敬业度是衡量员工在情感方面依赖企业、在认知方面认可企业和努力为企业工作的程度。[2]

尽管不同的学者和组织对员工敬业度的定义的内涵和外延不尽相同,但仔细分析仍旧有共同的地方。他们几乎都认为高敬业度的员工都在情感上对企业有归属感和责任感,在行为上积极主动地工作,并通过努力的工作能够对企业的绩效产生一定的影响。

2. 员工敬业度结构维度划分与测量

关于员工敬业度的维度研究,可以说是仁者见仁,智者见智。Kahn(1990年)把员工敬业度分为行为投入、认知投入和情感投入。Maslach(1997年)认为员工敬业和员工倦怠出于一个维度的两端。敬业度的特征是:精力充沛、工作投入和高效能感;而倦怠的特征正好相反,分别对应:筋疲力尽、愤世嫉俗和低效能感。[3] Langelaan(2006年)把情感和个性选为两个维度,情感的激活维度和个性的神经质维度重合部分作为一个新维度,新维度的两端分别为精疲力竭和精力充沛;情感的快乐维度和个性的外向维度重合作为另一个新维度,这一新维度的两端分别为愤世嫉俗和敬业奉献。

自从员工敬业度这一理论被企业界所接受,企业实践者们就开始尝试开发员工敬业度的测量问卷。比较有代表性的测量问卷有:May 把行为、认知和情感作为维度,设计了 13 个项目来测量员工敬业度;Schaufeli(2002 年)开发了 UWES(Utrecht Work Engagement Scale)一共包含了精力充沛、奉献精神和专心致志三个分量表,各个维度之间有很好的内部一致性;盖洛普公司(2001 年)历经 25 年,访谈了数千个知名团体的 200 万名以上的员工,而且每名员工至少被提问 100 个与敬业度相关的问题,最后将访谈结果概括提炼成"盖洛普工作场所调查"(Gallup Workplace Andit,GWA),即著名的 Q12 问卷,量表除了测量员工敬业度,还涉及对影响员工敬业度的因素调查。

3. 员工敬业度的影响因素

国内外关于员工敬业度的影响因素的研究,按照员工与环境的关系基本可以分为两类:一类是内部因素,如个体的年龄、性别、性格特征等;另一类是外部

---

① 颜杰华,仲进,柯恩. 最佳雇主何以最佳[J]. 哈佛商业评论,2003(5):12 – 29.

② Maslach CP. LM. The Truth About Bumout[G]. San Francisso:Jossey – Bass,1997:113 – 122.

③ Langelaan S. , Bakker A. B. , Van D. L. ,et al Bumout and Work Engagement Do Individual Differences Make a Difference? [J]. Personality and Individual Differences, 2006 40(3):521 – 532.

因素,如组织的工作环境、企业文化、管理水平等外部因素。

（1）内部因素

Schaufeli（2003 年）、Robinson（2004 年）、Kim（2009 年）和 Langelaan（2006 年）等人通过研究发现,员工敬业度受性别、年龄和性格特质等个体特征因素的影响。当样本量足够大的时候,得出研究结论发现,男性员工的敬业度水平比女性员工的敬业度水平高;员工的敬业度随着年龄的增加逐渐降低,然而,60 岁之后却呈现相反变化。另外员工的敬业度还与种族有关。敬业的员工都具有神经质程度低、性格外向和灵活度高的特征。这些影响因素属于员工的个体特征,是与生俱来的属性,我们将其归纳为影响员工敬业度的内部因素。

（2）外部因素

员工处在组织环境当中,不可避免地要受到组织环境的影响,我们把组织环境对员工敬业度的影响因素归为外部因素。May 归纳了影响员工敬业度的因素,除了员工的内部因素外还包括人际关系因素、团队因素、组织因素和团队间的因素。他认为员工的敬业度水平受这些因素的综合作用以及员工对这些因素的感知程度的影响。① 翰威特咨询公司也通过研究提出了影响员工敬业度的因素,分别为:人员（高级领导层、经理、同事）,薪酬（薪水、福利）,流程（政策、人力资源）,工作（内在的工作干劲、影响力、资源、工作任务）,机遇（职业发展机遇、认可）,文化与目的（使命感、工作价值观及行为）,生活质量（工作和生活的平衡、客观工作环境、安全）。

5.3.4 企业社会责任与员工的工作绩效关系

1. 工作绩效的定义

不同的人对绩效有不同的理解。有人认为绩效是指工作行为、方式及其结果;另一些人认为绩效是指员工的工作结果,是对企业的目标达成具有效益、具有贡献的部分。因此依据不同的切入点,工作绩效也有不同的定义。一些学者重视员工行为的作用,把工作绩效视为一种行为,这种行为导致了结果的产生。施耐德（1991 年）认为绩效是个人或系统的所作所为。坎贝尔（1990 年）指出绩效是行为,应该与结果区分开,因为结果会受系统因素的影响。

但是对于支持绩效是结果的学者来说,工作的目的是为了实际目标,而对绩效的衡量也是出于求得好的结果这一动因。伯纳丁（1984 年）将员工的工作

---

① 迈克·贝纳特,安德鲁,贝尔.驱动力 [M].张文译.北京:电子工业出版社,2006.

绩效定义为:在特定的时间内,由特定的工作职能或活动产生的产出记录。凯恩(1996年)指出,绩效是一个人留下的东西,这种东西与目的相对独立存在。

将绩效单纯地定义行为或者结果,都有些片面。20世纪90年代以来,研究者开始注意到绩效并不是个一维的概念。后来大多数学者比较赞同将绩效分为"成绩"和"效率",即使是一种结果的输出,也要重视通过怎么样的行为得到的结果。林泽炎(1999年)认为,员工的工作绩效是指他们那些经过考评的工作行为、表现及其结果。陈学军,王重鸣(2001年)指出绩效的内涵不仅仅是传统意义上的直接的行为结果,也是一个行为过程。

2. 工作绩效的维度

对绩效进行划分的最基本的理论框架之一是 Katz 和 Kahn(1978年)年提出的三维分类法,他们把绩效分为三个方面:一是加入组织并留在组织中;二是达到或超过组织对员工所规定的绩效标准;三是自发地进行组织规定之外的活动,如与其他成员合作、保护组织免受伤害、为组织的发展提供建议、自我发展等。[①]

Campbell,Mccloy,Oppler 和 Sager(1993年)提出八因素的绩效模型,但该模型过于冗长。Borman 和 Motowidlo 在 Campbell 等人研究的基础上,将工作绩效划分为任务绩效与周边绩效两种。其中,任务绩效主要指完成某一工作任务所表现出来的工作行为和所取得的工作结果,指将原材料转换为组织的产品与服务的行为;周边绩效则是通过更新、服务等来维持技术核心的活动,包括人际因素和意志动机因素,是支持完成组织工作的一种自主行为。

3. 工作绩效的影响因素

员工工作绩效同时受到主观和客观多种因素的共同影响,学术界对工作绩效的影响因素的划分也是多种多样的。其中比较一致的观点认为,工作绩效是对员工的激励、员工自身的能力以及工作环境三个方面相互作用的结果,可以用公式归纳为:绩效=f(对员工的激励,员工自身的能力,员工的工作环境)。[②]

对员工的激励直接关系到员工的工作主动性和积极性,是维持工作绩效的心理基础。这种激励针对员工的不同个性特征、价值观、态度等可能产生不同的作用,因此作为企业的管理者有必要掌握多种激励手段和方式,以促进员工

---

① 杨文.企业对员工的社会责任、员工态度与工作绩效研究[D].陕西:陕西师范大学,2008.

② 彭团因.员工感知的企业社会责任与工作绩效关系的研究[D].新疆:新疆财经大学,2013.

对工作的主动性和积极性。员工自身的能力包含员工的工作技能和工作能力。这些自身能力是员工实现工作绩效的基本实力,虽然这些能力与员工自身的条件、经历和教育水平相关度很高,但是企业仍然可以通过对员工展开有针对性的培训和开发,有效提升员工能力,从而为优良绩效的创造提供坚实的基础。员工的工作环境作为影响工作绩效的外部因素,既包含企业内部的客观工作条件(即工作场所的设备设施、工作程序设定、供应链保障、领导工作作风、企业规章制度、企业组织架构、企业文化、员工工资福利),也包含企业外部的社会经济条件(即社会政治氛围、经济形势、原材料市场和劳动力市场现状等)。

综合以上可知,企业对员工的激励和员工的自身能力作为影响员工工作绩效的企业内部因素,可以通过企业内部的有效举措得以改善;员工的工作环境作为影响员工工作绩效的外部因素,一方面可以优化企业内部规章制度和资源配置,另一方面也可以积极地适应和营造利于企业发展的外部社会条件。

4. 企业社会责任与工作绩效的关系

有关企业社会责任与员工工作绩效的理论联系的研究,主要集中在从社会认同理论和组织认同理论两个角度对二者关系展开分析和研究。同时,也有学者将员工感知的企业对社会责任的重视程度作为与其类似研究的调节变量进行了研究。

社会认同理论认为,良好的企业声誉可以作为成功企业的一个标志对在其中工作的员工工作态度和行为产生积极的影响。有学者认为企业积极承担社会责任有助于对企业声誉的产生(Rogovsky, Hess, Dunfree, 2002;沈泽, 2006年)。目前已有许多学者在这方面展开了理论和实证方面的研究。这些研究发现,如果企业具有良好的社会声誉,在其中工作的员工会自然地认同企业的目标和文化,同时员工对待工作的态度和行为也会因此受到正面的积极的影响,从而提升员工的工作满意和工作绩效;相反,如果组织声誉不佳,在其中工作的员工的自尊会因此受到消极的影响,进而对其工作态度和行为产生负面的影响,降低员工的工作满意度和工作绩效(Dutton, 1994年)。

Peterson(2004年)研究发现,员工感知的企业社会责任越好,其感知的企业公民行为也会越好,进而员工的组织承诺、工作满意度就越高。Brammer 等人(2007年)研究表明,员工感知的企业社会责任对员工工作绩效的贡献并不低于对工作满意度的贡献,虽然企业对外的社会责任与员工直接利益并不相关,但这些对外的社会责任的承担同样可以促进员工对组织的归属和承诺。Kim 等学者(2010年)研究发现,员工感知的企业慈善活动能够促进员工对公司的承诺。李艳华(2008年)研究表明,员工感知的企业对社会责任的表现与组织承诺呈现正相关的结果。在员工感知的企业社会责任对员工工作满意度的研究方面,研究结果显示,感知的企业社会责任可以有效提升员工工作满意度和工作绩效。

已经有研究把员工关于企业对社会责任重要程度的感知作为企业公民行为对员工工作满意度和工作绩效影响的调节变量,结果发现,当员工认为企业社会责任感越重要,则员工感知的企业公民行为与工作满意度和工作绩效的关系越强。企业通过履行社会责任可以使员工对企业公民行为产生认同,同时工作满意度的水平也可以显著影响工作绩效。因此可以认为员工关于企业对社会责任重视程度的感知有可能对企业社会责任和工作绩效之间的关系产生一定的调节作用。

5.4 企业通过员工提高社会责任的方法措施

企业责任之于员工,是关怀。企业长期发展,离不开人,员工满意是企业前进和发展的动力。本节从以下几点提出企业履行员工社会责任,提高员工满意度的建议。

1. 重视员工社会责任,提高自觉履行社会责任的意识

虽然国家、学者还有媒体大力宣传并倡导企业履行企业社会责任,但是企业履行社会责任的现状并不乐观,很多企业仅仅是为了完成政府硬性任务而被动履行自己的社会责任,并没有真正认识到履行社会责任的长远利益。在员工社会责任的履行上也颇为被动,他们只看到履行员工社会责任背后成本的增加,而没有看到长期的投资性效益。本书的研究表明,企业履行员工社会责任对员工满意度有相当程度的影响,员工满意则有动力,企业就会更加富有活力。人是财富的创造者,也是贫困的制造者,让员工满意,提高其工作的激情和动力,就可以为企业创造更多的财富价值。因此,企业只有提高对社会责任的认识,才能更好地在员工社会责任环节尽职尽责。

2. 坚守基本经济责任,提供公平合理的劳动报酬

员工对企业履行经济责任的关注度非常高,并且对员工满意度的影响程度最大,所以,企业必须一如既往地认真严格履行其经济责任。其中,经济责任体现在薪酬体系的合理制定、工作量和报酬的一致性、员工工资的按时按量发放

等方面。高风险对应高收入,薪资如果不能与付出相匹配,必然会降低大部分员工的满意度,也必然会降低员工对企业的归属感。人力资源是各行业企业的核心,这就要求企业把员工放在首位,提供相当的工作报酬,并且全额按时发放,来提高员工的内心公平感。

3. 加强法律责任履行,切实维护劳工各项法律权利

许多企业员工似乎对法律责任没有特别在意,但这并不是企业逃避履行法律责任的借口。企业应尽的法律责任有:职业保障权、劳动保护权、休息休假权、安全卫生权、保险福利权等;员工有结社的自由,有职业选择权,有依法签订劳动合同和享受加班补助权,更要有享受安全工作环境的权利。对于一些特殊的高危行业,企业应加强安全设施建设,增加资金投入,提高技术水平,开展安全知识教育培训,为员工提供一个安全的工作环境。

4. 承担社会道德责任,合理保障员工身心健康

这里所说的道德责任包含着关心员工疾苦、关心退休职工、注重员工身体健康,以及尊重员工等内容。经以上分析发现,企业履行对员工的道德责任能够很好地提高员工满意度,这就要求企业不但时刻关心在职员工,还要不忘对退休职工的关怀;对工伤人员有一定的生活补助和工作上的新安排,以便其维持正常生活;定期为员工做身体检查,让员工通过自己健康的身体来消除内心的顾虑,身心健康的员工,为企业绩效的提高会创造先决条件;企业要尽量改善员工的工作环境,提高舒适度;任何岗位的员工都是企业利益的创造者之一,企业应充分尊重员工,严禁一切打骂员工的行为。

5. 夯实发展承诺责任,促进员工进步和长期发展

调查发现,目前多数企业员工对培训和学习机会并不重视。但无论是主观还是客观,都需要每位员工不断进步,让员工看到自己未来美好的发展前景是一件用多少金钱也无法替代的事情,所以,企业应该加强对员工的培训,选择自助式培训方式,让渴望进步的员工选择自己理想的培训内容,不论是专业知识还是实际操作技能,让他们拥有最大化的学习培训机会。同样,每个员工也有职业规划的权利,创造美好前景,让每位员工看到自己和企业的未来,这无疑是企业最成功的地方之一。员工感受到自身的价值,感受到企业的重视,组织认同和组织承诺感均有增强,将会对企业和员工个人的长期发展起到关键的作用。

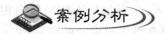

案例一

皓宇科技有限责任公司成立于2005年9月，主要从事各种机器人设计、生产和销售，2013全年营业收入2亿多元，员工规模800余人。王东和李阳是该公司的创始人和股东，王东担任公司的董事长，李阳担任公司的总经理，平时公司的各项事务都由李阳负责。2005年，李阳毕业于西部某著名理工科大学的电子工程专业，他对机器人十分感兴趣，大学时参加过全国大学生机器人大赛，并凭借自己设计的机器人获得了专家的青睐，并夺得了全国特等奖。当其他同学都忙着找工作时，他萌发了自主创业的想法，并想向机器人方面发展。当时自主创业面临的最大困难就是资金问题。李阳找到了大学里关系要好的同学王东，他家庭条件十分不错。李阳把想法告诉了王东，王东十分感兴趣，两人一拍即合，决定合伙成立一家专门研发机器人的公司，并决定初期研发低端机器人，等有了资本再向高端行业发展。2005年9月，皓宇科技有限责任公司成立。公司成立后，凭借良好的产品质量以及新颖独特的产品造型和完善的功能，很快就赢得了客户的广泛认可和赞誉。李阳的办公桌上摆的机器人玩具就是公司设计生产的第一批产品，这批产品销量火爆，但随着新产品的不断研发生产，这批产品也被停产，但是李阳依然留下一只最初生产的作为纪念。

在创业期，李阳事必躬亲，尽力尽责。虽然有时候公司现金流会有紧张，但经营业绩是在慢慢变好。2006年9月25日，公司新进了一批原材料，占用了本来就比较紧张的流动资金，这样员工9月份的工资就没能按时发放。李阳决定等几天待销售回款后，就立刻给员工发工资，所以也就没有给员工解释。10月5日，销售款到账后，李阳就安排财务部在第一时间给员工发放了工资。类似这种令李阳感到窘迫的事情，随着皓宇科技有限责任公司的发展越来越少。

2007年以后，公司进入了成长期，业务迅速扩张，员工规模也逐步扩大，部门也从创业之初的2个扩展为6个。李阳在创业开始的几年里，由于工作紧张，就逐渐养成了起早贪黑的工作习惯，但他从来没有要求公司的其他员工要和他一样加班加点。公司业务如果有需要的时候，他也安排员工加班，但严格按照法律相关规定足额支付加班工资。让公司员工很感动的是，公司的每一位员工在自己生日的当天，都会收到李阳亲自或者派公司代表送来的生日蛋糕。此外公司非常关心员工饮食健康，严把公司食堂食品入口关，不采购、不食用不符合卫生标准的食品。公司还特意与平安保险公司合作，为员工都购买了意外伤害保险。

一天，皓宇科技有限责任公司收到了当地企业协会的邀请，请总经理李阳去参加一场主题为"企业发展与社会责任"的晚会，并准备给他颁奖用于奖励皓宇科技有限公司对员工发展发挥的模范带头作用，还要求他作为企业代表发言，李阳很愉快地答应了。在第二天下午，李阳就开始构思演讲的内容。公司这几年发展得很好，对外对内都做得不错，与合作伙伴合作共赢，员工在公司里工作愉快，都干劲十足，吸引了不少慕名而来的新职员。稍微准备了一下，李阳就有了整个演讲的结构框架了。

晚会当晚，李阳作为皓宇科技有限公司的代表领取了"杰出企业模范奖"，并做演讲。在演讲中，李阳先回顾了皓宇科技有限公司创立和发展历程，介绍了取得现在成就的经验。最后还和大家分享了几个故事。

第一个故事：小刘是从公司创办就开始跟着李阳的老员工了，但小刘毕竟是个女生，年龄也不小了，家里人着急她的婚事，就忙着在老家给她介绍了对象，小刘请假回家相亲，两人都相互看上了，就定下了婚事，准备年底结婚。但那时公司才刚刚起步，人很少，年底也很忙，小刘觉得请假公司肯定不批，但结婚是自己的终身大事，一生就这一次，不能耽误了，于是就写了辞职信，写明了自己的原因。李阳收到小刘的辞职信后，很吃惊，在得知小刘辞职的原因后，马上就决定放小刘的婚假，让她不要担心工作，虽然现在人手不够，但他愿意替小刘分担，并希望她婚后能够继续来上班，为公司出力。小刘结婚后马上就来到公司的岗位上继续上班。小刘知道自己是遇到好老板了，因此更加努力了。她努力跑业务，干劲十足，年终时她成为公司的骨干业务员，为公司的收益做出了巨大贡献。一年后，小刘又怀孕了，这是个喜事，但对于一个职业女性来说也是一个忧愁的事，总经理李阳在听到小刘怀孕了后，立马送上了祝福，并叫她不要担心工作，会有人来接替她的工作，她可以放心回家生孩子，生孩子期间基本工资照发，假期结束后还可以继续来上班。

第二个故事：公司的小孙，是从农村里考出来的，家里很清贫，全家人省吃节用才让小孙得以上大学并从大学毕业。大学毕业后，小孙为了更好地发展和更好地孝敬父母，就留在了城里。他工作十分刻苦，业绩也很突出。天有不测风云，小孙的父亲病倒了，需要一大笔医药费，但小孙身上的钱根本不够，于是小孙就准备向公司预支工资。按照皓宇科技有限责任公司的规章制度这是不可以的，于是财务主管拒绝了这个请求。李阳在听说了小孙的事后，命令财务主管给小孙预支了几个月的工资，并且个人借了他一点钱。小孙在安安好父亲后,就继续来公司上班了,他比以前更加努力了。

第三个故事:公司在发展期时,员工逐渐增多,但很多员工都不是本地人,有的员工租的房子离公司很远,上下班很辛苦,有的员工的房子虽然很近,但房子很小,环境很差。李阳就想着,要不要为需要的员工在公司附近统一租个环境好一点的房子,这样不仅能替员工节省一点费用,还能增进同事们的感情,这样更加有利于公司的发展。李阳把自己的想法跟董事长王东说了后,王东并不赞同。王东认为下班后员工就不在公司待了,公司不必过多关心员工的生活,我们只要将员工的公司生活搞好就行了,况且替员工集体租房是笔很大的支出,这笔支出是可以不花的,况且开公司就是以营利为目的的。最后在李阳的坚持下,王东妥协了,并认同了李阳的做法。随后证明李阳的做法很有效,在第二年,公司的营业收入是前一年的三倍。

李阳的演讲引起许多企业家的共鸣,他让其他公司学习到了很多。皓宇科技有限责任公司在李阳的带领下在随后几年发展得越来越好,逐渐成为业界支柱企业。

思考题

1. 评价皓宇科技有限责任公司 2006 年 9 月份推迟发工资的行为。
2. 皓宇科技有限责任公司的哪些做法体现了其对员工的关怀?
3. 根据第三个故事,评价李阳与王东的说法。

案例二

"不行! 坚决不行!"老王重重地拍打着总部的会议桌,"你们这是胡闹,我干了几十年从来没见过你们这样惯着员工的,还美其名曰什么员工的福利,什么企业社会责任。统统都是胡闹!"

这次总部的会议是为了讨论提高员工福利这个话题的,而老王已连续三十多年担任公司最大的分厂 X 分厂的厂长了,算得上是元老级人物了。他的坚定的态度和激动的情绪让在座的所有人都陷入了沉默。

这时,Y 分厂的厂长小胡站了起来。小胡可以说是年轻有为,在所有的分厂长里,他的年纪最小。小胡说道:"王厂长,您不要激动。请问您赞不赞成企业要适时地提高员工的福利这个说法?"

老王没好气地答道:"我不反对! 但是张总这套新办法我坚决不同意!"

小胡听到这里,也就没有继续再说了。

A 公司是一家老牌服装企业,从创始至今都一直以优等的质量保持着其源源不断的生命力。它之所以能保证其产品质量始终如一的优越，主要是因为 A 公司一直坚持自产自营，坚决不与任何代工厂合作。然而最近公司领导刚换届，新官上任三把火，新任 CEO 张总一上来就强调要提高企业内部员工福利，打造和谐的工作氛围，树立良好的企业形象。

特别是针对工厂底层员工，他提出要改变多年来总是米、面、油的福利形式。在发放米、面、油的基础上，同时要给员工提供多元化的福利形式，一方面满足员工的物质需求，一方面形成良好的价值导向，从而提高员工的工作热情，巩固以人为本的企业文化。

最终会议不欢而散。张总会后对老王说："您是老大哥，我们很欣赏也很尊敬您这样优秀的老员工，对于员工福利这件事，我希望您能再考虑考虑。"

老王回到 X 分厂后，和几个老同事一起商量了一番，最终决定，每位员工在以前的福利基础上再多加一袋米和一桶食用油。消息一传出去，X 分厂里的员工都赞不绝口，工作热情一下子提高了很多。

但好景不长，X 分厂的员工的工作热情渐渐地低沉下来，甚至到了影响工作效率的地步。一个季度下来，X 分厂的生产量明显下降了很多，差一点就没能完成该季度的业务要求。

公司上下都为之所震惊，张总立刻下令组成调查专组到 X 分厂展开调查。经过调查，并未发现有什么特别的状况，只是在调查过程中有员工建议去 Y 分厂看看。捕捉到这个小细节的张总第二天就独自驱车前往 Y 分厂，让小胡带着他看看 Y 分厂。

张总发现，小胡虽然年轻，但是 Y 分厂的业绩十分突出，特别是厂内的员工在工作时都热情饱满，干劲十足。注意到这一点，张总问小胡："小胡，你手底下的员工这么积极，厂子的业绩也很好，你是怎么做到的？"

小胡看着张总，激动地说道："我认为 Y 分厂能做到现在这个样子，主要是那天开完总部的会议后，我和厂里各部门主管坐在一起开了个小会，讨论出了一套能持续激励员工工作积极性的方法。我们取消了以前的单一化的按照分厂业绩来制定奖金额度的方式，将其调整成分厂业绩与员工个人工时相结合的办法，刺激员工的工作积极性。除此之外，我们还把原来只发放米面油的老传统也调整了，给员工们一个可选择的范围，这其中包括米面油、手机或话费、超市购物卡和加油卡这四类。"

张总看着滔滔不绝的年轻厂长，微笑着打断了一下小胡："小胡啊，你们分厂做的这些都很好，我很满意，但是我想知道你们怎么定的这四类。"

"张总,刚才太激动了,这个重要的环节忘了说了。是这样,我们 Y 分厂相对其他分厂来说规模不算大,所以我就联系了一批大学生给我们搞了个关于员工福利的调查,您看这是最后的调查结果。"小胡说着将早已准备好的文件递给张总。

善于关注细节的张总还是发现了问题,"小胡,这里面倾向于米面油的人数不是很多嘛,你怎么还把这一项留下了。"

"张总,虽然米面油是有点落伍了,但我有这么几点理由相信张总一定能理解我。首先,选择米面油的员工几乎都是一些老员工,他们早已习惯了这种老传统,我们不能只照顾年轻人反倒把我们的老功臣们忘了。其次,米面油这些都是生活之本,年轻人除了要赶在时代的前沿,也需要踏实务实的价值导向,这一点我也是从王厂长那句'不能惯着员工'得到的启发。"

张总听完这一番话,激动地鼓起了掌,握住小胡的手,不停地称赞着小胡。

调查结束后,张总和老王又单独谈了一次,张总再三强调让老王一定要好好研究员工福利,但又碍于老王是公司的老功臣的情面,没有下死命令,也没有多说什么。

转眼间,时间又过去了两年,这时的 X 分厂虽然仍旧运作着,但显然已经没有了当年的第一大分厂的磅礴之势。最令人震惊的是,老王成了全公司上下第一个被开除的老功臣,这一话题一时间充斥在 A 公司的各个角落,上至高层管理者,下至一线工人。

相反,Y 分厂登上了第一大分厂的"宝座",小胡也成为 A 公司有史以来带领分厂走上第一名的最年轻的分厂长。此外,总部还针对小胡和 Y 分厂精心策划了一套宣传册,在全公司范围内大力宣传。

思考题

从企业社会责任视角分析故事中当事人的观点。

1. 在履行企业社会责任的过程中,企业与员工的关系是怎样的?
2. 如果你作为一名员工,你认为企业如何履行社会责任?

第**6**章

企业社会责任与消费者

6.1 企业社会责任的消费者义务来源

国家、社会、企业在消费者权益保护方面负有不同的责任。企业的社会责任应该更为直接、具体地表现为在市场经济中规制企业与消费者之间的直接利益关系。对消费者权益的保护更依赖于企业，如果企业一味地追求经济利益，那么各种保护消费者权益的法律法规在执行效果上都会大打折扣。一个有社会责任感的企业要做到的是对自己的消费者负责，为消费者提供安全可靠的高质量的产品和服务，只有这样，企业才能在消费者心目中树立自己的品牌形象，赢取消费者的信赖，实现企业与消费者的共赢。企业不仅要看到追求利益最大化的一方面，更应当注意消费者作为它们的利益相关者对企业的发展所能造成的影响。只有正确地认识企业与消费者之间的关系，才能够在赢得自身利益的同时主动承担起其所应承担的社会责任。和企业社会责任来源相同，消费者义务也包含理论基础以及法律来源两个部分，具体如下：

1. 企业社会责任之消费者义务的理论基础与相关研究

西方学术界从消费者的视角将消费者作为企业的重要利益相关者之一研究企业社会责任问题受到普遍重视，其研究过程大致可以划分为三个阶段：即将企业社会责任引入消费者研究领域的初始阶段（研究一般概念，对财务回报、人事决策和社会意识等的影响），在有限领域研究企业社会责任的成长阶段（研究慈善行为、环保主义、社区影响以及社会捐赠等问题），以及开展实证研究的蓬勃发展阶段。

国内对企业社会责任与消费者的研究比较多，但有影响力的研究是从2005

年开始的。其中比较有代表性的有：鞠芳辉、谢子远等（2005 年）在《中国工业经济》上撰文，基于消费者选择的分析视角探讨企业社会责任的实现问题；金立印（2006 年）专门从消费者角度实证分析企业社会责任运动测评指标体系问题；周祖成、张潇杰（2007 年）进行了企业社会责任相对水平与消费者购买意向关系的实证研究；常亚平、严俊等（2008 年）进行了企业社会责任行为、产品价格对消费者购买意愿的影响研究；卢东、寇燕（2009 年）基于消费者视角对企业社会责任进行了综合解析；张广玲、付祥伟等（2010 年），马龙龙（2011 年）更是从企业社会责任对消费者购买意愿的影响机制视角分别撰文研究这一问题；孟繁富（2012 年）更是将消费者视角下的企业社会责任研究作为其博士论文题目进行深入的专题研究；袁海霞、田虹（2014 年）对企业社会责任匹配性能否提升外群体品牌态度——基于消费者心理距离的中介作用进行研究；郭跃进、张迎迎等（2014 年）对企业社会责任中自我调节的有效性——基于同行业企业与消费者关系的博弈分析等进行深入研究。

2. 企业社会责任的消费者义务来源与相关法律依据

企业社会责任的消费者义务来源主要是基于《中华人民共和国消费者权益保护法》（以下简称《消费者权益保护法》）、《中华人民共和国产品质量法》（以下简称《产品质量法》）、《中华人民共和国反不正当竞争法》（以下简称《反不正当竞争法》）以及《中华人民共和国反垄断法》（以下简称《反垄断法》）等的相关规定。此外，《中华人民共和国食品安全法》、《中华人民共和国广告法》等法律以及相关法规中亦有企业需对消费者承担义务的内容。

6.2　企业社会责任的相关法律义务内容

归纳起来，企业对消费者承担义务责任的内容主要包含以下几个方面：

1. 保证产品质量的义务——首要义务

①依我国《产品质量法》规定，生产者生产的产品必须保证：

不存在危及人身、财产安全的不合理的危险，有保障人体健康和人身、财产安全的国家标准、行业标准的，应当符合该标准。

具备产品应当具备的使用性能，但是，对产品存在使用性能的瑕疵做出说明的除外。

符合在产品或者其包装上注明采用的产品标准，符合以产品说明、实物样品等方式表明的质量状况。

②我国的《消费者权益保护法》亦规定了生产者或销售者有向消费者保障安全义务和质量担保义务,其规定:经营者应当保证其提供的商品或者服务符合保障人身、财产安全的要求。对可能危及人身、财产安全的商品和服务,应当向消费者做出真实的说明和明确的警示,并说明和标明正确使用商品或者接受服务的方法以及防止危害发生的方法。

2. 依法表示产品的义务

①依据我国《产品质量法》,企业的生产者或服务的提供者应保证其产品或者其包装上的标识必须真实,并符合下列要求:

有产品质量检验合格证明。

有中文标明的产品名称、生产厂厂名和厂址。

根据产品的特点和使用要求,需要标明产品规格、等级、所含主要成分的名称和含量的,用中文相应予以标明;需要事先让消费者知晓的,应当在外包装上标明,或者预先向消费者提供有关资料。

限期使用的产品,应当在显著位置清晰地标明生产日期和安全使用期或者失效日期。

使用不当,容易造成产品本身损坏或者可能危及人身、财产安全的产品,应当有警示标志或者中文警示说明。裸装的食品和其他根据产品的特点难以附加标识的裸装产品,可以不附加产品标识。

剧毒、危险、易碎、储运中不能倒置以及有其他特殊要求的产品,其包装必须符合相应要求,有警示标志或者中文警示说明标明储运注意事项。

生产者不得伪造产地,不得伪造或者冒用他人的厂名、厂址。

生产者不得伪造或者冒用认证标志、名优标志等质量标志。

②我国的《消费者权益保护法》亦规定了生产者或销售者有向消费者提供真实信息、标示经营者资格的义务。例如:该法意明确规定了经营者应当标明其真实名称和标记;租赁他人柜台或者场地的经营者,应当标明其真实名称和标记等。我国的《反不正当竞争法》更是明确地将生产者的诸如以次充优、以劣充好、虚构产品的质量等"虚假宣传"行为作为典型的不正当竞争行为加以禁止。其规定,经营者不得利用广告或者其他方法,对商品的质量、制作成分、性能、用途、生产者、有效期限、产地等作引人误解的虚假宣传。该法还规定,包括生产者和销售者在内的经营者不得有:

假冒他人的注册商标。

擅自使用知名商品特有的名称、包装、装潢,或者使用与知名商品近似的名称、包装、装潢,造成和他人的知名商品相混淆,使购买者误认为是该知名商品。

擅自使用他人的企业名称或者姓名,引人误认为是他人的商品。

在商品上伪造或者冒用认证标志、名优标志等质量标志,伪造产地,对商品质量作引人误解的虚假标示等商品标示中的"市场混淆"行为。

我国的《消费者权益保护法》中亦规定商品的生产者或服务的提供者有义务保证向消费者提供真实信息,而这些信息具体所涉及的内容恰恰是前列《产品质量法》中所规定的。

3. 依法生产产品的义务

①生产者依法生产产品的义务表现在(《产品质量法》规定):

生产者不得生产国家明令淘汰的产品,生产者生产产品,不得掺杂、掺假,不得以假充真、以次充好,不得以不合格产品冒充合格产品。

企业生产的产品应具备产品应当具备的使用性能,但是,对产品存在使用性能的瑕疵做出说明的除外。

企业生产的产品应符合在产品或者其包装上注明采用的产品标准,符合以产品说明、实物样品等方式表明的质量状况。

②我国《消费者权益保护法》规定:经营者发现其提供的商品或者服务存在缺陷,有危及人身、财产安全危险的,应当立即向有关行政部门报告和告知消费者,并采取停止销售、警示、召回、无害化处理、销毁、停止生产或者服务等措施。采取召回措施的,经营者应当承担消费者因商品被召回支出的必要费用。

4. 产品保退、保修、保换的规定

我国《产品质量法》规定:销售者对于售出的产品不具备产品应当具备的使用性能而事先未做说明的,应当负责修理、更换、退货;给购买产品的消费者造成损失的,销售者应当赔偿损失;销售者依照前款规定负责修理、更换、退货、赔偿损失后,属于生产者的责任或者属于向销售者提供产品的其他销售者(以下简称供货者)的责任的,销售者有权向生产者、供货者追偿。《消费者权益保护法》规定:经营者提供的商品或者服务不符合质量要求的,消费者可以依照国家规定、当事人约定退货,或者要求经营者履行更换、修理等义务。没有国家规定和当事人约定的,消费者可以自收到商品之日起七日内退货;七日后符合法定解除合同条件的,消费者可以及时退货,不符合法定解除合同条件的,可以要求经营者履行更换、修理等义务。对国家规定或者经营者与消费者约定包修、包换、包退的商品,经营者应当负责修理、更换或者退货。在保修期内两次修理仍

不能正常使用的,经营者应当负责更换或者退货。对包修、包换、包退的大件商品,消费者要求经营者修理、更换、退货的,经营者应当承担运输等合理费用。

5. 公平交易义务

我国《消费者权益保护法》规定企业有公平交易的义务,即消费者在购买商品或者接受服务时,有权获得质量保障、价格合理、计量正确等公平交易条件,有权拒绝经营者的强制交易行为。也就是说消费者在进行产品或服务购买时,有权利决定购买或不购买某种商品或服务,亦有权利决定从哪一个生产商或销售服务商中购买其所需的商品及服务。此条强制性规定虽然从表面上看起来很简单,但长期以来我国现实生活中大量存在,甚至似乎成为行业惯例或行规的诸如"谢绝消费者在本店消费时自带酒水","旅游旺季时旅游景点只提供旅游套票而无单一景点门票","包间、场地等最低消费金额限价"等现象都是严重违反企业公平交易义务的典型表现。

6. 依法出具凭证的义务

出具凭证义务,即经营者提供商品或者服务,应当按照国家有关规定或者商业惯例向消费者出具发票等购货凭证或者服务单据。消费者索要发票等购货凭证或者服务单据的,经营者必须出具。经营者出具凭证,一方面可以保证如若其产品或服务质量不佳,未来消费者可以据此索赔,另一方面也有利于国家税务机关对包括生产者和销售者在内的经营企业的现实经营情况进行准确及时的核查,保证国家税源的不流失与稳定,并最终促使国家管理与整个社会秩序的有序运作。

7. 尊重消费者人格尊严的义务

尊重消费者人格尊严的义务,即企业在消费者购买、使用其商品和接受其服务时,应当尊重消费者的人格尊严、民族风俗习惯,经营者不得对消费者进行侮辱、诽谤,不得搜查消费者的身体及其携带的物品,不得侵犯消费者的人身自由。经营者收集、使用消费者个人信息,应当遵循合法、正当、必要的原则,明示收集、使用信息的目的、方式和范围,并经消费者同意。经营者收集、使用消费者个人信息,应当公开其收集、使用规则,不得违反法律、法规的规定和双方的约定。经营者及其工作人员对收集的消费者个人信息必须严格保密,不得泄露、出售或者非法向他人提供。经营者应当采取技术措施和其他必要措施,确保信息安全,防止消费者个人信息泄露、丢失。在发生或者可能发生信息泄露、丢失的情况时,应当立即采取补救措施。经营者未经消费者同意或者请求,或者消费者明确表示拒绝的,不得向其发送商业性信息。

8. 不滥用自身的优势地位加重消费者责任与风险的义务

在生产者或销售者与消费者的市场交易当中,交易双方的地位与力量先天性严重失衡。消费者作为一个个人,不仅个人的财力、物力与精力有限,而且受限于个人知识,尤其是信息掌握程度的不足使其自身在与生产者和销售者的交易与诉讼对抗中处于不利地位,他们往往不具备相关交易产品的专业性及法律知识,且请不起专家及律师为其提供专业化的服务。故而法律规定生产者与销售者有不得利用格式条款擅自加重消费者责任或风险的义务,即经营者在经营活动中使用格式条款的,应当以显著方式提请消费者注意商品或者服务的数量和质量、价款或者费用、履行期限和方式、安全注意事项和风险警示、售后服务、民事责任等与消费者有重大利害关系的内容,并按照消费者的要求予以说明。经营者不得以格式条款、通知、声明、店堂告示等方式,做出排除或者限制消费者权利、减轻或者免除经营者责任、加重消费者责任等对消费者不公平、不合理的规定,不得利用格式条款并借助技术手段强制交易。格式条款、通知、声明、店堂告示等含有前款所列内容的,其内容无效。

6.3 企业社会责任对消费者的影响力分析

1. 企业社会责任与消费者对企业的认知度关系

消费者对企业的认知度就是消费者对企业品牌的熟知、产品的喜好、产品质量以及企业文化等一系列问题的了解程度。那么如何让消费者熟知某企业呢? 这是许多企业面临的问题。可以想象,能够较好地履行社会责任的企业,消费者对它的熟知度肯定较高。国外学者基于消费者视角对企业社会责任的研究表明,企业社会责任促进了企业与利益相关者之间的良好关系。这是因为企业社会责任加快了"识别"的过程,通过这个过程,利益相关者感受到其个人的价值观与公司价值观的融合。作为利益相关者中对企业影响极其重要的消费者来说,在评价企业声誉方面具有很大的影响。长期以来,企业在承担企业社会责任时都会考虑这样的问题:消费者是否认同和支持企业的社会责任行为;不同的消费者对企业社会责任的认知是否存在差异;支持企业承担社会责任的消费者具有哪些特征;等等。企业只有了解这些事实,才能在开展企业社会责任的活动中更有主动性,并能更有针对性地实施营销策略。有学者基于前人对消费者社会意识的研究提出了社会责任消费行为的概念,并认为消费者因人口统计特征的差异而具有不同的企业社会责任感知水平。他们发现在现实生活中,有一类消费者将购买具有企业社会责任公司的产品作为自己的一种生活方式和道德水平的衡量,而有的消费者却没有这方面的考虑。在 2004 年,有三位学者进一步界定了这一类消费者的人口特征和消费特征,使企业社会责任营销活动更具针对性。也有学者在论述社会事业与企业密切联系时指出:企业在从事社会责任活动时,如果希望得到消费者回报,其所从事的社会责任活动就必须与营销的目标群体保持高度的一致。与此同时,还有学者也认为:为了得到消费者对企业社会责任的响应,企业也应针对消费者的特点选择所从事的推动社会责任的事件。研究发现,在企业社会责任活动中,消费者会重视所感知到的企业社会责任与其自身的关联。这些相关研究帮助了学者最早提出消费者对企业社会责任的支持的概念。研究发现,对企业社会责任支持程度不同的消费者对产品的购买意向和企业形象的感知不同,高支持的消费者倾向于认可具有企业社会责任的公司,并且购买意向更强烈。

2. 企业社会责任与消费者对企业的满度关系

已有研究表明,一家企业的社会责任意愿及后来的表现会带来更高的客户满意度,至少有三种理论观点支撑着这一关联关系。首先,Maignan 认为公司行为往往倾向于将消费者的角色多元化,即不单单把他们视作一种经济存在,同时也是家庭、社区和社会的一员。在此基础上,Daub 和 Ergenzinger(2005 年)提出了"广泛消费者(Generalized Customer)"的概念。广泛消费者不只注重自身的消费体验,他们同时也是公司必须加以考虑的各种利益相关团体的成员或潜在成员。这样看来,富有社会责任的企业提供的产品和服务更容易让广泛的消费者感到满意。其次,Brown 和 Dacin(1997 年)、Sen 和 Bhattacharya(2001 年)的研究都表明,较高的社会责任得分会创造一种更为舒适的环境,而这会促使消费者对企业做出积极的正面评价。Lichtenstein,Drumwright 和 Bridgette(2004年)认为:企业社会责任给企业带来益处的一种途径便是增加消费者对于企业的认同度和支持度,这样一来,有认同感的客户往往就更容易对企业提供的产品或服务产生满意感。第三,能促使我们将企业社会责任和客户满意度联系起来的相关研究,对客户满意度的先决条件进行了考量。例如,Mithas,Krishnan 和 Fornell 提出感知价值已被证明是提高客户满意度的关键先决条件。在其他条件相同的情况下,顾客从一个富有社会责任的企业所提供的产品或服务中往往得到更高的感知价值。更进一步讲,履行社会责任能让企业更好地了解他们的"广泛消费者",增加客户知识;而客户知识的改进代表了另外一种提高客户满意度的先决条件。从上面三种不同的理论研究方向来看,企业社会责任和客户满意度都存在着紧密的联系,且企业的社会责任意愿及表现对其客户满意度有着重要的影响。大量文献表明,拥有满意顾客的公司有着较高的顾客忠诚度,有着积极的声誉评价,顾客更愿意为产品支付溢价(Omburg, Koschate, Hoyer2005 年)。Luo Xueming 和 Bhattach(2006 年)发现企业社会责任有助于建立顾客满意,顾客满意对企业社会责任的投资回报有调节作用,顾客满意在企业社会责任和企业市场价值之间起了中介作用。企业的能力——创新能力和产品质量对企业社会责任的投资回报起到了调节作用,在低创新能力的公司,企业社会责任会降低顾客满意水平,并通过低的顾客满意度来损害公司的市场价值。顾客满意问题始终是近 20 年来市场营销领域的研究热点之一,营销学大师 Kotler(1986 年)认为顾客满意是顾客的一种感觉状态,它源自顾客对产品或服务的实际绩效或产出与期望水平进行比较而产生的感知。对顾客满意问题的关注主要是因为顾客满意能够为企业带来较强的市场竞争优势和更高的市场占有率。顾客满意通常被认为是顾客重复性购买、口碑效应和顾客忠诚的重要决定要素,它能够通过阻止顾客的背叛行为来提高企业的利润率。因此,理论界和实践界都把追求较高的顾客满意度看作是企业经营管理工作的一项重要目标。

3. 企业社会责任与消费者对企业的忠诚度关系

一般认为,顾客满意是指一个人通过对一种产品的可感知的效果(或结果)与自己的期望值相比较后,所形成的愉悦或失望的感觉状态。顾客忠诚是指顾客高度承诺在未来持续地购买其所偏好的某种产品或服务,并由此产生对同一品牌系列产品或服务的重复购买行为,而且顾客忠诚不会因为市场态势的变化和市场竞争者的营销策略吸引而产生转换行为。顾客忠诚的表现一般反映在态度忠诚和行为忠诚两个方面。顾客的态度忠诚是指从心理视角来看待顾客与企业之间的关系维持,包括顾客对服务质量的满意度、品牌承诺、人际信任和心理认同等因素。顾客的行为忠诚是从顾客所处的具体消费情景视角来看待顾客与企业之间的关系维持,这些情景要素包括替代者的选择可行性、顾客的产品经验、服务消费与顾客的利益相关性以及顾客不可控制的关系障碍等。对于顾客忠诚度的测量,学术界普遍采用的测量指标是顾客的购买比例、口碑宣传和重复购买意向。目前,研究企业社会责任与消费者行为之间关系的文献多集中在企业社会责任与消费者的购买行为方面,研究企业社会责任与顾客忠诚度关系的文献相对较少。然而,消费者的重复购买行为或意向事实上属于顾客忠诚的具体表现范畴,因此,企业社会责任与消费者购买行为之间关系的研究对于企业社会责任与顾客忠诚度之间关系的研究有相当重要的作用。研究发现,企业社会责任会影响消费者对企业的评价,消费者对于企业履行社会责任的动机的认知和态度具有一定的复杂性。企业履行社会责任的动机可以分为四类:利己的战略性动机、股东驱动型动机、自私自利型动机和利他的价值驱动型动机。Ellen,Webb 和 Mohr 认为消费者对待这四种动机的态度是不同的。一般对于战略和价值驱动的企业社会责任行为消费者持积极态度,而对自私型和股东利益驱动型动机则持消极态度。企业的道德行为不仅会影响消费者的评价,而且会影响消费者的购买意向。

与企业社会责任直接地、积极地影响消费者的企业评价不同,企业社会责任与消费者购买意向间的关系是复杂的,企业社会责任对消费者购买意向的影响有时是直接的,有时是间接的,在某些情况下,这种间接影响有可能是负面的。不同特征的消费者对企业社会责任的感知水平是不同的,Sen 和 Bhatta-charya(2001 年)研究发现企业社会责任高低对消费者的产品评估有显著影响,并证实企业社会责任与消费者购买意向的关系受到消费者个人特征、消费者对企业社会责任与企业能力的信任程度(CR – CABeliefs,简称"消费者信任")、消费者对企业社会责任行为的支持程度的调节。他们认为可以按照消费者对企业社会责任行为与企业能力的信任程度把消费者分为两大类——高信任(HighCSR – CABeliefs)和低信任(LowCSR – CABeliefs)的消费者;同时也可以按照对公司承担社会责任行为的支持程度将消费者分为高支持(HighCSR – sup-port)和低支持(LowCSR – support)两类。他们发现当消费者购买低质量产品时,高信任的消费者倾向于购买那些积极承担社会责任的公司的产品,而不愿意购买不承担社会责任公司的产品。同时他们的研究还发现,对企业社会责任行为支持程度不同的消费者,面对不同商品的质量时会表现出不同的购买意向。Mohr 和 Webb(2005 年)同样发现:高支持企业社会责任特征的消费者倾向于认可具有企业社会责任的公司,并且购买意向更强烈,与价格相比,企业的环境责任对消费者的购买意识上产生的影响更大。Mohr(2005 年)通过进一步的实证研究发现,企业社会责任水平高低不同时,消费者对产品价格的敏感度不一样。顾客越是把企业社会责任作为购买决策中的重要考虑因素,企业社会责任对销售的影响就越大,企业就越有可能采取社会责任行动;相反地,当企业社会责任水平很低时,即使采用低价也无法得到补偿。

此外,Olsen(1977 年)研究发现价格水平是人们在购买相对贵重的产品时的一个质量感知指标。价格水平提高了,错误评估的风险就会增加,购买者会因为缺少购买经验而对产品更不熟悉。在这种情况下,企业积极承担社会责任的信息能够增加消费者的购买信心,而消极承担社会责任的信息加大了消费者的风险预期,消费者更不愿意购买。即购买高价格产品时,消费者更看重企业是否积极承担社会责任。随着我国消费者维权意识的不断提高、社会营销理念在我国的逐步普及,消费者在企业的生存和发展中将起到越来越重要的作用,因此,企业的社会责任运动还应考虑消费者的期待和要求,其测评标准应能够充分反映出广大消费者的利益诉求。Bhattacharya 和 Sen(2004 年)研究发现,那些积极履行社会责任的企业,在特定消费者群体中拥有一定的品牌忠诚度,这种忠诚度是消费者和企业之间认同感的一种表现结果。该研究还发现,消费者产生对企业忠诚度的关键条件之一是消费者自身是支持企业所履行的社会责任行为的。如果消费者认为其个人购买行为可以对企业和社会产生一定的影响,就更有益于消费者形成对企业的长期忠诚度。金立印(2006 年)的研究也证实了企业社会责任能有效地提升消费者对企业的信赖度和忠诚度。Ipsos Public Affairs 于 2008 年对全球 22 个国家的 44000 名消费者的调查发现,除了产品质量等传统产品属性之外,企业社会责任能提高消费者对企业的信任度。

4. 企业社会责任与消费者的购买意愿关系

许多关于企业社会责任与消费者购买意向的研究是围绕着需求认知、信息搜寻、方案评估、购买决定这种传统的消费者购买决策模型的框架来进行的。我们现在就看企业社会责任对消费者各个购买决策阶段的影响。要使履行社会责任的企业能获得财务业绩回报的最直接的途径,就是让企业社会责任能影响消费者的购买意向,让消费者行使手中的"货币选票"。这对提高企业产品的销售额,增加企业利润起直接作用。相关社会调查机构关于消费者对善因营销的响应做了调查,他们在和 225 名受访者访谈后发现,49%的受访者表示企业承担社会责任的表现是他们购买该企业产品的重要考虑因素;54%的受访者表示企业的善因营销行为会让他们考虑在将来尝试这些企业的产品;一些机构在全国的电话调研中发现,差不多一半的受访者(46%)称他们很可能转换品牌以支持那些捐款给非营利组织的企业,有将近三分之一(30%)的受访者表示他们有时购买产品仅仅是因为该企业支持慈善事业。学术界对企业社会责任对消费者购买意向的影响也进行了相关研究,很多研究都采用了实验研究方法,因为实验的参与者一般不能猜出研究目的,就可以减少研究中的社会期许偏差。Ross,Stutts 和 Patterson(1992 年)的试验研究先让被试者阅读一则善因营销广告,然后测量他们对此的响应。研究结果发现,这则善因营销广告,促使被试者更愿意购买那些执行这个广告的企业产品。Holmes 和 Kilbaned(1993 年)的实验研究设计了一个企业善因营销情境来测量慈善广告对被试者的影响。研究结果发现,承诺给慈善组织捐款的企业比那些不作承诺的企业更能获得被试者对他们的肯定态度,但这不会影响他们对企业产品的购买意向。综上所述,各类市场调查和学术研究证实,企业社会责任在很多情况下是有助于消费者形成对企业的良好评价,并且提高对该企业产品的购买意向(Sen 和 Bhattacharya,2001 年)。但是,有时候企业社会责任表现也并不是总能促进消费者对企业的积极响应,并通过购买行为得到体现。这可能还是受到其他各类因素的影响和制约。比如,消费者是否赞同企业社会责任的主旨,企业主营业务和社会责任是否匹配,企业产品本身质量如何,等等。此外,实验研究结果表明,不道德的或不履行社会责任的企业一定会给消费者带来消极影响,大大削弱消费者的购买意向,使消费者购买和选择产品的传统标准失效,甚至此时消极的企业社会责任在消费者购买决策中处于主导地位。①

随着可供选择的产品越来越多,消费者的收入、受教育程度、品牌意识越来越高,有道德的生产企业不断涌现,消费者对企业社会责任的需求认知度也将会越来越高。在信息搜寻阶段,根据相关的研究,消费者是积极还是消极地收集企业社会责任的信息,是受到消费者对企业及产品的态度和信念的影响;态度和信念又受企业的声誉、核心业务和企业社会责任的适配度、消费者本人和企业社会责任之间的联系、社会责任是主动还是被动、产品质量和价格等等因素的影响。一般情况下,消费者对具有社会责任感的企业具有积极的态度,这一态度会促使消费者关注进而积极地搜寻有关企业的社会责任信息。消费者在获得各种相关信息后,对每个方案要加以分析、评价,以便作为最后决策的依据。这是决策过程中的决定性环节。基于企业社会责任的消费者购买决策中,有部分消费者将企业社会责任作为购买时考量的一个因素,但是有很多消费者还是以产品价格、质量和购买便利性等传统的购买标准为主。在方案评估阶段之后,消费者根据对产品信息的比较和评选,形成购买意愿,并最终做出购买决定。基于企业社会责任的消费者购买决策中,学者们通常通过测量消费者购买意愿来衡量消费者对具有社会责任感企业产品的购买行为。笔者通过查阅相关文献中关于企业社会责任对消费者购买意向影响的调查研究和实验研究发

① 欧平.企业社会责任行为与消费者购买意向的影响研究 [D].上海:上海交通大学,2010.

现,有部分消费者已经将企业社会责任作为其购买决定的一项购买标准,但还有很多消费者仍以产品的价格和质量为主要的购买标准。消费者购买产品后,往往通过自身使用和家庭成员及亲友、同事的评判,对自己的购买选择进行检查和反省,以确定购买这种产品是否明智,效用是否理想,产品所表现的性能是否能满足原来的期望,由此产生满意或不满意的购后感受。基于企业社会责任的消费者购买决策中,如果消费者出于对企业履行社会责任的"奖赏",在降低了对产品传统特性要求的情况下,购买了该企业的产品,结果产品质量低于消费者原先的期望,那么这种消极的购后感受会损坏消费者对该企业的良好印象,从而降低消费者的忠诚度,消费者将不会再购买该企业的产品,尽管该企业还在履行着社会责任。Sen 和 Bhattacharya(2003 年)研究发现,企业所承担的社会责任行为会以直接和间接两种方式影响消费者的产品购买意愿。消费者认同对企业社会责任和消费者购买意愿的关系有显著的中介作用。Lichtein 等也验证了"消费者—企业认同"对企业社会责任感知和消费者购买行为之间的关系所起到的中介作用。还有一些学者用消费者满意度(Luo 和 Bhattacharya,2006 年)、企业声誉、企业态度和产品感知质量、企业形象和感知价值作为中介变量。

5. 企业社会责任与消费者对企业的响应关系

消费者响应,简而言之,就是消费者对企业的经营管理行为产生的反应,也就是企业的经营管理行为对消费者的心理和行为产生的影响。这种反应具体体现在消费者的购买心理和行为、消费者满意度、消费者忠诚度等方面的变化上。其本质就是要求企业以消费者为导向,通过对消费者市场的调查,对企业或产品进行准确的定位,构建核心竞争力,满足目标消费者的需求,为消费者提供使用价值,从而使企业获得利润和可持续的发展。为什么消费者响应对于企业履行社会责任那么重要呢?Ella Jose Ph(2003 年)认为企业改善其社会责任绩效的意愿由制度、道德、经济的因素共同驱动,其中,经济动因是最根本的内在动因。现实中,企业对社会责任的质疑和担忧,主要出于成本的考虑。从成本效益的角度看,只有当企业的所得超过付出时,企业才会选择去承担社会责任。或者说,只有当外在压力转换成内在经济动因时,企业才会从不自觉地适应到自觉地改变,使社会责任真正得到体现。如果企业损害公众利益时,社会方面会以消费者抵制其产品、投资者拒绝其股票的方式取消企业参与市场竞争的资格,那么,损害公众利益的企业的利益就会受到损害;反之,如果企业维护公众利益时,社会方面会以消费者青睐其产品和投资者追捧其股票的方式使企业在市场竞争中处于有利地位,于是,维护公众利益的企业的利益也会被维护。在上述情景中,利益相关者的压力通过有效的机制转化为消费者的"货币选票",进而成为企业提高社会责任绩效的内在动因。消费者的选择成为企业社会责任最有力的拉动。

研究发现,企业社会责任行为与消费者响应之间的关系并非只是简单的相关关系,不同类型的消费者,对企业社会责任行为的响应并不完全相同。对于高支持的消费者,当企业积极承担社会责任时,购买意向与产品质量感知都显著高于低支持的消费者。同样对于高信任的消费者群体也有类似的结论。Mohr等(2005年)的研究亦发现,当消费者具有较高的社会责任消费行为(Social Responsible Consumer Behavior, SRCB)倾向时,企业社会责任行为对其购买意向与产品质量评价的影响也比较大。虽然国内已有学者对不同人口特征(如学历、收入水平)的消费者对企业社会责任的认知差异进行了调研,但是尚缺乏从消费者信任、消费者支持以及社会责任消费行为等角度探讨不同类型的消费者对企业社会责任行为的响应有何不同。从欧美发达国家企业社会责任运动的历史经验来看,这些国家如今之所以都能形成比较完善的企业社会责任行为"自我规制(Self - regulation)"与"社会规制(Social - regulation)"的机制,与消费者群体的权益意识、社会责任意识的提高紧密相关。研究亦证实了高支持或者高信任的消费者,在购买产品与评价产品质量方面对企业是否积极承担社会责任更加敏感。因此,通过引导我国消费者提高社会责任消费行为(SRCB)的意识,可以使消费者的选择对企业社会责任行为的"软约束"发挥更大的效力。此外,还发现企业社会责任作为一个具有丰富内涵的概念,消费者对其具体内容的响应有所不同。例如,在慈善捐助领域,消费者面对积极或者消极的企业社会责任行为时,对低端数码相机(1800元)购买意向的差异要比中高档数码相机(4000元)大,但在保护环境领域却恰好相反,当产品为中高档数码相机时,面对积极保护环境或者污染周边环境的企业,消费者购买意向的差异要比产品为低端数码相机大。又如,在善待员工与保护环境领域,企业是否积极承担社会责任对消费者的产品质量感知有显著影响。而在慈善捐助领域则对产品质量感知却无显著影响。特别需要指出的是,研究发现对于那些低支持企业社会责任的消费者,当企业披露一些积极捐助慈善事业或者善待员工的报道时,其产品质量感知比披露负面企业社会责任行为的报道时反而更低,而在保护环境领域却没有出现这种情况。

最早发现企业社会责任对消费者响应有积极影响是通过实验方法研究发

现的。研究者利用广告和报纸来控制代言人和企业可信任度,积极的企业可信任度通过企业在环保和慈善方面的贡献来体现,结果显示企业责任对消费者购买意向和品牌评价有显著影响。Bhattacharya 和 Sen 将消费者对企业社会责任的响应分为两种类型:一是关于消费者购买意向、购买忠诚等的外在响应;二是关于消费者意识、态度以及对公司采取这些企业社会责任手段归因等的内在响应。消费者的外在响应是指消费者对涉及企业社会责任营销行为所做出的购买倾向和品牌忠诚等的现实反应。目前学术界在这方面积累了较多成果。消费者的内在响应指的是消费者内在心理状态,是消费者对自身心理活动的一种感知。它不能通过直接的观察或有形物质诸如能为商家带来多少收益、消费者会在多大程度上购买商家的产品等等来衡量,只能通过量表来完成。企业社会责任对消费者的影响主要包括:消费者的意识、对产品和公司的态度以及顾客满意和归因等。消费者对企业社会责任的意识是消费者对这类活动首要的响应。Bhattacharya 和 Sen 研究发现消费者对企业社会责任活动的意识与消费者对公司的了解具有显著一致性。企业社会责任还会影响消费者对公司产品评价。消费者对产品的态度会受到企业所承担社会责任的影响,不同水平和领域的企业社会责任对消费者的产品评价和态度产生的影响不同。Brown 和 Dacin 的研究支持了消费者通过企业形象的感知,企业社会责任会对消费者的产品评价产生间接影响的假设。直到 2005 年 Behrens 等学者才首次提出企业社会责任能够直接影响消费者对产品的态度。企业社会责任对顾客满意有着积极的影响作用是最近的研究成果。在 Luo 和 Bhattacharya 的论文中,作者基于制度理论和利益相关者理论,并根据企业社会责任影响顾客对公司的评价良好的感知价值和顾客知识对消费者的顾客满意有积极影响等前人研究成果,提出企业社会责任能够影响顾客满意的假设。作者通过实证方法证实企业社会责任对顾客满意有正面、显著的影响,且这种影响能通过已形成的顾客满意对企业市场价值产生正面作用。

6.4　企业通过消费者提高社会责任的方法措施

　　企业履行社会责任和消费者之间有各种关系。总体来说,履行社会责任的企业,消费者有着更好的忠诚度、认知度等,所以企业通过消费者这一重要的利益相关者,应该看到其履行社会责任要有长期战略,切勿短视。随着社会发展,消费者社会责任意识取得了很大的进步,企业履行社会责任已经成为维护和提升企业软实力的有效途径,但企业社会责任对消费者的影响主要来自间接影响,因此,试图以短期的社会责任活动迎合消费者的行为,是起不到明显效果的。

1. 主动披露社会责任履行情况,加强消费者的感知

加大企业社会责任信息的披露是对消费者产生影响的负社会责任行为,仅是消费者感知到的那一部分,因此,企业应利用广告宣传、企业社会责任报告等途径主动披露社会责任履行情况。政府应鼓励并为企业披露社会责任信息构建平台,为消费者投出"货币选票"提供依据,同时让企业接受大众监督,激励其更好地履行社会责任。要建立与企业社会责任相适应的利益相关者治理模式,借鉴国际经验,就必须在企业的外部治理机制和内部治理机制两个方面双管齐下,进行制度创新。

在企业外部治理机制方面,应着重建立和完善如下制度安排:

（1）完善法律制度

表现在两个方面:一是我国目前有关企业社会责任的立法比较分散,都是就企业社会责任的某一方面而制定的专项法律,因此需要借鉴美国、瑞典、日本等国家的经验,制定一部综合性的企业社会责任法,以便从总体上对企业社会责任的范围、法律责任评价与报告等基础性问题加以规范。二是与企业社会责任的立法制度相比,我国的司法制度相对滞后,已成为企业社会责任问题频频发生的一个重要原因。因此我们需要通过建立问责制等制度安排,使执法部门切实履行职责,并对其不作为行为承担风险,从而真正做到有法必依、执法必严、违法必究。

（2）建立绿色准入制度

即只有符合社会责任要求的企业才能进入市场从事各种交易活动,也就是说,凡是不承担社会责任的企业就不能进入市场从事经营活动以及获取各种资源。例如,凡是不符合绿色工程制度的项目一律不能立项;凡是不符合绿色证券制度的企业一律不能进入证券市场进行投融资活动;凡是不符合绿色贷款制度的企业一律不能从银行取得贷款;凡是不符合绿色产品或服务制度的企业一律不能进入产品或服务市场从事经营活动;凡是不符合绿色用工制度的企业一律不能进入人力资源市场招聘员工等。通过建立这些绿色准入制度,不仅有利于促使企业承担社会责任,规避社会风险,而且有利于营造公平竞争的市场环境,避免出现劣币驱逐良币的情况。

（3）建立政府引导与监管制度

即政府依法对企业社会责任进行引导与监管。如政府通过制定企业社会责任原则、企业社会责任信息披露制度、企业社会责任评价与鉴证制度、企业社会责任奖惩制度等制度或政策,来对企业社会责任加以引导和监管。此外,还要发挥社会舆论尤其是新闻媒体在企业社会责任治理中的积极作用。

在企业内部治理机制方面,应着重做出如下制度安排:

(1)建立共同决策机制

即通过在董事会中建立共同决策机制来保证各利益相关者共同参与企业决策,以提高企业决策的合法性和有效性。为此,就需要在董事会中建立股东董事制度、独立董事制度、银行董事制度、员工董事制度、政府代表董事制度、消费者董事制度等利益相关者参与企业决策的制度。

(2)建立共同监督机制

即通过监事会中建立共同监督机制来保证各利益相关者对企业行为的监督。这就需要与共同决策机制一样,在监事会中建立各利益相关者参与企业监督的制度。

(3)建立相关治理机制

即在企业处于非正常经营或不履行社会责任时,通过建立一套制度安排,使受损失的利益相关者能够掌握企业的控制权,以改变既定的利益分配格局。它取决于契约的不完全性和企业所有权的状态依存性。其运行原理是:当企业忽视社会责任时,某些受损失的利益相关者就会通过破产机制来达到控制权。①

2. 通过社会责任与竞争战略的匹配提升消费者的感知效果

按照波特的理论,竞争优势本质上是最终产品和服务相对于竞争对手的独特性和价值增值,这种独特性和价值增值最终由消费者手中的"货币选票"予以认可和实现。企业社会责任与竞争战略匹配所产生的产品竞争力的本质在于以消费者责任为核心塑造的新型企业—消费者关系。具体来说,企业在社会责任投入时,要考虑与企业竞争战略的匹配,在赋予企业产品和服务以"责任标签"的同时,还能实现社会责任行为与差异化、低成本和目标集聚的匹配,从而更大程度地引导消费者的利益感知、情感感知、企业社会责任期望一致性和社会规范感知等心理体验,进而共同作用于消费者的责任产品购买意愿,最终实现可持续的竞争优势。引导消费者参与企业社会责任。积极履行社会责任的企业希望消费者能关注企业的这些行为,并通过购买、口碑等方式支持企业。

---

① 张兆国,梁志钢,尹开国.利益相关者视角下企业社会责任问题研究[J].中国软科学,2012(3):139-146.

针对"社会意识消费者"很有效的一种营销方式就是让消费者知道他们在对企业支持的同时,也对社会承担了一份责任,实现了自身的价值。如"农夫山泉"的"一分钱"行动,从 2001 年"支持申奥"到后来的"阳光工程"再到"支持体育事业",消费者同企业一起参与了这些公益事业,农夫山泉的业绩也提高了。

3. 根据消费者对企业社会责任的认知水平量力而行,合理分配资源

消费者目前对于企业社会责任的关注度虽然有所提高,但真正能影响消费者做出购买决策的因素仍以企业对消费者的责任和企业的经济责任为主,所以企业在履行社会责任时应向这两个方面有所倾斜。现代社会已经进入到一个关注责任、以人为本、强调可持续发展的新时代,随着社会的进步和环境的变化,企业社会责任越来越成为一种潮流和趋势。但这并不意味着企业在任何时候、任何情况下都可以全方位地履行企业社会责任。企业在发展初期,所面临的主要是生存问题,也就是说此时应该把经济责任放在最重要的位置。只有生存无忧了,才有更多的精力去考虑提高员工待遇、改善工作环境;当企业具备了一定的实力,才有能力去考虑慈善和公益。此外,无论企业规模多大,都不可能以一己之力驾驭多方面的慈善事业,企业只能选择其中适合自己的部分,把它做好。企业如果忽略经济上的实力,承担了无力支持的社会责任,就会陷入困境,就会损害社会、企业、员工以及消费者的利益,就不是真正的负责任。企业在创造利润、对股东负责的同时,还要承担对员工、消费者、供应商、政府、社区、环境等受到企业经营活动直接或间接影响的利益主体的社会责任。企业进行经营决策时必须考虑他们的利益,处理好与利益相关者的关系。具体到营销,企业应树立企业社会责任理念,围绕企业发展战略综合考虑对企业、社会、消费者的短期和长期影响,谋求企业的可持续发展。

4. 重点提高对消费者的责任水平和可持续发展的能力,结合自身特色,在宣传时应注意大众心理

根据研究结论,企业在经济责任、对消费者的责任、法律责任以及慈善责任等方面的表现会引起消费者的关注,会影响企业的声誉,并对顾客忠诚产生一定的影响。其中企业对消费者的责任对顾客忠诚的影响最大,其总效应为0.408,这说明消费者在进行购买选择时,最看重的仍然是企业对消费者所提供的产品和服务的质量;其次是企业的经济责任,其总效应为0.167。尽管经济责任主要是企业对股东的责任,代表企业可持续发展的能力,但企业在经济责任上的表现实际上与企业形象、与消费者对企业声誉的认知和情感息息相关,从而对顾客满意度和顾客忠诚度也产生一定的影响,因此企业在经济责任方面的表现也非常重要。研究发现,企业的慈善责任会对情感声誉、顾客满意和顾客忠诚产生直接或间接效应。国内外一些学者研究发现,消费者对企业的慈善行为认同度并不高,他们认为企业做慈善是为了商业目的,十分虚伪,所以有些企业的慈善行为非但没有提高企业的声誉,反而还引起了消费者的反感。这就提示管理者们应根据企业所处的行业、所处的发展阶段以及自身的管理特点等的不同而实施不同的营销方式。

5. 将消费者响应作为企业社会责任战略关联的切入点,重视对消费者的企业社会责任——企业能力观念的引导

企业社会责任的建设已成为不可逆转的趋势,如何将企业社会责任转化为可持续的竞争优势是企业亟待解决的问题。消费者对企业社会责任会产生积极的消费态度和责任消费主观规范,进而会刺激其责任产品的购买意愿。因此,企业应树立战略性社会责任意识,将消费者响应作为企业社会责任战略关联的切入点,有效地推进战略性社会责任的步伐。消费者对企业社会责任的利益感知是其责任产品购买意愿的重要影响因素。消费者响应企业社会责任的前提之一是企业社会责任触发了消费者的经济理性即利益感知,即企业社会责任行为或者真正地为消费者创造了利益,或者让消费者产生了企业向自己让渡利益的主观感觉。因此,企业在进行社会责任投资时,要着重考虑消费者的利益感知,以实现对消费者责任消费的激发。首先,要集中各种资源优先履行消费者责任,通过消费者层面的企业社会责任行为来增强消费者的利益感知;其次,进行积极且深入的社会责任沟通,利用企业社会责任的营销效应和声誉效应增强消费者对产品质量、产品安全等方面的利益感知。在大部分消费者心目中,企业社会责任和企业能力并不对立,但依然有部分消费者对企业社会责任产生成本转嫁、质量降低等方面的担忧。因此,对于企业而言,在选择社会责任信息发布和沟通策略时,要充分考虑消费者对企业的社会责任——企业能力观念的引导。此外,在企业社会责任投入时,要注意自身业务和自身发展阶段的匹配,注意体现企业社会责任投入的合理性和适度性。

6. 企业的善因营销应重视市场细分策略,注意消费者个人特征的影响

消费者对企业社会责任会产生一系列的心理感知,这些感知共同对消费者响应产生影响,但不同人口统计特征的消费者在责任消费态度、主观规范和责任产品购买意愿方面存在一定差异。企业在推行善因营销策略时,应注意市场细分策略的综合运用,有针对性地向不同特征的消费者群体实施不同的策略,以体现差异化的企业社会责任定位与企业形象。因此,在考虑竞争者社会责任行为的前提下,企业应重点研究影响目标顾客购买的道德价值观念、目标顾客自身及其社会规范、社会责任项目、沟通策略及投资时机对目标消费者感知和行为意愿的影响。在资源有限的情况下,针对目标消费者的认知水平和价值取向,适度开展企业社会责任活动。根据相关研究的结论,消费者的性别、年龄、收入、职业和受教育程度会对他们的企业社会责任认知以及顾客满意和顾客忠诚产生影响。企业应对消费者特征进行科学调查,在对市场进行细分后,根据产品特色合理确定目标顾客群,做好促销策划,并对企业社会责任营销方式可能产生的营销效果进行预测。如果投资回报率低,说明消费者并不认可该营销手段,此时应对原有方案进行改进,或者重新确定其他营销手段。

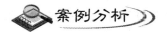 案例分析

案例一

　　A 乳制品有限责任公司是乳制品行业的知名公司,成立于 1995 年,注册资本 16 亿元,在全国各奶源基地建有多个乳制品加工工厂,拥有数千名工人。其中以本部的加工厂最大,并且为企业带来的收益最大。该公司发展迅速,短短十几年的时间,就跻身中国知名企业。但是最近两年该公司却为业绩下滑严重、收不抵支、面临破产的局面而一筹莫展。事情还要从十年前说起。

　　十年前公司的发展已经初具规模,生产涉及液态奶、固态奶、酸奶等多个产品种类。但是公司缺乏品牌效应,没有特别好的品牌产品与同类的乳制品公司竞争。所以,总经理亲自带领科技部的人员致力于开发新的牛奶品牌。经过一段时间的研究,公司决定向有机奶市场进发,并打造自己公司特有的专利品牌。但是新产品投入市场后并没有取得良好的效果,因为价格较昂贵,很少有消费者购买。

　　经过激烈的商讨,市场部经理很快确定了营销方案:第一步,从本部所在地的消费者入手,一方面打出"企业责任为先、顾客健康至上、有机奶滋润生命活力"的宣传口号;另一方面开展许多优惠活动,主要有每年免费为各个学校学生提供两次有机奶的供应,定期组织学生检查身体,定期在各大超市低价供应有机奶等。公司每年支出一部分资金,用于本地的基础设施建设,目的是让本地消费者看到该企业不仅仅为了追求利润而存在,更是本着回报社会、服务社会的企业责任造福一方居民,从而在消费者心中树立良好的企业形象,促进企业发展。第二步,致力于全国范围内慈善事业的发展,以有机奶的名义投入各项慈善捐款,打响有机奶的品牌,以间接的宣传方式吸引消费者。

果然,此后本地居民逐渐接受了价格稍贵的有机奶。因为孩子比较喜欢喝这种有机奶,许多家长为孩子的健康成长着想,每天都为孩子提供一杯有机奶;年纪稍大一点的老人也喜欢这款新产品,逢年过节年轻人给老人送礼品也必有该有机奶;随后外地市场逐渐打开,因其品质优口感好而受到了广大消费的青睐与好评。

随着人们生活水平的提高,对有机奶的需求越来越大,该公司接到的订单越来越多。此时公司却犯了难。因为有机奶的供应原料有限,原有供应已经不能满足广大消费者的需求。于是公司就这一问题进行了讨论。

最先,倡议打造出有机奶品牌的老王说:"本着对消费者的健康负责的原则,我建议扩大奶牛生产基地,这也能从根本上解决问题。"

老李反驳说:"这样我们的生产成本就会扩大许多,企业利润会严重受损。我们应该把生产其他奶制品的原料转移一些到有机奶的供应上,虽然奶质不同,但是可以在生产过程中加大提纯力度或加入一些人工奶蛋白来解决。这样既能满足广大消费者的需求又能节约成本。"

经理觉得老李办法可行,只要质量检查没有问题就行,消费者并不能感觉到奶质的不同。

老王不赞同:"这明显是欺骗消费者啊,我坚决不同意,我们少生产,即使是不赚这一部分钱也不能这样做,万一出事,后果不堪设想。"

总经理说:"这是解决公司目前困境的最好办法,从近来的需求看新的奶源生产基地还是要建的,但是公司需要长期规划。现阶段可以暂时一试老李的办法,我们可以增大一些慈善支出来补偿消费者,保持我们的声誉。"

最终公司采取了老李的方法。

这一批有机奶进入市场以后,广大消费者虽然感觉口味有所改变,因为没有过多的选择也就没有太在意。

其他乳制品公司看到这一商机后也积极投入到有机奶的生产中,一时间各个品牌的有机奶充斥到市场上,电视上、网络上的宣传铺天盖地。一些消费者经过对比发现别的有机奶更好,逐渐选择别的品牌,导致该公司的销售业绩逐渐下滑。祸不单行,最近该公司出口到国外的一批有机奶被查出添加有食品添加剂、蛋白质质量不合格等问题,被一纸诉状告到了国际法庭。媒体纷纷聚焦该事件,要求给予消费者一个说法。

该公司立刻成立紧急事故处理小组。首先还是老王最先想出解决方案:主张对所有的不合格有机奶召回,公开奶的真实来源、奶成分含量、添加物质,以及对消费者健康的影响,并且公开向消费者道歉,对购买不合格有机奶的消费者提供赔偿等措施来留住客户。

经理觉得,补偿消费者可以,但是一旦公布有机奶成分后消费者就会对产品失去信心,并且会受到政府的严厉处罚。考虑到该有机奶并没有对消费者的健康产生严重的影响,消费者更关心以后我们对产品质量的保证。所以这次必须把责任推卸到奶牛的饲养阶段,而不是我们公司的生产加工阶段出现了问题,这样我们只承担一部分责任即可,并且告诉消费者我们也是受害者,以消费者的同情心重新换回对我们的信任。

老王说:"这样做欺骗了消费者的知情权,也是我们企业不负责任的体现,积极地承担责任才能让消费者对我们有信心,推卸责任会让我们公司的其他奶制品也失去客户的。"

经过多次激烈的商讨该公司决定采取隐瞒的方式解决这一问题。只是简单地对产品进行召回、赔偿等,并未公布有机奶不合格的原因。在解决这一问题以后,该公司却被当地一些消费者联合告到了法庭。理由是该公司欺骗了消费者的知情权、进行虚假宣传等。最终该公司被处以36万元的罚款,更可怕的是公司的名声受到了业内的质疑,各企业纷纷拒绝与其合作。

渐渐地,不但当地少有消费者购买该公司旗下的奶制品和其他食品,而且所有产品在外地市场也无人问津。该公司只能慢慢缩减生产规模,可仍然收不抵支,面临破产。

思考题

1. 该企业从繁荣到衰败的历程说明了企业社会责任与消费者之间怎样的关系?

2. 该企业产品出现质量问题,如果你是决策人,应当如何做?

案例二

飞逸汽车有限公司是某市著名汽车公司,自主研发出了多个品牌汽车。在全国各省市都开有旗舰店,并设有4S店,主要进行汽车的修理与服务、自己品牌汽车零部件的供给、汽车技术服务与检测等经营活动。

一天中午在C城的一家4S店里,修理人员却跟一位车主吵了起来。事情是这样的,这位车主早上出门开车时发现驾驶位旁边的车窗怎么都打不开了,而其他三个车窗开放灵活自如。他一脸的不高兴,心想这车才买没有多久就出现了这样的问题,说明这辆车的整体质量就不行,一定要让该公司给自己一个说法。于是他开车来到4S店,要求免费为他修理好车窗,并且进行质量赔偿。

　　修理员检查车窗后发现是电动控制开关出现了问题,修好后,向车主解释说车窗是由于车主长期不正当的开关窗方式造成的,并不是车本身的质量问题,要求车主缴纳正常修理费和服务费。

　　车主不以为然,认为这是他们开脱责任的借口,拒不缴纳修理费,并且坚决要求赔偿。

　　两人各执一词互不相让。大堂经理把争吵中的两人拉开说:"不管原因是什么,我们的产品给您造成了不便,望您见谅,今天的修理免费,并且对于您的赔偿要求,我会上报公司,如何赔偿以及赔偿多少由公司决定,请您耐心等一段时间。"

　　见经理这么说,车主就满意地离开了。

　　该事件上报总公司后,得到了公司的高度认可,各部门都提出了一些解决方案。其中负责车窗技术的小张说:"车窗开关都有一定的使用寿命,确实可能引起一定的问题,我建议对我们所有车主的车窗进行一次免费的检查与维修,以避免出现更多此类问题,影响公司声誉。"销售部长说:"本着顾客至上、质量第一的原则,我认为小张的办法可行,也应给予车主合适的补偿。虽然这会给企业带来一些利润损失,但能赢得赞誉和口碑,利于公司的长远发展。"两人的建议得到了公司的认可,于是在公司和4S店的各大网站上贴出了免费为飞逸品牌车检查修理车窗的公告。

　　许多车主闻讯都积极地赶来为车做检查。闲余之时大家都在谈论飞逸公司的做法,一下子使公司的名声提高了不少,也促使公司增加了不少业务量。可是好景不长,网络上又出现了许多飞逸汽车漏油事件的负面新闻。

　　一些新飞逸车主发现油箱底壳、正时链条盒等处出现了不同程度的漏油现象。纷纷要求退车,让公司还款。此前虽然出现个别此类现象但都得到了妥善的处理,此时又冒出大批漏油汽车,肯定是近期生产过程存在了问题。很快,经理成立调研小组,找出了漏油的原因。这批车大多是一年前销量猛增时卖出的,由于需求量大,生产任务紧,组装车辆的过程中减少了对各零部件、精密仪器清洗的步骤,导致部分汽车油底壳黏膜剂表层粘到了尘土等不干净物品,从而使其黏性下降,油层渗出。

　　找到事故原因后,公司领导层立即召开会议,商议解决方案。考虑到这次事态的严重性和负面影响比较大等因素,解决方案肯定不能像上次一样只维修,恐怕只能召回汽车更换油缸才能解决了。解决方案分为以下四步:一、立即召开新闻发布会,以诚恳的态度向广大消费者道歉。将造成此事件的原因向消费者公布清楚,企业应负的责任归纳清楚,消费者应有的权利和可以获得的补偿详细归纳,积极地对待每一位消费者的投诉。尽量将对自身不利的舆论与影响降到最低。二、承诺坚决不会大事化小、小事化了,详细跟踪公布每一个处理的进程,使每一位消费者都看到车辆的整修过程,保证信息透明化。三、按照相关法律的规定对消费者进行经济补偿。如果遇到消费者不满意,可以及时与公司沟通,保证让每一位消费者都对处理结果满意。四、对所有召回车辆增加三年的免费维修服务,如三年之内再出现任何质量问题,都无条件地给车主换同款新车。

解决方案出来后得到了不少车主的好评。飞逸公司虽然受到了不小的损失,但总归这样的处理留住了许多客户。所以这两年的业绩也没有太大的下滑。本以为两年的时间漏油事件风波过去了,可一件让公司苦恼的事情又发生了。

车主李先生在一次外出时险些遭遇车祸,他怀疑该车的刹车有问题。因为此前自己是漏油事件受害的消费者之一,两次事件加一起使他严重怀疑飞逸汽车的质量与安全问题,并且感觉自己的生命受到了威胁。于是来到飞逸公司,要求退还全部汽车款项,否则就要状告飞逸公司。销售部长在了解到相关情况后,请求李先生同意先把汽车召回让他们检查,如果刹车确实存在问题,也只能按两年前的公告换一辆同款新车给李先生,并不能退款。

但李先生坚决要求退全款,协议没有达成。李先生就将飞逸公司告上了法庭。经过法院调解两方都不愿意妥协。李先生一直坚决要求退还全款。飞逸公司认为李先生无理取闹,在没有鉴别汽车的刹车质量时,坚决不予赔偿。经过第三方的鉴定,飞逸公司的这辆汽车不存在刹车问题。李先生的问题可能是由于自己开车遇险慌张造成的。所以,法庭宣判李先生败诉,飞逸公司不必赔偿任何费用。

一段时间下来,李先生官司没有打赢,却花了不少钱,这让他心里很不是滋味,看到飞逸公司的车就感觉别扭。不久,飞逸公司来了两位代表找到李先生主动要求赔偿李先生因打官司而花费的钱。李先生激动地握着他们的手说:"以后我身边的亲戚买车,我一定让他们买飞逸的车!"

思考题

如果你是企业的总经理,遇到以上三类问题,你会如何做?

1. 企业对消费者应该承担哪些社会责任?
2. 你作为一名消费者,对企业有何期待?

第 **7** 章

企业社会责任与环境

随着当代科技和经济的迅猛发展,特别是大规模的城市化和工业化,使全球的生态形势急剧恶化,生态破坏、资源枯竭、环境污染、物种灭绝等生态危机已经严重影响到人类的生存状态。

企业环境社会责任是企业社会责任的一个方面,它主要是指"致力于可持续发展,让环境承受较少的废弃物"。企业环境社会责任是指企业在追求自身盈利最大化和股东利益最大化的过程中,对生态环境保护和社会可持续发展所承担的社会责任。企业环境社会责任包括企业在保护环境方面所承担的法律责任和道德责任。

吴刚国博士在其《公司的绿色社会责任》一文中认为:公司在股东利益最大化的基础上兼顾环境公益的要求,符合社会对公司制度的合理期望。任运河在谈到这个问题时指出,企业的生态责任应该表现在:企业对自然的生态责任、企业对市场的生态责任和企业对公众的生态责任。

7.1 企业环境社会责任的来源

企业环境社会责任的产生绝非偶然,它是社会文明发展到一定阶段的产物。伴随着社会发展水平、技术水平和生产力水平的提高,人类利用和改造环境的能力空前增强,对资源的消耗和废弃物的排放急剧增加,由此带来了前所未有的严峻的环境问题。

在 19 世纪末和 20 世纪初,随着企业的力量不断壮大,以及工业发展对社会负面影响的日益暴露,社会对企业的关注程度提高。人们开始探讨企业在追求自身经济利益最大化以外,还要承担带有一定公共性的社会责任。企业的社会责任问题由此引起关注,成为学术界一直争论的问题。

20世纪30年代以来,由于环境公害频繁发生,社会开始更多地关注企业的环境社会责任。20世纪70年代以来,随着可持续发展理念的推广、国际领域内环保浪潮的兴起、国内政府对环境保护的积极干预和公众环境意识的逐步提高,促使环境保护成为社会个体维护自身生存与发展的自觉行动。企业的环境社会责任已经开始引起广泛重视。企业作为经济活动的主要参与主体,也开始将环境保护、环境管理纳入企业的经营决策之中,寻求自身发展与社会经济可持续发展目标的一致性。西方发达国家在企业的社会责任问题上尽管争论较多,但是在企业的环境社会责任问题上观点较为一致,把企业的环境社会责任切实纳入社会经济实践并制定相关标准、规范。我国政府也加强了相关的国内立法,把企业环境社会责任和建立循环经济发展模式具体化和法律化。

7.1.1 我国企业环境社会责任的立法现状

1. 我国《宪法》中关于环境保护的规定

目前世界上许多国家,特别是处于经济转型时期的发展中国家,都把环境资源保护方面的基本权利和义务纳入宪法。例如,《德意志民主共和国宪法》规定,保护自然界,合理利用和保护土地,保持水域和空气的清洁,保护动植物和自然美景,是国家和社会以及每个公民的职责。韩国《宪法》第35条规定:"所有公民都有在健康而舒适的环境中生活的权利.国家和国民应为环境保护而做努力。"

作为我国法律体系中最高位的《宪法》在第26条规定:"国家保护和改善生活环境和生态环境,防治污染和其他公害。国家鼓励植树造林,保护林木。"第9条第2款规定:"国家保障自然资源的合理利用,保护珍贵的动物和植物,禁止任何组织或者个人用任何手段侵占或者破坏自然资源。"第22条规定:"国家保护名胜古迹、珍贵文物和其他重要历史文化遗产。"第5条规定:"一切国家机关和武装力量、各政党和各社会团体、各企业事业组织都必须遵守宪法和法律。一切违反宪法和法律的行为,必须予以追究。"《宪法》中所有这些规定,是我国环境保护法的法律依据和指导原则。

2. 环境保护相关立法

广义的环境保护法是指调整因保护环境和自然资源、防治污染和其他公害而产生的各种社会关系的法律规范的总称。18世纪末19世纪初的产业革命,使社会生产大力发展,也使大气污染和水污染日趋严重。20世纪后,化学和石油工业的发展对环境的污染更为严重。一些国家先后采取立法措施,用以保护人类赖以生存的生态环境。一般先是地区性立法,后发展成全国性立法;其内容最初只限于防治工业污染,后来发展为全面的环境保护立法。随着全球性的环境污染和破坏的发生,国际环境法应运而生。

中国非常重视环境保护立法工作。《中华人民共和国宪法》明确规定:"国家保护和改善生活环境和生态环境,防治污染和其他公害。"《中华人民共和国刑法》将严重危害自然环境、破坏野生动植物资源的行为定为危害公共安全罪和破坏社会主义经济秩序罪。1979 年,全国人民代表大会常务委员会通过并颁布了《中华人民共和国环境保护法(试行)》;修订后的《中华人民共和国环境保护法》自 2015 年 1 月 1 日起施行。新修订的《环境保护法》赋予了环保部门更多权力,其中最为重要的一项是按日连续处罚,表明企业环境违法成本将明显提高。国内外经验表明,按日连续处罚能够有力推动企业自觉治污。为规范实施按日连续处罚,环境保护部依据《中华人民共和国环境保护法》、《中华人民共和国行政处罚法》等法律,制定《环境保护主管部门实施按日连续处罚办法》,自 2015 年 1 月 1 日起施行。办法规定县级以上环境保护主管部门对企业事业单位和其他生产经营者(以下称排污者)实施按日连续处罚的,适用本办法。实施按日连续处罚,应当坚持教育与处罚相结合的原则,引导和督促排污者及时改正环境违法行为。环境保护主管部门实施按日连续处罚,应当依法向社会公开行政处罚决定和责令改正违法行为决定等相关信息。

在立法方面,自 1982 年以后,全国人民代表大会常务委员会先后通过了《中华人民共和国海洋环境保护法》、《中华人民共和国水污染防治法》和《中华人民共和国大气污染防治法》。除了《中华人民共和国环境保护法》,国务院还颁布了一系列保护环境、防止污染及其他公害的行政法规。

(1)自然资源保护法

我国在自然资源保护方面的立法,有《森林法》、《草原法》、《渔业法》、《矿产资源法》、《水法》、《野生动物保护法》、《水土保持法》等。在工业文明以来的不到一百年间,人类对自然资源的无节制的开发利用甚至破坏,导致了大自然赋予人类的这一财富面临毁灭性的危机,亟须从立法上进行保护,大量保护自然资源的立法应运而生。正是这样一个时代背景的客观要求,我国自 20 世纪 80 年代初制定了第一部自然资源的单行法——《中华人民共和国森林法》以来,先后颁布了《中华人民共和国草原法》、《中华人民共和国水法》、《中华人民共和国海洋环境保护法》等多部法律,形成了一个以单行自然资源法律集合为法群形态的自然资源法律体系框架。其中涉及企业环境社会责任法律的规定主要体现在《中华人民共和国土地管理法》、《中华人民共和国水法》、《中华人民矿产资源法》等资源保护法律之中。

　　国家为了保护、培育和合理利用森林资源，加快国土绿化，发挥森林蓄水保土、调节气候、改善环境和提供林产品的作用，适应社会主义建设和人民生活的需要，特制定《中华人民共和国森林法》。该法是保持水土、调节气候、降低噪音、保育物种、提供林产品的专门立法。具体保护措施制度有：国家、集体、机关单位和个人四级林权制；植树造林及森林覆盖率目标（全国30%，山区70%）；控制采伐量和采伐更新（许可证、更新量大于采伐量）；征收森林植被恢复费及滥伐、盗伐林木责任。该法第2条规定，在中华人民共和国领域内从事森林、林木的培育种植、采伐利用和森林、林木、林地的经营管理活动，都必须遵守本法。

　　《中华人民共和国草原法》的出台是为了保护、建设和合理利用草原，改善生态环境，维护生物多样性，发展现代畜牧业，促进经济和社会的可持续发展。该法第5条规定，任何单位和个人都有遵守草原法律法规、保护草原的义务，同时享有对违反草原法律法规、破坏草原的行为进行监督、检举和控告的权利。第7条则规定国家对在草原管理、保护、建设、合理利用和科学研究等工作中做出显著成绩的单位和个人，给予奖励。

　　为了加强土地管理，维护土地的社会主义公有制，保护、开发土地资源，合理利用土地，切实保护耕地，促进社会经济的可持续发展，根据宪法，我国制定了《中华人民共和国土地管理法》。该法第2条规定，中华人民共和国实行土地的社会主义公有制，即全民所有制和劳动群众集体所有制。全民所有，即国家所有土地的所有权由国务院代表国家行使。任何单位和个人不得侵占、买卖或者以其他形式非法转让土地。土地使用权可以依法转让。国家为了公共利益的需要，可以依法对土地实行征收或者征用并给予补偿。国家依法实行国有土地有偿使用制度。但是，国家在法律规定的范围内划拨国有土地使用权的除外。第3条规定，珍惜、合理利用土地和切实保护耕地是我国的基本国策。各级人民政府应当采取措施，全面规划，严格管理，保护、开发土地资源，制止非法占用土地的行为。第6条规定，任何单位和个人都有遵守土地管理法律、法规的义务，并有权对违反土地管理法律、法规的行为提出检举和控告。同时，第7条也规定了在保护和开发土地资源、合理利用土地以及进行有关的科学研究等方面成绩显著的单位和个人，由人民政府给予奖励。

　　《中华人民共和国水法》的制定是为了合理开发、利用、节约和保护水资源，防治水害,实现水资源的可持续利用,适应国民经济和社会发展的需要。该法第 3 条规定,水资源属于国家所有。水资源的所有权由国务院代表国家行使。农村集体经济组织的水塘和由农村集体经济组织修建管理的水库中的水,归各农村集体经济组织使用。第 6 条规定,国家鼓励单位和个人依法开发、利用水资源,并保护其合法权益。开发、利用水资源的单位和个人有依法保护水资源的义务。第 11 条指出,在开发、利用、节约、保护、管理水资源和防治水害等方面成绩显著的单位和个人,由人民政府给予奖励。

《中华人民矿产资源法》的制定是为了适应发展矿业,加强矿产资源的勘查、开发利用和保护工作,保障社会主义现代化建设的当前和长远需要。该法第 3 条明确指出,矿产资源属于国家所有,由国务院行使国家对矿产资源的所有权。地表或者地下的矿产资源的国家所有权,不因其所依附的土地所有权或者使用权的不同而改变。国家保障矿产资源的合理开发利用。禁止任何组织或者个人用任何手段侵占或者破坏矿产资源。各级人民政府必须加强矿产资源的保护工作。勘查、开采矿产资源,必须依法分别申请,经批准取得探矿权、采矿权,并办理登记。但是,已经依法申请取得采矿权的矿山企业在划定的矿区范围内为本企业的生产而进行的勘查除外。国家保护探矿权和采矿权不受侵犯,保障矿区和勘查作业区的生产秩序、工作秩序不受影响和破坏。从事矿产资源勘查和开采的,必须符合规定的资质条件。

《中华人民共和国渔业法》的制定是为了加强渔业资源的保护、增殖、开发和合理利用,发展人工养殖,保障渔业生产者的合法权益,促进渔业生产的发展,适应社会主义建设和人民生活的需要。该法第 5 条规定,在增殖和保护渔业资源、发展渔业生产、进行渔业科学技术研究等方面成绩显著的单位和个人,由各级人民政府给予精神的或者物质的奖励。

《中华人民共和国水土保持法》的制定是为了预防和治理水土流失,保护和合理利用水土资源,减轻水、旱、风沙灾害,改善生态环境,保障经济社会可持续发展。该法第 2 条明确指出,在中华人民共和国境内从事水土保持活动,应当遵守本法。本法所称水土保持,是指对自然因素和人为活动造成水土流失所采取的预防和治理措施。第 8 条规定,任何单位和个人都有保护水土资源、预防和治理水土流失的义务,并有权对破坏水土资源、造成水土流失的行为进行举报。第 9 条规定,国家鼓励和支持社会力量参与水土保持工作。对水土保持工作中成绩显著的单位和个人,由县级以上人民政府给予表彰和奖励。

为保护、拯救珍贵、濒危野生动物,保护、发展和合理利用野生动物资源,维护生态平衡,我国制定了《中华人民共和国野生动物保护法》。该法第2条规定,在中华人民共和国境内从事野生动物的保护、驯养繁殖、开发利用活动,必须遵守本法。本法规定保护的野生动物,是指珍贵、濒危的陆生、水生野生动物和有益的或者有重要经济、科学研究价值的陆生野生动物。本法各条款所提野生动物,均系指前款规定的受保护的野生动物。珍贵、濒危的水生野生动物以外的其他水生野生动物的保护,适用《渔业法》的规定。第3条明确指出,野生动物资源属于国家所有。国家保护依法开发利用野生动物资源的单位和个人的合法权益。第4条规定,国家对野生动物实行加强资源保护、积极驯养繁殖、合理开发利用的方针,鼓励开展野生动物科学研究。在野生动物资源保护、科学研究和驯养繁殖方面成绩显著的单位和个人,由政府给予奖励。

（2）污染防治立法

我国污染防治立法主要有:《中华人民共和国大气污染防治法》、《中华人民共和国放射性污染防治法》、《中华人民共和国水污染防治法》等。

《中华人民共和国大气污染防治法》中明确规定了大气污染是指大气因某种物质的介入,导致其物理、化学等特性的改变,从而影响大气的有效利用,危害人体健康或财产安全,及破坏自然生态系统,造成大气质量恶化的现象。主要分为煤烟型污染、石油型污染、特殊型污染（以污染物来源分）、原发性污染、二次污染（是否直接排入大气,物理、化学性质是否改变）。该法第7条明确指出,企业事业单位和其他生产经营者应当采取有效措施,防止、减少大气污染,对所造成的损害依法承担责任。公民应当增强大气环境保护意识,采取低碳、节俭的生活方式,自觉履行大气环境保护义务。该法中指出的特殊管理措施和制度,其中就包括:

①企事业单位限期治理:市县以下由市县环保部门提出意见,中央、省级单位由省级环保部门提出意见,均由同级人民政府批准。

②环境空气质量功能分区:A.自然保护区、风景名胜区和其他需特殊保护的区域;B.居住区、商业交通居住混合区、文化区;C.一般工业区、农村地区、特定工业区。

③1997年1月1日是划分新旧染污源的标准日期。

④监管制度措施:环境影响评价、三同时、排污申报登记、征收超标排污费、污染严重者限期治理（A类区,本法实施前已建成的,超标排放,限期治理。本法实施后不得建立新污染源）。

《中华人民共和国放射性污染防治法》的制定是为了防治放射性污染,保护环境,保障人体健康,促进核能、核技术的开发与和平利用。该法第 6 条规定,任何单位和个人有权对造成放射性污染的行为提出检举和控告。同时也在第 7 条中指出,在放射性污染防治工作中做出显著成绩的单位和个人,由县级以上人民政府给予奖励。

为了防治水污染,保护和改善环境,保障饮用水安全,促进经济社会全面协调可持续发展,我国制定了《中华人民共和国水污染防治法》,该法适用于中华人民共和国领域内的江河、湖泊、运河、渠道、水库等地表水体以及地下水体的污染防治,海洋污染防治也适用《中华人民共和国海洋环境保护法》。该法第 3 条规定,水污染防治应当坚持预防为主、防治结合、综合治理的原则,优先保护饮用水水源,严格控制工业污染、城镇生活污染,防治农业面源污染,积极推进生态治理工程建设,预防、控制和减少水环境污染和生态破坏。第 9 条规定,排放水污染物,不得超过国家或者地方规定的水污染物排放标准和重点水污染物排放总量控制指标。第 10 条规定,任何单位和个人都有义务保护水环境,并有权对污染损害水环境的行为进行检举。县级以上人民政府及其有关主管部门对在水污染防治工作中做出显著成绩的单位和个人给予表彰和奖励。

(3)其他类的法律

如《中华人民共和国环境影响评价法》、《中华人民共和国清洁生产促进法》、《中华人民共和国循环经济促进法》等。

除以上单行法律之外,还有关于化学危险物品管理、农药安全使用、电磁辐射环境保护等及其他方面的大量的行政法规和规章。

(4)环境标准立法

在环境保护法体系中,有一个特殊的又是不可缺少的组成部分,就是环境标准,如《中华人民共和国生活饮用水卫生标准》、《中华人民共和国渔业水质标准》、《中华人民共和国环境空气质量标准》、《中华人民共和国污水综合排放标准》等等。

3. 其他部门法中关于环境保护的法律规范

我国《经济法》、《民法通则》、《刑法》和《治安管理处罚条例》中有不少关于环境保护的规定,体现了环境保护法综合性的特点,同时也反映了法律生态化的趋势。在这些法律中不仅包括中国企业需要承担的环境社会责任,同样包括外国在中国设立的企业需要承担的环境社会责任,主要体现在《中华人民共和国全民所有制工业企业法》、《中华人民共和国消费者权益保护法》等当中。外资企业的环境社会责任设置主要体现在《中华人民共和国环境保护法》、《废物进口环境保护暂行管理规定》等环境保护类的相关法律法规当中。

4. 国际性环境保护规范

环境权为国际上所接受,也充分表现在一系列的国际性宣言及有约束力的文件中。1972 年《人类环境宣言》最早宣告了环境权。自《人类环境宣言》以后,在各种有关国际环境保护的宣言中都不断重申了这一宣言的原则,如为纪念斯德哥尔摩人类环境会议十周年发表的《内罗毕宣言》、1992 年联合国环境与发展大会发表的《关于环境与发展的旦约宣言》等等。此外,一些国际性和区域性文件也将各种有关环境权的主张概括进来,列如 1981 年的《非洲人类和人民权利宪章》,是第一份明确表明承认"所有人民"对一个"舒适的有利于其发展的环境"的普遍权利的人权条约。在欧洲,经济合作与发展组织宣称一个"恰当的"环境必须被确认为基本人权的一部分。

获得环境诉讼资格、有权提起环境诉讼,是环境权从理论到实践、从立法保障到法律实施的基本标志。目前,一些国家已通过司法补救措施和诉讼方式来保障和实施环境权。在印度、菲律宾等发展中国家,基于公众环境利益的诉讼已经成功。

我国参加并已对我国生效的一般忄生国际条约中的环境保护规范和专门性国际环境保护条约中的环境保护规范,包括我国参加或缔结的有关环境资源保护的双边、多边协定和国际条约及履行这些协定和条约的国内法律等,也是我国环境保护法体系的主要组成部分。

我国参加的重要的环境保护国际条约有:《联合国海洋法公约》、《控制危险废物越境转移及其处置巴塞尔公约》、《保护臭氧层维也纳公约》、《联合国气候变化框架公约》、《联合国生物多样性公约》、《南极条约环境保护议定书》等。

在我国,对企业社会责任和企业环境责任的研究在理论界已经比较深入,然而相比较而言,这方面的立法却是相对滞后的。纵观国内的相关法律,还没有关于企业社会责任的专门立法,但关于企业社会责任的一些规定却可以散见于各相关部门法当中。主要包括《自然资源法》、《环境保护法》、《企业法》、《劳动法》、《社会保障法》、《产品质量法》和《消费者权益保护法》等。其中涉及企业环境社会责任的法律规定主要集中在资源利用类相关法律和经济类相关法律之中。

在企业环境社会责任呈现的三种形式中,强制性、诱导性、自觉性表现形式分别映射了不同社会发展时期企业社会责任承担的不同机制。现代社会,社会不同群体的利益还没有趋向于完全的大同,社会整体财富的积累还没有达到形成成熟的市民社会的阶段,因此强制性的企业环境社会责任形式仍然是现阶段社会责任承担的主要形式。这种强制性形式的企业环境社会责任的法制化,有其存在的社会必然性。

7.1.2 我国企业环境社会责任的法制化

目前业内部分学者认为,企业社会责任并非法律上的约束,如果被这个"非法"的概念误导,在与董事固有的善管义务相同的水平上考虑,则只能引起混乱。① 这样的观点,代表了相当一部分反对将社会责任法制化的学者的态度。而本书却认为,将企业社会责任尤其是企业的环境社会责任法制化,是有其正当性和必要性的。

企业行为应当受到法律的规范。从制度经济学的角度看,企业受到法律道德规范是一个社会的正式制度安排。企业的行为,尤其是对于环境造成影响的行为,都已经与人类社会的生存和发展息息相关。可以说,企业所从事的环境行为都是涉他性的行为,涉他性的行为总是易于也应当受到法律的规范的,正如哈耶克指出的那样:只有那些影响到他人的个人行动者,或是一如习惯上所描述的那样,只有"涉他人的行动",才会引发对法律规则的阐释或者制定。②

"法律对于权力来讲是一种稳定器,而对于失控的权力来讲则是一种抑制器。"③博登海默的这句话揭示出了法律的稳定性和权威性特质,它所发挥的强制力作用,是使企业这一"经济人"个体在欠缺承担环境责任的内在动力情形下,强制其承担环境和生态污染成本的最后保障。

在我国,关于企业环境社会责任的法制要求大多体现在经济法立法当中。近年来,我国政府对环境问题的重视程度有目共睹。中共中央、国务院于2005年提出建设"环境友好型社会",并把"生态和谐"列为和谐社会的重要组成部分。对外,我国决心履行国际义务,减少温室气体排放;对内,环保则是关系民生的重要问题。这就从政策导向上明确表明,包括经济法在内的各领域必须在今后注重环境保护问题。当今的社会任何问题都难与经济脱离关系,单纯的环境法并不能满足环境保护的需要,经济发展中的问题最好的解决方式还是用经

---

① 时燕君.企业社会责任的经济法分析[D].长沙:湖南大学,2006.

② 里德里希・冯・哈耶克.法律、立法与自由(第一卷)[M].邓正来等译.北京:中国大百科全书出版社,2000.

③ E.博登海默.法理学:法律哲学与法律方法[M].北京:中国政法大学出版社,1999.

济的手段解决。经济法通过宏观调控包括财政、税收、预决算、产业政策、发展规划以及其他相关法律政策手段辅以环境保护法等,能够从整体上给企业带来压力,促使其重视企业环境社会责任,更好地为环保服务。对利益的诉求是企业永恒的追求,通过经济法的各种相关法规、政策,一方面,给予企业适当的利益,使企业为了利益的追求而自动选择走环保的道路;另一方面,经济法手段对企业利益的压迫,也迫使企业不得不选择转向,调整企业的发展航向向环保方向迈进。

7.1.3 企业环境社会责任的法律责任

2014 年新修订的《中华人民共和国环境保护法》中明确规定,企业事业单位和其他生产经营者违法排放污染物受到罚款处罚,被责令改正拒不改正的,依法做出处罚决定的行政机关可以自责令改正之日的次日起,按照原处罚数额按日连续处罚。前款规定的罚款处罚,依照有关法律法规按照防治污染设施的运行成本、违法行为造成的直接损失或者违法所得等因素确定的规定执行。地方性法规可以根据环境保护的实际需要,增加第 1 款规定的按日连续处罚的违法行为的种类。第 60 条规定,企业事业单位和其他生产经营者超过污染物排放标准或者超过重点污染物排放总量控制指标排放污染物的,县级以上人民政府环境保护主管部门可以责令其采取限制生产、停产整治等措施;情节严重的,报经有批准权的人民政府批准,责令停业、关闭。第 61 条规定,建设单位未依法提交建设项目环境影响评价文件或者环境影响评价文件未经批准,擅自开工建设的,由负有环境保护监督管理职责的部门责令停止建设,处以罚款,并可以责令恢复原状。第 62 条规定,违反本法规定,重点排污单位不公开或者不如实公开环境信息的,由县级以上地方人民政府环境保护主管部门责令公开,处以罚款,并予以公告。第 63 条规定,企业事业单位和其他生产经营者有下列行为之一,尚不构成犯罪的,除依照有关法律法规规定予以处罚外,由县级以上人民政府环境保护主管部门或者其他有关部门将案件移送公安机关,对其直接负责的主管人员和其他直接责任人员,处 10 日以上 15 日以下拘留;情节较轻的,处5 日以上 10 日以下拘留:①建设项目未依法进行环境影响评价,被责令停止建设,拒不执行的;②违反法律规定,未取得排污午可证排放污染物,被责令停止排污,拒不执行的;③通过暗管、渗井、渗坑、灌注或者篡改、伪造监测数据,或者不正常运行防治污染设施等逃避监管的方式违法排放污染物的;④生产、使用国家明令禁止生产、使用的农药,被责令改正,拒不改正的。第64条规定,因污染环境和破坏生态造成损害的,应当依照《中华人民共和国侵权责任法》的有关规定承担侵权责任。第65条规定,环境影响评价机构、环境监测机构以及从事环境监测设备和防治污染设施维护、运营的机构,在有关环境服务活动中弄虚作假,对造成的环境污染和生态破坏负有责任的,除依照有关法律法规规定予以处罚外,还应当与造成环境污染和生态破坏的其他责任者承担连带责任。

7.2　企业环境社会责任的具体表现形式

为增强环境竞争力,积极参与国际市场竞争,企业必须树立承担环境保护社会责任的理念,平衡协调股东利益与环境利益的关系,在经济发展上转变以牺牲环境为代价的粗放型发展模式,走可持续发展之路。

1. 企业初创期环境责任的具体表现

企业初创期需要承担的环境责任主要包括:新建的企业必须及时对其新建过程中造成的污染采取补救措施,恢复植被,防止水土流失。除此之外,企业应当树立人与自然和谐的价值观,努力做到尊重自然、爱护自然、合理地利用自然资源;企业作为市场经济运作的一方主体,应当以绿色价值观为指导,强化绿色角色意识,实施绿色管理,积极倡导绿色生产和消费;从企业内部管理角度,在严格自律的同时,应当按照绿色审计的要求,把绿色审计作为企业管理的一部分,进行严格的企业自我管理;在利益价值的追求上,不仅要谋求经济效益的最优化,而且要谋求经济利益与环境利益的最佳结合,实现经济与环境的协调发展,企业自身可持续发展目标与社会经济可持续发展目标的一致化。

2. 企业成长期环境责任的具体表现

企业成长期需要承担的环境责任包括:第一,对于成长阶段所造成的污染进行补救和整治,例如,采掘的企业在开采后,必须回填或者善后处理,以尽可能地修复对地表、地下层的损伤;企业在生产过程中的排放物,不应超标污染大自然,包括废水、废气、废料或废渣和生产中形成的粉尘、放射物、废热等;企业所生产的产品,在使用过程中和在使用后,都不应超标污染大自然。第二,要从根本上解决工业污染的问题,即在污染前采取对策防止,而不是在污染后采取措施治理,将污染物消除在生产过程之中,实行工业生产全过程控制。因此处于成长期的企业应尽量在产品设计之初降低其对环境的污染。企业应在决策中进行成本动因分析,寻求降低成本的最佳方案。绿色成本管理不仅要对生产经营成本动因进行分析,还要对因生产经营造成环境污染、资源耗费以及产品对人的影响而负担的损失和为了安全、环保、节能等所发生支出动因进行分析。通过对各种成本动因和相关成本之间的分析,可以正确地分配各项间接费用,正确地计算产品成本。在正确计算产品成本的前提下,着重考虑传统成本管理未予考虑的绿色成本动因,寻求获得成本优势的有效办法。

3. 企业成熟期环境责任的具体表现

企业成熟期环境责任的具体表现,内容主要为公益性行为,如踊跃参与环境保护、环境治理、社区公益,资助社会基础建设,并承担起产品废弃回收的责任;个别企业还自发成立环保基金会,把社会公益事业当作一项事业来经营和管理,如遵守政府各项规定、如期缴纳各种税费、防止环境污染、赞助公益活动、捐赠灾情等。在市场竞争策略定位上,企业应该清楚的是,未来消费者关注的不仅仅是产品的质量和价格,同样关注产品的环保水平,政府、用户和公众将优先购买符合环境要求的产品;在经营战略的创立上,不仅要考虑到企业的利益、消费者的需求,还要考虑到公共利益以及其他对自然环境享有相关利益的群体的需求;在企业的战略发展目标上,应走绿色发展的建设之路,实施可持续经济发展战略,应把经济目标、社会目标、生态目标作为企业发展的三个支撑点并将其有机统一起来,以达到企业的生态效益、经济效益、社会效益的整体实现。

4. 企业衰落期环境责任的具体表现

企业承担社会责任的能力与其盈利能力或正比,而企业在其生命周期的不同阶段,盈利能力是有所不同的。企业的衰落期出现在较长的稳定阶段后。由于新产品和大量替代品的出现,原产业的市场需求开始逐渐减少,产品的销售量也开始下降,某些厂商开始向其他更有利可图的产业转移资金。因而原产业出现了厂商数目减少,利润下降的萧条景象。至此,整个产业便进入了生命周期的最后阶段——衰落期。在衰落期,厂商的数目逐步减少,市场逐渐萎缩,利润率停滞或不断下降。当正常利润无法维持或现有投资折旧完毕后,整个产业便逐渐解体了。因此在这一阶段的企业为了减少自身生存压力,将会减少社会责任的担负。处于衰落期的企业,应积极实现重组、转型,使其重新获得承担社会责任的能力。

7.3 企业社会责任的履行对环境的影响

工业活动是持久的环境污染来源。工业革命以来,人类活动从根本上改变了地球的环境状况。人类的福利在明显得到提高的同时,也形成了巨大的环境成本。发展过程中出现的人与自然的矛盾日益突出,使得人类将对自身发展前景的关注从单纯的人口与经济关系扩展到了人地关系、资源的稀缺性与有效利用以及环境问题等,提出了可持续发展的口号。在追求可持续发展的时代,社会对企业提出了更多的要求,社会需要企业为环境保护承担更多的责任。由此,环境问题的产生促进了企业承担其社会责任。

当今企业面临的最重要的社会挑战之一就是在经济活动和承担环境保护方面的社会责任之间寻求平衡。新型社会契约对企业提出了新的要求,企业作为社会的企业,要承担保护环境、约束自己的生产经营行为的责任;要为维持经济社会的持续稳定发展承担更多的社会责任;要尽量减少企业生产产生的负外部性效应。随着城市化进程的加速与人口数量的增多,资源与环境问题与企业活动的相关性越来越大,企业行为影响的范围更大,社会群体更广泛,因此今天公众对企业生产经营行为尤为关注,客观上要求企业承担比过去更重的责任。企业作为当代文明社会经济的制度支柱,并决定一个文明社会的社会结构、生活方式。在社会的压力下,企业也认识到生产再也不是企业自己的事情,而是关系到社会各个方面的事情。

随着公众对环境问题的日益关注,企业有损环境的行为也会对企业的形象、声誉等造成负面影响。因此,企业要想得到长久的发展,就要尽自己的社会责任,履行企业的义务。一些有远见的管理者将积极承担社会责任作为企业的行为准则。越来越多的企业意识到良好的企业形象对推动企业的发展起着重要的作用。

企业履行其社会责任的一系列行为,包括对相关法律法规的执行情况,以及企业自发地合理使用能源与合理排放,还有为了节能环保而积极创新等。相关法律制度加大了对污染环境行为的处罚力度,明确了具体违法行为的处罚情况,增加了违反环境保护责任的违法成本,使企业在权衡利益得失之后能够主动承担保护环境的责任;完善企业关于清洁生产及资源合理利用的制度;积极推进采用新工艺、新技术与新设备,淘汰对环境有破坏的生产工具和生产方式,促进清洁生产的有效实施。这一系列社会责任的举措都一定程度地缓解了环境的压力，使得环境恶化程度和速度都有所减弱和降低。

7.4 促进企业履行环境社会责任的对策

7.4.1 企业方面

1.加强企业环境管理的理念

随着人们的环境意识不断加强和可持续发展的观念深入人心，环境因素对产品竞争力的影响将会越来越大。目前，我们衡量一个企业的产品竞争力，除了它的价格竞争力和非价格竞争力(即产品的质量、包装、品牌及服务等)以外，还应加上一个环境因素，即环境竞争力。

因此，企业必须在节约资源和保护环境方面承担社会责任。也就是说，企业应改变现行的经济主义价值理念指导下的企业管理方式，通过实施环境管理，使自己的经济行为同自然环境、社会环境的发展协调起来。

环境管理重视经济社会发展同生态环境相协调，以实现健康可持续发展的目标。作为现代企业，追求利润不应再是企业唯一的目标，它只是企业实现健康持续发展的基础，而企业赖以活动和生存的生态系统以及在知识经济时代能够掌握并创造知识、技术、信息的人才应是企业发展和追求的最根本目标。人作为企业和社会发展中的能动因素，就要充分运用自己所掌握的知识、技术、信息，在创造利润、促进经济发展的同时，努力保护和促进与生态和社会环境的和谐统一，以维持永续的发展。

2.加强企业环境管理体系的构建

环境管理体系是提高企业环境管理水平的重要手段，因此建立企业内部的环境管理标准体系是非常必要的。它是企业环境管理行为的系统、完整、规范的表达形式，有利于高效、合理地系统调控企业的环境行为，有利于企业实现对社会的环境承诺，保证环境承诺和环境行为活动所需的资源投放和有效措施；通过循环反馈，保持企业环境管理体系的动态优化。

我国国内企业界目前存在的不可否认的现象是，大多数企业其环境管理是由零星的、旨在控制和防止污染的项目构成；企业的环境政策多是为满足达标排放的需要；偏重于"末端治理"，而传统的以末端治理方式来控制污染源是治标不治本的办法。

实践表明,企业运行环境管理体系可以给企业带来的益处表现为:第一,控制运作成本和环境风险。通过提高资源的综合利用率,增加废弃物的再利用和周期性使用,逐步增加产品的市场占有率,提高产品的附加值等,使企业的制造成本得以减少,效益得以提高。通过避免产生与行业事故、消费者抵制和环保投诉等相关的成本,从而控制环境风险。第二,改善企业形象。通过改善产品和服务质量,来增强企业的环境责任意识,将环境污染治理甚至罚款变成环境保护的投资,降低影响环境的资源消耗,树立良好的企业形象。环境管理体系的运行能使企业效益、销售额、顾客满意度、全员参与度都得到加强和提高。

7.4.2 政府方面

由国家权力机关主导,架构一种"政府—市场—公众"共同治理模式。中央政府对于环境问题已经给予了足够多的重视,但是还需要政府在立法上对于环境问题的解决提供更多的渠道,做到事前、事后提供多方面全方位保护;行政部门应该对环境问题的解决享有相应的权力和资源,将环境利益纳入日常行政效益的考量范围;市场治理应该一方面在政府有意识的引导、调整下走环境保护与经济发展协同进行的路子,另一方面发挥市场的积极作用,调动企业主体自发承担环境责任,调整企业发展方向,充分发挥市场机制的调节作用;公众应该加强环保意识,勇于与污染行为进行斗争。通过这种从上到下的一致行动,形成全方位的共同治理模式,促进环境问题的解决,为经济社会的良性发展打下环保的基调,奠定环保的基础。

由于企业环境社会责任的承担已经势在必行,目前最紧迫的是要完善企业环境社会责任的法律制度。

1. 循环经济法

循环经济法是企业推行社会责任方面规定最全面的法律,它主要涵盖以下几个制度:

一是循环经济规划制度。国家依据国民经济和社会发展规划,编制全国循环经济发展规划,循环经济发展规划确定的约束性指标应当分解到各级政府和相关部门,建立责任制。

二是鼓励、限制、禁止名录规定。国家根据经济社会发展情况,制定和公布鼓励、限制和禁止的产品目录,对消耗高、污染重、效率低的落后工艺、设备实行强制淘汰制度。

三是资源节约及循环利用产品的优先准入制度。凡是利用各种废物生产的再生产品,市场优先准入。对企业利用余热、余压、生物质能、垃圾热能、沼气等所发的电力,必须无条件收购,并给予一定时期的幅度不同的价格优惠;对利用生产、建设和生活中产生的废物生产循环利用产品的项目,国家给予优先立项、财政补贴、投资倾斜等优惠政策。

四是生产者责任延伸制度。鼓励生产企业实施"绿色设计",降低回收处理成本。生产或进口者应当对列入强制回收目录的产品和包装物承担回收利用的责任,产品销售者应当按照产销合同承担回收废旧物品和包装物的连带责任。

五是循环经济绩效评价与考核制度。国家确立资源生产率、资源循环利用率等循环经济绩效评价和考核指标。各级政府应当依据循环经济绩效评价和考核指标,对企业发展循环经济进行考核,并将考核结果定期向社会公布。

2. 消费者权益保护法

消费在经济中占有重要的地位,产品或服务只有在被最终消费之后才能真正实现其价值。消费者权利中应包括保障有益于健康、有益于环境的权利。人们不仅要有比较好的消费品和服务,而且要有比较好的生活环境,提高生活质量。在消费者的几项基本权利中,应当增加"环境权",以体现消费者享有在良好的环境中生活的权利。

另外,在宣传和普及《消费者权益保护法》的过程中,除了强调消费者的权利外,还要强调消费者的义务,强调"绿色消费",强调国民消费教育的重要性。这对提高消费者的素质、建立和推广可持续消费模式都是有益的。

在消费引导方面,各级政府要起到保护环境的表率作用,通过政府的"绿色采购"行为引导企业、事业单位和公众进行"绿色采购和消费"。例如,在政府采购中,优先采购通过环境标志认证的产品,优先采购经过清洁生产审计或通过ISO14000认证的企业的产品;在使用中,注意节约以及重复使用,在办公用品废弃后主动回收等。

3. 税法支撑

利用税收手段保护生态环境,改变资源过度消耗的状态,这并不是一个新兴的理念。然而,在现有的"绿色税收"、"生态税收"的制度设计中,常常将环境税的征收与支出作为两个部分对待,从而导致那些一边享用公共税收维持的生态体系,一边侵害纳税人和公民环境权的行为横行无阻。环境税往往还要同时肩负起为地方政府实现其他政策目标如产业政策、能源政策等的艰巨任务。

首先,政府应建立环境资源税收制度。环境税收在国际上是一种通行的环境救济手段,其目的是实现特定的环保目标,通过强化纳税人的环保行为,引导企业与个人放弃或收敛破坏环境的生产活动或消费活动,同时筹集环保资金,用于环境与资源的保护,为国家的可持续发展提供支持。从广义上说,环境税收是税收体系中与生态环境、自然资源利用和保护有关的各种税种和税目的总称。它不仅包括污染排放税、自然资源税等生态税,凡是与自然资源有关的税收调节手段都应包括其中。政府应该通过引入环境税将环境污染的社会成本内化为企业成本,通过经济手段调节企业的经济行为,从而更有效地控制企业污染环境和破坏生态的行为。

其次,政府还应推行环境补贴制度。对保护资源和环境的生产者给予一定的财政补贴,是促进可持续发展的一项重要手段。世界上很多国家都对污染控制活动给予直接的财政补贴,制定了与此政策相配套的法规。不少国家还采用间接补贴即减税的方式鼓励对资源和环境的保护,具体手段包括减免税收、比例退除、特别扣除及投资减税等。与发达国家相比,目前我国在这方面仍然存在很大差距。我国应着力构建适应资源和环境可持续发展的财税补贴政策体系,通过调整补贴方向维系经济的可持续发展,引导企业的生产经营方式。例如,我们现在不应补贴采油、采矿,而应补贴能源的循环再利用;不应补贴化石燃料,而应补贴可再生能源;不应补贴依赖燃油的城市交通系统,而应补贴现代化的城市有轨交通系统。

通过生态税收体系的设置和运行,作为纳税义务主体的企业会产生改进生产模式的足够动力。生产商为了企业的可持续发展,会想方设法地适应新的经济政策,通过采用先进的工艺和技术,不断降低产品的外部环境成本,而这正是环境税设立的目标。

4. 会计法和审计法支撑

会计作为信息系统,其首要目标是对外提供以财务信息为主的经济信息。然而,考虑到环境问题的影响,传统的会计就显出局限性。例如,环境问题的存在,使得许多资产的价值可能发生贬值,也可能使有些负债不能够得到反映,从而造成会计信息的失真。另外,由于传统会计只能提供使用货币计量的财务信息,许多环境事项很难用货币形式计量,或者根本无法计量。面对传统会计的缺陷,我们认为,在会计法中应当引入"环境会计"的概念,在企业中推行环境会计。

环境会计是以货币为主要计量单位,以有关法律、法规为依据,研究经济发展与环境之间的联系，确认、计量、记录环境污染、环境防治、开发和利用的一门新兴学科。在环境会计中，计量确认是难点。如何确定环境的环境价值，可以探索更多新的会计方法，如直接市场法、替代性市场法、意愿调查评估法、数学模型法等。另外，也可以采用非货币的计量方法在会计报表附注中披露有关信息。环境审计是审计机构和人员依法对公司的环境管理及其有关经济活动的真实性、合法性和效益性情况进行定期审查，以评价公司环境管理责任，促进公司加强环境管理，实现公司可持续发展战略的具有独立性的系统性活动。环境审计分为事前审计、事中审计和事后审计。在事前审计中，审计人员应当初步了解被审计公司的环保内控制度，编制环保审计方案；事中审计应进行符合性和实质性两方面的测试；事后审计主要有分析审计数据、编制审计报表等。环境会计和环境审计制度的建立对公司实施"绿色管理"至关重要。

除了立法以外，政府还应该强化环保观念，努力在社会上形成一种经济与环保的融合理念。加强经济与环保联系的宣传，让经济与环保在社会上形成融合的理念，从意识层面提升民众整体的环保观念。努力做到提起经济发展人们就会想到环保，把环保问题当作发展大事来抓。民众的意识改变了，行动上的问题也就迎刃而解，环境保护问题也就不再成其为问题，那时环保就等同于经济的发展。

另外，也要建立专门的环境审判机构。法院应将对环境问题的重视提升到新的高度。建议法院设置专门的环境审判法庭，鼓励民众为维护环境利益进行积极努力，大胆斗争，用法律的力量维护民众的环境利益，用司法的威严震慑环境违法行为，用法制的力量惩罚环境犯罪行为。通过这种方式势必会在社会掀起重视环保之风，势必会调动民众的环保积极性，从而促进环境保护与经济发展相互协调进行。

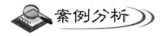

案例分析

案例一

甲公司是沿海一城市一家传统的家具企业，为市场制造生产和组装品种多样的家具，包括实木家具、人造板家具以及布艺家具。

公司于五年前建设投入生产，建设初期公司管理人员称工厂正处于"试营业"阶段，没有为工厂建设和购买相关排污处理设施及设备。生产过程中产生的废水和生活废水在工厂附近的沟渠里排放，生活垃圾焚烧处理，同时喷漆和石磨通过厂房东侧排风洞向外排放。

因为工厂地处郊区,附近没有居民也就更没有人投诉,这样一来公司发现似乎可以省去污水处理以及粉尘污染处理这些工序,还可以减少不少成本,于是这一状态就整整持续了五年。

公司自成立业绩一直不错,也确实享受到了作为房地产下游产业的好处。可是正所谓"成也萧何败也萧何",随着房地产行业走向萧条,家具行业也受到了影响。同时行业竞争也在加剧,甲公司的业绩出现下滑趋势。此时,国家出台新的环保法。

一直以来,家具产业都属于能耗较高、污染较大、劳动密集型的传统产业。在木材喷漆生产环节上,大量的苯、甲醛等物质会排放到大气中,同时还会产生有毒的污水;至于开料生产工序上,也会造成厂房粉尘纷飞;除此之外,高密度劳动力产生大量的生活垃圾。新环保法的到来,使家具企业将面临更大范围的整改,意味着家具行业将重新洗牌。

甲公司管理层针对这一状况,召开了会议。会议围绕新环保法的整改、家具行业竞争加剧等问题要求大家对如何提高企业竞争力的方案进行讨论。

A 部门负责人:面对新环保法实施下的整改,我们要严格按照要求去做。公司经过几年的发展已经步入正轨,那么就应该为工厂添置排污处理装置和设施,对工厂的污染物进行处理后排放。这样一来使我们公司不会在环境问题上被淘汰,另一方面如果做得好还可能成为示范性环保生产家具企业标兵,这无疑也是打了个免费广告。

B 部门负责人:企业销售业绩已经出现下滑,你这么做只会增加生产成本,再说了工厂这几年没进行排污处理不也没什么问题吗?在物价高涨的今天,大多数的消费者都要求家具呈现高性价比,用廉价的材料降低成本,比如红木家具生产中,大漆工艺或烫蜡工艺所用材料的优劣不同,价值也相差十几倍,树漆的市场价格为每千克上百元,而工业用漆则非常便宜。如果使用价格较低的材料降低成本,不正好可以满足消费者的要求吗?

A 部门负责人:我们追求利润但也应该承担社会责任,我们的污水中含有很多有毒物质,不加任何处理地排放会对附近的土地空气以及水资源造成极大的污染。在红木家具上漆或烫蜡环节,如果使用不环保材料,也可能导致不环保,重金属等有害物质可能残留在家具上,会造成环境污染,我们不能这么做!

C 部门负责人:国家目前没有相关的严格规定,所以在家具产业的上游如黏合剂、板材、油漆等市场充斥的是大量高碳且有一定污染的产品,油漆或石蜡含有苯、重金属等有害物质,苯易挥发,当它作为辅料使用在家具生产中,在检测家具成品时很难检测出来,市场上不同品牌的红木家具,用料、造型几乎完全一致,但价格就差很多,如果我们要选择为数不多的低碳环保原材料,成本无疑要高出一大截,成本提高后利润肯定会下降。

D部门负责人:我同意降低生产成本,但是应通过技术革新减少生产活动各个环节对环境可能造成的污染,同时降低能耗,节约资源,使产品价格更具竞争力。

E部门负责人:我们可以通过新技术提高制造工艺,开发新产品,一方面提高产品质量树立品牌,另一方面还能达到环保。随着我国家具的工业化批量生产,先进的家具制造技术正在利用数字化控制技术、新的传感技术如激光测量及新的机械技术,提高加工效率和加工精度,应用这些最新的生产工艺,拉开市场各个企业的竞争档次。

C部门负责人:我不同意,开发新产品的效益不大且短期内无法回收资本。目前家具企业数量众多,大部分仍处于原始积累阶段,行业加工技术、产品质量方面出现均质化。家具的种类和款式专利保护比较难,企业斥巨资开发的新产品只要被市场承认就会被同行模仿,迅速地行业化、规模化生产,好产品往往昙花一现,以前,一个畅销产品的生命周期是2~3年,而现在却缩短到不到半年。

D部门负责人:有限的木材资源,再加上自然灾害和造纸企业的争夺,木材资源价格逐年走高;水电气定价制度的改革,能源成本刚性上升。资源的综合利用,寻求可持续发展、减低成本成为必要选择。另外公司可以通过在工厂附近植树种草以净化环境,改善污染的土地以及水质,保护社区及其他公民的利益,树立良好的企业形象。

A部门负责人:我针对公司的排污处理方面有一些建议,对于车间可以通过引进水性油漆、增设水帘吸尘设施,尽量减少有机挥发物和粉尘在空气的排放。同样的也可以购买中央吸尘收集系统,它的收集量大概到90%,这样可大大提升了我们的产品品质。

B部门负责人:企业社会责任应该是在企业效益好的时候考虑,目前公司正面临着的严峻的形势,这不是我们应该讨论的,更不应该在这个问题上投入资金。难道因为你种几棵树,装了污水处理装置,消费者就觉得你的产品好,就会愿意出高价买单了吗?

A部门负责人:现如今的消费者,除了关注家具产品的价格和质量,更看重家具能否满足个性需求以及环保品质。随着家具甲醛超标等问题的频发,消费者消费意识的日趋理性,越来越多的消费者开始注重家具的环保因素。一个有毒污水随意排放,垃圾随意焚烧,车间粉尘肆意排放的企业,凭什么谈绿色产品? 家具企业只有开发与绿色经济趋势一致的产品,才能走上长远发展之路。

思考题

1. 如果污染没有超标,你认为该公司是否还要买排污设备?

2. 你赞同哪个部门负责人的观点? 哪个部门负责人的观点不妥? 应该怎么修改?

案例二

A 公司是一家汽车销售服务有限公司,位于某城市市区。在商业区铺天盖地的广告面前,受众记忆空间的有限性和信息传播的无限性,使注意力逐渐成为一种稀缺资源。为了抓住消费者的注意力,A 公司为其经营场所安装了 LED 广告屏,同时在经营场所东面展厅的围墙边安装了三盏双头照明路灯,每晚七时开启至次日凌晨五时。

李某一家人居住在 A 公司经营场所隔壁一小区居民楼二楼。A 公司安装路灯和广告屏后,李某发现夜晚时这些路灯及广告牌散射的强烈灯光直入自己居室,使自己难以安睡,为此出现了失眠、烦躁不安等症状,以致白天工作效率低下,严重影响了自己的工作、生活。经了解后,他找到 A 公司的相关负责人进行交涉,要求 A 公司拆除其路灯和广告牌,但 A 公司只答应将路灯灯泡瓦数改小。

更换灯泡后,李某认为 A 公司的路灯和 LED 屏对自己的生活仍然有较大影响。李某以 A 公司的路灯和 LED 屏造成光污染为由,将 A 公司告上法庭,要求该公司拆下路灯和 LED 屏,并公开道歉,另赔偿 1000 元。法院当日受理了此案。

李先生提供了住房合同一份,用以证明自己的居室与 A 公司的经营场所相邻;拍摄的涉案路灯开启状态以及自己居室外墙的照片 2 张,用以证明涉案路灯开启后的亮度以及居室外墙受照射的程度。

在庭审中被告辩称:涉案路灯为自己的经营场所展厅及车间外的正常环境提供照明安装的,是经营所需的装置,而且是安装在被告自己的经营场所,原告无权干涉。在与原告交涉后,路灯每盏功率仅为 120 瓦,并不构成光污染,也未对原告造成侵害,路灯事实上方便了隔壁小区居民夜间行走的方便与安全。原告提供的证据不能证明涉案灯光已构成光污染,也不能证明该灯光妨害了原告。

法院审理后认为：“光污染”作为由一定数量和特定方向的障害光产生的不利影响，破坏了污染源周围人群的正常生活环境，属于一种新型的环境污染形式，理应加以防治。这些位于原告居室西南一侧的路灯，光照强度并非很强，虽然灯光彻夜开启，未超出了一般公众普遍可忍受的限度，小区内其他居民并无反映，即对小区内居民晚上的正常生活环境没有造成不利影响，未构成由强光引起的环境污染。这些路灯的高度与李某居室的阳台持平，尽管这些路灯开启后，灯光除能照亮永达公司的经营场所外，也能散射到李某居室及周围住宅的外墙上，但并无法证明通过窗户对居室内造成明显影响及光污染对其造成的实际经济损失数额，被告的行为并未对原告造成不良的社会影响。所以法院最终判决原告败诉。诉讼结束后，A公司对于对此类事件也重视了起来，收集了各员工对这件事看法。经理助理将主要看法整理如下：

1. 既然法院都已经对这个案件做出了判决，我们胜诉了也就意味着我们没有错，装个路灯和广告牌又不犯法，就算有什么不妥，目前国家并没有光污染方面的相关法律，是否真的造成光污染也无法鉴定，走上法庭咱也不可能败诉，自然不用做出什么让步或补偿，也不需要再进行有关调整。

2. 虽然我们官司打赢了，但是我们的路灯及广告牌对李先生的影响是真实存在的，只是李先生无法证明罢了。我们希望公司可以打赢官司，但是我们应该对社会公众负责，也有义务减轻因我们而产生的这种污染，从而减少对居民的影响和伤害，做有社会责任感的企业。

3. 其他的商家的广告牌都色彩鲜艳，店铺门前一片亮堂，如果我们拆掉我们的路灯的广告牌，展厅光线也不行，顾客也都不愿意来了吧，这对我们的利润肯定会有影响。

4. 光污染能使人们夜晚难以入睡，扰乱人体正常的生物钟，导致白天工作效率低下。彩色光源让人眼花缭乱，不仅对眼睛不利，而且干扰大脑中枢神经，使人感到头晕目眩，出现恶心呕吐、失眠等症状。彩光污染不仅有损人的生理功能，还会影响心理健康。经常在这种环境中工作可能对我们的健康有一定的危害，公司可以考虑做出一些改变。

5. 这些灯光不仅可以照亮我们的展厅和店面，一定程度上也照亮了周围的环境，也有利于行人和过往的车辆。我们没有什么错，反而可以将亮度调得更强一些，难道因为他，我们就要让我们花的钱打水漂吗？

思考题

1. 以上各种看法中，你同意哪种看法，你认为该观点能否体现出其企业社会责任？

2. 目前我国还没有光污染的具体相关法律,那么你认为企业是否可以不考虑这个问题？

1. 你认为企业在经营中应该如何处理好经营与生态环境的关系？
2. 你认为企业对环境的社会责任应该如何界定？

第 8 章

竞争与合作中的企业社会责任

8.1 企业的竞争与合作

竞争与合作是人类活动中相互作用的不同表现形式,在市场经济不断完善的情况下,企业不单单是靠自身的力量获取利润,各企业间的关系也不断发生着改变。企业绩效的提高,更多地依靠企业间的组织关系。商业企业的组织关系作为一种经济关系,具有多方面、多层次的特征,其中最基本的形式是竞争与合作关系。竞争与合作不仅概括了企业之间经济活动的性质和关系,而且也涵盖了企业中从事经济活动的人的关系。竞争是企业经营过程中必须面对的经济活动,同时越来越多的企业也认识到合作的重要性。现如今,企业之间既是竞争对手,又是合作伙伴。只讲竞争不讲合作是片面的、错误的,同样,只讲合作不讲竞争也是片面的、错误的。在竞争中求合作,以合作促竞争,借助这两种手段企业既能帮助自己更好地适应环境,提高生存能力,又能帮助自己获取更丰富的资源,壮大企业的实力,为企业的长远发展打下坚实的基础。①

8.1.1 市场经济中企业间的竞争

竞争的一般含义是指两个及两个以上主体为追求同一个目标而展开角逐,以争取胜过对手的社会现象。② 在经济学上,竞争是指经济主体在市场上为实

---

① 陈弘.企业的两种经济行为——竞争与合作关系分析[J].当代经济,2011(03):42-43.
② 吕明瑜.竞争法[M].北京:法律出版社,2004.

现自身的经济利益和既定目标而进行角逐的过程。① 竞争对市场资源配置起着基础性的作用,不断推动市场经济的发展。竞争贯穿于企业经营活动的始终,企业间的竞争通常具有以下基本特征:一是竞争发生在两个或两个以上企业之间,单独一个企业不能形成竞争,并且企业间具有相同的目标追求;二是竞争多发生在同行业企业的经营活动中;三是竞争必须按照一定的社会规范进行。随着改革开放的不断深化,社会主义市场经济制度的不断完善,使得企业面临的竞争不只是数量上的增加,更多的是竞争范围的加剧和竞争力度的加大。有商品就会有竞争,商品都有其自身的使用价值,而它的使用价值则通过价格表现。因此企业间的竞争也通常表现为价格竞争。市场资源的流动是通过价格体现的,价格竞争在企业间的竞争中占据主导地位。在一般人的思维中,价格越低的企业越具有竞争优势。然而事实并非如此,我们关注的价格优势不仅仅表现在价格低,而是表现在低价背后的高利润。企业一般通过运用价格手段与竞争者争取市场份额,从而加快资源配置效率,提高企业利润,形成竞争优势。然而,当单纯的价格竞争已经不能满足社会的需求时,产品竞争、经济要素竞争和服务竞争相继产生。

合理的竞争有利于发挥企业的潜能,使企业改进技术,改善经营管理,提高产品的质量,提高企业的综合素质以及在市场机制中的生存能力和发展能力。面对今天的商品大潮,竞争是现实的。企业如果缺乏竞争观念,就难以打开市场,甚至失去生存的空间。激烈的竞争使企业的生命周期相对于过去已经大大缩小,只有对现代市场环境的变化迅速做出反应的企业才能赢得生存、发展的机会。②

8.1.2 市场经济中企业间的合作

随着市场经济的不断发展,每一个企业都承受着巨大的竞争压力,都要采取各种方略来取胜。合作是人类实践活动中相互作用的另一种基本形式。当个体或群体依靠自身的力量达不到一定目标时,就需相互配合协调,共同采取行动,从而形成合作。③ 没有合作,就没有人类社会的存在和发展,也就没有个体或群体的生存和发展。虽然在市场经济体制下,竞争是企业间获取利润的主

---

① 逄锦聚.政治经济学[M].北京:高等教育出版社,2002.105.
② 陈弘.企业的两种经济行为——竞争与合作关系分析[J].当代经济,2011(03):42-43.
③ 谈曼延.关于竞争与合作关系的哲学思考[J].广东社会科学,2000(04):71-75.

要方式,每个企业都是作为独立的经济主体存在,但企业与企业之间又存在着某种为实现共同利益的联合关系。因此,经济发展的本身就决定了企业之间不仅有竞争,更应该有合作。企业合作是企业竞争的产物,是企业间交换互补性资源,以此长期获得市场竞争优势的一种高效率经济策略。

企业间之所以选择合作是因为他们拥有共同的利益。第一,合作是社会化大生产的客观要求。当今的世界是一个日益开放的世界,任何一个企业都不可能在封闭的状态下求得生存和发展,合作在这样的大环境中具有更高的经济效益。现代企业的发展中,分工愈发细化,企业之间为了共同的利益需要在资金、技术、人才、管理、生产、销售等方面进行合作交流。这样的合作关系要求企业之间打破地域、行业甚至所有制的界限,发挥自身优势,在共同的市场中实现共赢。第二,在差异化竞争优势的基础上,合作有助于更加充分地利用企业各自的资源,实现效益的最大化。无论是同行还是不同行业间的合作,都可以创造新的市场关系,利用双方的核心竞争力开发新产品,抢占新的市场地位。上下游企业的合作可以有效降低企业的交易费用,提高企业产品流动效率,加快物流的运输速率,减少不必要的储藏费用以及产品和资金的周转时间,从而使合作企业间为共同的目标奋斗,更好地为消费者服务。第三,合作可以避免破坏性竞争。在当今信息化社会中,由于灵活而虚拟的连接,企业谋求的应该是共同进步,而不仅仅是互不相容的破坏性竞争。破坏性的竞争往往引起价格战,使企业利润普遍降低,在这种残酷的竞争中没有赢家。因此企业必须学会合作,与交易伙伴或生意伙伴相互合作,共同学习,降低成本,提高品质,维持利润,企业通过与外界开展合作,突破自身技术和资本的限制,进一步提高自己的创新能力。[1]

但是,企业间的合作并不是无止境的。一般意义下的合作都是暂时的,并且每一次合作都是有条件的,合作是在竞争的基础上进行的,合作归根到底服务于竞争。[2] 多元化日益加剧的今天,企业间的合作不仅可以规避一定的风险,发挥双方的互补优势,还可以增强企业间的规模经济和市场能力,从而获得竞争优势。因此,我们强调合作服务于竞争。企业合作必须建立在双方自愿平等、诚实守信、互惠共享的前提下,离开了这一前提,合作便成了一方控制另一方的局面,合作的意义也不复存在。此外,合作如超出一定的规模和范围,就会

---

① 陈弘.企业的两种经济行为——竞争与合作关系分析[J].当代经济,2011(03):42−43.

② 曹孟勤,韩秀景.论企业间的竞争与合作[J].社会科学论坛,1999(23):70−71.

对效率构成危害,造成效率的损失,这也是市场原则所不允许的。过度合作的主要表现是共谋行为和垄断。① 因此,有质有量的合作才称得上是有意义的合作。

8.1.3 合作与竞争的辩证统一

随着经济一体化和科技的不断进步,合作与竞争的关系变得越来越模糊,表现出合作离不开竞争,竞争离不开合作的特点,合作与竞争从而形成了辩证统一的依存关系。这种依存关系就其内容而言,市场竞争和合作行为打破了国家和地域的限制,把世界各国的经济日益联结为一个整体的全球性经济。② 竞争与合作的辩证统一增强了竞争的本质力量,竞争能激发人的奋斗精神、创新进取精神,凸显人的本质力量;合作强化人的社会性,显示人的本质规定性。竞争与合作的统一更能体现人的本质,更符合人性发展的理想。③ 企业亦是如此,企业的竞争与合作凸显企业的本质。企业的合作使其有条件开展较大规模的市场调研活动,从而使企业的经营活动建立在更加可靠的基础上。咨询、调查、分析有关资料的费用,可以由各个合作企业共同负担,而研究、分析资料所得到的成果,则可以由合作企业共享,这不但可以减少单个企业的成本,而且可以进一步发现新的市场价值。④

8.2 竞争与合作中企业社会责任的相关法律义务内容

8.2.1 不实施法律禁止的垄断行为

我国对于垄断行为的禁止主要体现在《中华人民共和国反垄断法》中,该法明确规定了允许以及禁止的经营行为。其明确定义的垄断行为包括:经营者达成垄断协议、经营者滥用市场支配地位以及具有或者可能具有排除、限制竞争

---

① 张东升.试论市场经济中企业间的竞争与合作[J].河南商业高等专科学校学报,2001(05):16 - 18.

② 曾卫东.现代企业间竞争与合作探讨[J].现代商贸工业,2009(16):20 - 21.

③ 谈曼延.关于竞争与合作关系的哲学思考[J].广东社会科学,2000(04):71 - 75.

④ 谭泊.企业竞争与企业合作——兼评《企业家社会学》[J].江苏市场经济,2001(01):43 - 46.

效果的经营者集中。但这并不能说明所有的经营者集中都是被禁止的,总则第五条中提到,允许经营者通过公平竞争、自愿联合的方式依法实施集中,扩大经营规模,提高市场竞争能力。但是经营者通过合并、取得股权而对其他经营者进行控制或通过合同方式对其他经营者进行控制的方式集中的,必须事先向国务院反垄断执法机构进行申报,未申报的不得实施集中。

在《反垄断法》中,更多的是禁止经营者的垄断行为。例如,总则第六条规定:具有市场支配地位的经营者不得滥用市场支配地位,排除、限制竞争。在第二章"垄断协议"中规定了垄断协议的主体和客体,包括禁止具有竞争关系的经营者达成固定或变更价格、限制销售、限制购买技术、联合抵制交易等垄断协议;禁止经营者与交易相对人达成固定转售价格、限制转售最低价格等垄断协议。第三章规定:禁止具有市场支配地位的经营者从事下列滥用市场支配地位的行为:①以不公平的高价销售商品或者以不公平的低价购买商品;②没有正当理由,以低于成本的价格销售商品;③没有正当理由,拒绝与交易相对人进行交易;④没有正当理由,限定交易相对人只能与其进行交易或者只能与其指定的经营者进行交易;⑤没有正当理由搭售商品,或者在交易时附加其他不合理的交易条件;⑥没有正当理由,对条件相同的交易相对人在交易价格等交易条件上实行差别待遇;⑦国务院反垄断执法机构认定的其他滥用市场支配地位的行为。

依据我国《反垄断法》,除前列垄断行为外,该法还规定,禁止滥用行政地位等垄断行为,即行政机关和法律、法规授权的具有管理公共事务职能的组织不得滥用行政权力,限定或者变相限定单位或者个人经营、购买、使用其指定的经营者提供的商品。同时这些组织不得滥用行政权力,实施下列行为:妨碍商品在地区之间的自由流通;对外地商品设定歧视性收费项目、实行歧视性收费标准,或者规定歧视性价格;对外地商品规定与本地同类商品不同的技术要求、检验标准,或者对外地商品采取重复检验、重复认证等歧视性技术措施,限制外地商品进入本地市场;采取专门针对外地商品的行政许可,限制外地商品进入本地市场;设置关卡或者采取其他手段,阻碍外地商品进入或者本地商品运出;妨碍商品在地区之间自由流通的其他行为等。

8.2.2 法律禁止的不正当竞争行为

为了保证市场经济的健康发展,鼓励和保护公平竞争,制止不正当竞争行为,保护经营者和消费者的合法权益,国家制定了《中华人民共和国反不正当竞争法》。不正当竞争行为是指经营者损害其他经营者的合法权益,扰乱社会经济秩序的行为。《反不正当竞争法》第二章中对不正当竞争手段作了明确规定,规定经营者不得采用以下不正当竞争手段从事市场交易,损害竞争对手:①假冒他人的注册商标;②擅自使用知名商品特有的名称、包装、装潢,或者使用与知名商品近似的名称、包装、装潢,造成和他人的知名商品相混淆,使购买者误认为是该知名商品;③擅自使用他人的企业名称或者姓名,引人误认为是他人的商品;④在商品上伪造或者冒用认证标志、名优标志等质量标志,伪造产地,对商品质量作引人误解的虚假表示。

对于回扣问题,在《反不正当竞争法》中是明令禁止的,在账外暗中给予对方单位或者个人回扣的,以行贿论处;对方单位或者个人在账外暗中收受回扣的,以受贿论处。

依据我国的《反不正当竞争法》,除了前列的部分行为外,还包括以下不正当竞争行为:

①侵犯商业秘密的行为,包括:以盗窃、利诱、胁迫或者其他不正当手段获取权利人的商业秘密;披露、使用或者允许他人使用以前项手段获取的权利人的商业秘密;违反约定或者违反权利人有关保守商业秘密的要求,披露、使用或者允许他人使用其所掌握的商业秘密。

②低于成本价格销售行为,即经营者不得以排挤竞争对手为目的,以低于成本的价格销售商品。但有下列情形之一的,不属于不正当竞争行为:销售鲜活商品;处理有效期限即将到期的商品或者其他积压的商品;季节性降价;因清偿债务、转产、歇业降价销售商品。

③商誉诋毁行为,即经营者不得捏造、散布虚伪事实,损害竞争对手的商业信誉、商品声誉。

④违法奖售行为,具体包括:经营者采用谎称有奖或者故意让内定人员中奖的欺骗方式进行有奖销售;利用有奖销售的手段推销质次价高的商品;抽奖式的有奖销售,最高奖的金额超过五千元。

⑤串通招投标行为,即投标者和招标者不得相互勾结,以排挤竞争对手的公平竞争;投标者不得串通投标,抬高标价或者压低标价等。

8.2.3 维护合作双方当事人合法权益的法律保障

依据《中华人民共和国合同法》,对合作双方当事人在签订合同时的合法权益做出规定。内容包括:①合同当事人的法律地位平等,一方不得将自己的意志强加给另一方;②当事人依法享有自愿订立合同的权利,任何单位和个人不得非法干预;③当事人应当遵循公平原则确定各方的权利和义务;④当事人行使权利、履行义务应当遵循诚实信用原则;⑤当事人订立、履行合同,应当遵守法律、行政法规,尊重社会公德,不得扰乱社会经济秩序,损害社会公共利益;⑥依法成立的合同,对当事人具有法律约束力;⑦当事人应当按照约定履行自己的义务,不得擅自变更或者解除合同。

企业间的合作建立在诚实守信的原则之上,《合同法》在保护合作双方合法权益的时候要求遵循诚实信用原则,如何遵循这一原则便成为合作关系中企业社会责任最重要的内容。诚实信用原则要求维专当事人之间的利益及当事人利益与社会利益之间的平衡。在合同的订立、履行、变更、解除的各个阶段,甚至在合同关系终止以后,当事人都应当严格依据诚实信用原则行使权利和履行义务。这里通过合同订立阶段、合同履行阶段、合同变更或解除阶段对诚实信用原则进行论述:

1. 合同订立阶段

在合同订立阶段,尽管合同尚未成立,但当事人彼此之间已具有订约上的联系,应依据诚实信用原则,担负如下附随义务:

①忠实的义务。当事人一方应如实向对方陈述商品的瑕疵、质量情况,同时应如实向对方陈述一些重要事情,如财产状况、履行能力等。总之要忠于事实真相,不得作虚伪陈述。

②诚实守信,不得欺诈他人。

③相互照顾和协助的义务。任何一方都不得滥用经济上的优势地位和其他手段争取不正当利益,并致他人损害。

依据诚信原则产生的订约过程中的附随义务,随着当事人之间的联系不断密切和发展,当事人一方不履行这些义务而给另一方造成信赖利益的损失,应当承担缔约过失的责任。

缔约过失产生民事责任这一理论由耶林提出,具体是指在合同订立的过程中,合同的一方当事人行为违反了诚实信用原则,而合同的另外一方当事人的利益因此受到损害,违反诚实信用原则的一方则应承担的民事责任。当事人在为签订合同而进行协商时已经由日常的谈话上升为法律可以约束的缔约阶段,法律赋予缔约双方享有知情权的同时,也要求双方当事人履行告知对方真实情况的义务,不得隐瞒、欺诈;不得告知虚假情况的义务;了解真实情况之后,负有为对方保密的义务等。这些义务被称之为"先合同义务"。任意一方当事人在违反上述义务时,都要承担缔约过失责任。①

2. 合同履行阶段

合同的履行应当严格遵循诚实信用原则:

①要求当事人除了应履行法律和合同规定的义务以外,还应履行诚实信用原则所产生的各种附随义务。这些附随义务主要包括:相互协作和照顾的义务、瑕疵的告知义务、忠实的义务等。

②在法律和合同规定的义务内容不明确或欠缺规定的情况下,当事人应依据诚实信用原则履行义务。如果合同中对产品的质量没有具体的要求,而且也没有相关的行业标准及国家标准,那么,有义务的一方当事人则应按照产品的通常标准或者以能够更好地实现合同目的的标准履行义务。

3. 合同的变更和解除、终止阶段

这个阶段的诚实信用原则主要体现在以下三个方面:

①当事人在合同订立以后,因不可归责于双方的原因而发生的事情变更,即使合同存在的基础发生动摇和丧失,且导致当事人利益的严重失衡,依据诚实信用原则,应允许当事人变更和解除合同。在事情变更时,变更和解除合同应严格依据诚实信用原则。如在长期的继续性合同中,任何一方依据合同规定的条件而解除合同,应当提前通知对方,使对方有充足的时间做好准备。

②在合同关系终止后,尽管双方当事人不再承担合同义务,但亦应根据诚实信用原则的要求,承担某些必要的附随义务。在合同的用语含混不清、意义不明时应依据诚实信用原则对合同条款予以解释。依据诚实信用原则解释合同,需要平衡当事人双方的利益,公平合理地确定合同的内容。

③在合同发生争议以后,当事人双方都应当依据诚实信用原则,妥善地处理争议,避免给对方造成不应有的损失。无论是实行替代性购买还是替代性销售,都应依诚实信用原则进行,不得高价购买,低价变卖,损害另一方利益。

诚实信用在道德层面上作为居民的"第二个身份证",潜在地约束着人们的日常行为习惯。法律规范是道德的最低要求,法律惩罚的通常是社会危害性较大的外在行为,而道德对人的心理及行为要求更高,《合同法》作为部门法自然也有较高的衡量标准。②

---

① 张瑞昌.论合同法中的诚实信用原则[D].吉林:吉林财经大学,2014.
② 张瑞昌.论合同法中的诚实信用原则[D].吉林:吉林财经大学,2014.

8.2.4 关于招标投标的禁止义务

《中华人民共和国招标投标实施条例》对招标人和投标人的竞争与合作行为做出了相关禁止。其中，招标人不得以不合理的条件限制、排斥潜在投标人或者投标人。招标人存在下列行为之一的，就属于以不合理条件限制、排斥潜在投标人或投标人：

①就同一招标项目向潜在投标人或者投标人提供有差别的项目信息。

②设定的资格、技术、商务条件与招标项目的具体特点和实际需要不相适应或者与合同履行无关。

③依法必须进行招标的项目以待定行政区域或者特定行业的业绩、奖励作为加分条件或者中标条件。

④对潜在投标人或者投标人采取不同的资格审查或者评标标准。

⑤限定或者指定特定的专利、商标、品牌、原产地或者供应商。

⑥依法必须进行招标的项目非法限定潜在投标人或投标人的所有制形式或者组织形式。

⑦以其他不合理条件限制、排斥潜在投标人或者投标人。

在该实施条例中，不仅对招标人做出了禁止规定，对投标人也做出了相关规定，主要包括不相容规定和禁止规定，如下列情形：

①与招标人存在利害关系可能影响招标公正性的法人、其他组织或者个人，不得参加投标。

②禁止投标人相互串通投标。投标人之间的串通行为不仅包括协商报价、约定中标人、同一集团或商会协同投标、联合排斥他人等行为，还包括以下行为：不同投标人的投标文件由同一单位或委托同一单位编制；不同投标人的投标文件载明的项目管理人为同一人；不同投标人的投标文件相互混装；不同投标人的保证金由同一账户转出。

③招标人与投标人之间也是禁止串通投标的，招标人在开标之前不得泄露信息或提供方便给投标人，也不得按时压价或抬高投标报价。对于违反该条例的招标投标人，不仅会失去中标机会，还会承担一定的法律责任。

8.3 合作中企业应履行的社会责任

8.3.1 企业在合作中承担社会责任的理论依据

企业应不应当承担社会责任,应当承担哪些具体的社会责任,一直是学术界争议的一个焦点。围绕这一问题,各国学者提出了自己的观点。

最初的企业社会责任理论是股东理论,其认为企业作为一个社会单元,有自己独立的权利,合法享有自己的财产;企业是以营利为目的,应该追求企业利润的最大化,对股东投资者创造利益,使财产增值。这一理论保障了企业的利润,满足了股东的利益,是对企业权利的最大保护。在当时,保护资本投资者的利益,符合财产私有制,一定程度上有利于资本主义经济的发展,维护资本家的统治。但是股东理论将企业的权利最大化的同时,也将企业的义务限缩到最小。仅将企业对股东的盈利负责作为自己应该承担的社会责任,这种观点极大地保护了资本投资者的利益,缩小企业的社会责任,是一种消极的企业责任观点。①

随着经济飞速的发展,社会快速的进步,经济领域中各种问题凸显,由此利益相关者理论应运而生。利益相关者理论认为,企业承担的社会责任除了对股东负责之外,一个企业应在过去、现在、将来的生产活动中对企业拥有法定要求权和利益的员工、消费者、销售商、制造商、供应商、社区、政府、环境等承担相应的社会责任。该理论认为,企业承担社会责任不仅局限于对股东的经济责任,还包括对利益相关者的法律责任和道义责任。企业是社会中的一部分,只有企业加强对利益相关者的关心,企业才能创造一个良好的发展环境,促进企业的良性循环发展。利益相关者理论反驳了股东理论的错误认识,将企业的社会责任范围扩大,并将企业社会责任作为一个社会基本成员应该承担的社会责任,是一种对社会负责任的表现。② 目前,国内外的学者对这一观点也高度认同。

从利益相关者理论出发对企业社会责任的认识度越来越高,划分也越来越

---

① 劳拉·P.哈特曼,乔·德斯贾丁斯.企业伦理学[M].北京:机械工业出版,2011:273-274.

② 陈炳富,周祖成.企业伦理学概论[M].天津:南开大学出版社,2000:78-80.

明晰。根据利益相关者对应的对象区分,可以将企业社会责任分为直接利益相关者和间接利益相关者。直接利益相关者包括股东、企业员工、债权人、供应商、生产商、分销商、竞争者等;间接利益相关者是与企业发生非市场关系的利益相关者,包括中央政府、地方政府、外国政府、仁会活动团体、媒体、一般公众、其他团体等。供应商、生产商、分销商三者作为企业的直接利益相关者,企业应当对其承担社会责任。

8.3.2　企业在合作中承担社会责任的必要性

企业对合作伙伴承担社会责任是出于法律与行业规范、企业自身以及社会发展的需要。依据行业的不同,企业合作伙伴可以分为同行业的合作伙伴和异行业的合作伙伴。同行业合作伙伴之间的社会责任直接基于行业规范,他们之间有义务遵守行业规范,对合作伙伴承担社会责任。异行业的企业合作伙伴之间的社会责任直接源于他们之间的契约。异行业的企业合作伙伴之间签订契约后,就有义务按照契约的约定,履行自己承诺的义务。但是不论同行业的企业合作伙伴之间,还是异行业的企业合作伙伴之间,他们之间承担社会责任也都同时基于对企业自身和社会发展的需要。企业作为社会中的一员,与社会其他成员一起共同构成社会,并与他们有着千丝万缕的联系。如果企业想要很好发展,就必须在追求自身利益的同时,兼顾利益相关者的权益,与合作伙伴良好地开展合作,对合作伙伴承担相应的责任,只有这样才能促进企业自身和社会的和谐发展。

8.3.3　企业在合作中承担社会责任的具体内容

1. 利益共享,风险共担

平等互利本指国与国之间的交往必须建立在国际人格平等的基础上,注重平等,国家不分大小,不分贫富与强弱,无论社会制度及意识形态有何差异,都应在国际交往中平等对待,互相尊重对方的主权和选择自己发展道路的意愿,使双方都能获得各自的利益,实现合作,更好地发展。平等互利在企业之间也适用,具体到商事活动中的企业合作伙伴之间就是风险共担,利益共享。这是大势所趋及企业长远发展的必要条件。一个企业要想长远发展,必须与合作伙伴风险共担,利益共享。只顾自己眼前利益的企业,甚至损害合作伙伴利益的企业,最终会将自己孤立在社会化的大潮之外。这样的企业只能故步自封,不会有长远的发展,最终也必将走向灭亡。当今世界在飞速发展,经济迅速一体化,企业为了生存发展,最好的办法就是与合作伙伴之间建立良好的合作关系,风险共担,利益共享。

2. 诚实信用

诚实信用原则对于企业而言就是指信息真实、信赖保护,即一个企业在商事活动中的约定必须真实有效,一旦承诺了就不能随意更改,如果企业违背了相关约定,就必须承担相应的违约责任,赔偿相关企业的损失。诚实信用是企业的立足之本、合作之基。企业在商事活动中的诚实信用表现为以诚待客、货真价实、公平买卖、信守合同、偿还借贷、不做假账等。企业如果想立足或者与他人合作,就必须不欺诈、不做假,以诚为本,诚信经营。诚实信用在我国自给自足的自然经济时期的初级商事主体之间发挥了重要作用,当时的经济基础决定了社会是一个熟人社会,如果一个初级经济主体一次不诚信,那么在相对的熟人社会之间就会广泛传播,具有不诚信表现的初级经济主体就无法在这个熟人社会立足,也不会有他人与其合作。自第三次科学技术革命以来,计算机问世,信息技术迅速发展,信息高速公路遍布全球各地,人与人之间的沟通越来越便捷,从大洋彼岸到文明的东方只需短短的几秒时间。企业也同时运用信息技术开展商贸往来,信息技术为企业了解各地商情及经济往来带来极为便利的条件。一个企业对合作伙伴不诚信的表现,可能迅速在一天之内让全人类知晓,让企业自此披上不诚信的外衣,对企业今后的商贸往来产生极其不利的影响,甚至其他企业会断绝与该企业的商贸往来,使之无法在行业中立足,最终倒闭破产。因此,企业在商事活动中应该以诚为本,诚信经营。

3. 必要的科学技术支持

企业合作伙伴之间提供必要的科学技术支持包括必要的人才交流和必要的生产技术。必要的生产技术包括必要的原材料提取技术、必要的产品加工技术、必要的产品包装技术及必要的产品检验技术。其中,必要的产品加工技术是核心。企业合作伙伴之间加强科学技术支持,可以提高企业的生产效率,增加产品的附加值,提高企业利润,增强企业合作伙伴之间的凝聚力,实现企业合作伙伴之间共赢,形成良好的合作关系。例如,企业合作伙伴的一方向另一方提供了生产产品必要的科学技术支持,获得技术的企业一方就能提高生产效率,增加生产产品的附加值,提高企业循环生产的速度,获得利润,同时企业合作伙伴之间也能够实现共赢。如果企业合作伙伴之间只顾保护自己的专利,不愿意为合作方提供必要的科学技术支持,那么生产效率、产品附加值、企业循环生产的速度等方面必然与提供必要的科学技术支持相比相差甚远,企业的合作关系也会受到相应的影响。因此,加强企业合作伙伴之间必要的科学技术支持,将成为提高企业合作关系的良好推动力。

4. 及时高效的信息共享

企业合作伙伴之间建立及时高效的信息共享平台,有利于企业的发展,促使企业及时了解市场的变化需求,生产出消费者急需的产品,加速生产循环,增加企业利润;有利于企业了解市场上消费者需要,生产出消费者满意的产品,增加消费者满意度,履行企业对消费者的最基本的社会责任;有利于企业避免重复收集信息,减少信息收集费用的支出;有利于企业及时地了解市场需求,避免重复性生产,优化资源配置,节约社会成本,保护社会环境。

5. 产品质量监督

产品质量监督,是指由产品质量监督机构、有关组织和消费者,按照技术标准对企业的产品质量进行评价、考核和鉴定,以促进企业加强质量管理,执行质量标准,保证产品质量,维护消费者利益。产品质量监督分为内部监督与外部监督。内部监督是企业自身的监督,外部监督包括国家监督、行业监督、社会监督,其中行业监督包括同行业的监督和异行业监督。同行业合作伙伴之间的产品质量监督责任直接基于行业规范,他们之间有义务遵守行业规范,监督检查同行业合作伙伴之间的产品质量。如果同行业的企业合作伙伴之间一方出现提供质量不合格的原材料、半成品、初级产品等行为,另一方有义务监督,同时可以将上述行为向有关国家部门举报,使之受到处罚,并规范生产、销售中的质量不合格行为,形成良好的行业圈。异行业的企业合作伙伴之间的产品质量监督责任直接源于他们之间的契约。异行业的企业合作伙伴之间签订契约后,有义务按照契约约定的要求,履行承诺的义务,提供质量合格的原材料、半成品、初级产品等。如果异行业的企业合作伙伴一方违背契约约定的要求,提供质量不合格的原材料、半成品、初级产品等,那么就要承担相应的违约责任,赔偿对方的相关损失。所以,不论是同行业还是异行业的企业合作伙伴之间,都有监督合作伙伴的产品质量的责任,这些责任也都同时基于对社会的负责。企业合作伙伴之间都有义务承担社会责任,向社会提供质量合格的产品,保护自然环境。如果企业合作伙伴的一方提供质量不合格的原材料、半成品、初级产品等,他们生产、销售的相关产品就很可能没有使用价值,被供应链中的一环所丢弃,成为垃圾,空耗社会资源,进而污染社会环境。企业合作伙伴之间通过相互的质量监督,可以有效地减少不合格产品,优化供应链中资源的有效配置,降低产品因质量不合格而变成垃圾的概率,防止产品生产各环节中的污染。因此,企业合作伙伴之间应当加强产品质量监督，履行相关社会责任。

6. 监督生产中其他的违法、违规及违德行为

企业合作伙伴之间的其他违法、违规及违德行为是指除了上述的违背诚实信用、提供质量不合格的产品之外的违反法律、法规及违反道德的现象。企业应该对其合作伙伴承担社会责任，对企业合作伙伴的违法、违规及违德现象有义务进行监督。如果企业合作伙伴之间中的一方或者双方有违法、违规及违德的现象，另一方就应该将这一现象向国家有关部门举报，使这些违法、违规及违德行为受到惩处，这样也能对其他企业形成强有力的警示作用，使其不敢再存有侥幸心理，最终有利于市场健康、有序的运行。

8.4　竞争与合作中企业提高社会责任的方法措施

企业承担社会责任可以增强企业的竞争力。企业在制定竞争与合作中提升企业社会责任的战略后，还应不断采取措施将企业社会责任认真落实。企业应从长远的发展目标和战略角度出发，提高企业竞争与合作意识，将企业社会责任理念与企业的文化相融合，使企业社会责任逐渐成为企业核心价值观的重要组成部分。企业必须在竞争与合作中提高社会责任，依照企业社会责任的标准，建立有效的制度体系、评估与反馈机制、预警机制等，从而确保企业在实现自身长远发展目标的同时，实现企业与利益相关者之间的互利互惠，形成企业新的竞争力，促进企业持续、健康的发展。

8.4.1 建立企业社会责任的制度体系

企业要想在竞争与合作中占据优势位置，必须建立企业社会责任的制度体系，从制度上确保企业社会责任的落实。首先，企业要设立专门的企业社会责任负责部门，建立企业社会责任制度的准则。企业在竞争与合作中履行社会责任，并不是简单地局限在企业对社会的慈善活动等，企业社会责任部门必须以先进的理念作为企业行动的指导，并且结合企业的实际发展情况，在体现企业的长远战略的情况下，制定符合企业现实的社会责任制度，制定企业行动方案，使企业社会责任真正成为企业战略发展的重要组成部分，从而使企业在竞争与合作中处于有利地位，提高企业的竞争实力。其次，企业必须在严格遵守已经制定的社会责任制度的同时完善相关的配套制度。企业社会责任负责部门根

据企业自身需要制定企业的发展规划与社会责任制度,为了更好地提升竞争实力,还应该制定履行企业社会责任的长期发展规划。长期发展规划主要包括企业履行社会责任的具体项目、所需的资金预算方案以及人力资源的配置等相关内容。第三,强化企业社会责任部门的领导协调及和谐人际关系机制,从而确保企业社会责任得到更好的落实,使各部门之间达成有效配合,形成合力。对于企业来说,良好的部门关系及和谐的人际关系是能够开展各项工作的基础,是确保企业的各项规章制度能够贯彻落实的重要保障,也是规章制度得以顺利完成的保证。企业内部的人员认同社会责任,有利于企业在承担社会责任的过程中形成强有力的竞争力,从而促进企业效益的实现。第四,完善企业的他律机制,建设科学合理、富有效率的制度体系。政府可以采取降低企业履行社会责任的成本,加大对不履行社会责任行为的处罚力度,提高对企业的监管效率,加强宣传引导和政策、法律调控等措施,促使企业能够自觉履行社会责任。通过加大对履行社会责任的企业的正面典型的宣传报道,明确企业承担社会责任的重要性和迫切性,以提高公众的敏感度,形成企业履行社会责任的他律机制,从而提高企业的社会责任意识。①

8.4.2 采取企业社会责任战略管理

企业战略管理是指以企业战略为对象的管理活动,包括从战略制定到战略实施全过程的管理。企业战略管理在企业管理中处于统领性和指导性的地位。因此,企业要对社会责任进行有效的管理,就必须对传统的战略管理加以变革和创新,实施社会责任型战略管理;企业要想在竞争与和合作中取得优势,必须将企业的社会责任纳入企业战略管理之中。② 对于一个企业来说,只有从企业战略视角认识社会责任,才能扩大企业的社会影响力度,为企业带来更多的经济利益。企业实施社会责任战略应该做到以下几点:首先,企业必须明确自身以及利益相关者之间应该承担怎样的社会责任,由于企业的性质、类别、地位及利益相关者的性质存在差异,所以其承担的社会责任也应不同。其次,企业必须不断增强管理者及广大员工的社会责任意识,使他们能够将承担社会责任视为工作的一部分,促进企业可持续发展,并且最终促使企业愿意主动地承担社会责任。第三,企业要将社会责任纳入其长远的战略规划发展之中,运用

---

① 盖国凤.构建企业履行社会责任的约束机制[N].人民日报,2012－08－31(19).
② 靳小翠.制度背景、企业社会责任与社会资本研究[D].武汉:华中科技大学,2014.

SWOT分析法(优势、劣势、机会、威胁)分析企业战略规划,从而制定出符合企业自身发展需要的社会责任战略规划。第四,企业必须通过组织设置来确保企业社会责任战略能够得到有效贯彻执行,从而取得更多的预期收益。

通过总结理论及企业的实践经验可以得出,企业社会责任战略管理的步骤作为企业指导和管理社会责任的一般管理框架,主要分为:第一,建立相应的组织和机构;第二,制定企业社会责任计划;第三,企业社会责任的实施;第四,企业社会责任的监督和评估;第五,企业社会责任的信息披露(传播和报道)。①

8.4.3 强化企业社会责任沟通反馈体系

企业社会责任反馈体系其实质就是企业将其履行社会责任的理念、战略、方式方法,以及其经营活动对经济、环境、社会等领域造成的直接和间接影响,取得的成绩及不足等信息,进行系统的梳理和总结,并向利益相关者进行披露,即企业社会责任报告制度。② 对于一个企业而言,企业社会责任报告可以从对内和对外两个方面的影响分析。首先,对于一个企业的内部而言,企业社会责任报告制度能够使负责企业社会责任的各个部门及相关的其他部门能够及时了解各个项目的执行情况及执行后产生的结果情况,保持各个部门之间的信息畅通,加强彼此的有效沟通,从而确保企业社会责任能够按照预定的计划顺利推行,从而达到预期的效果。其次,对于一个企业的外部而言,企业社会责任报告是一个企业与外部进行沟通的有效途径,起着沟通企业内外信息的桥梁作用。企业可以通过媒体宣传,如报刊、电视专题报道、新闻发布会等方式,宣传企业履行社会责任的相关项目,让社会大众及政府部门充分了解企业的动态,提高企业的社会声誉及影响力,从而增加企业的竞争力,使企业在今后的竞争与合作中处于有利地位。国际上经常采用的披露企业社会责任信息的方式有两种:一是在公司年报中载明企业社会责任业绩,二是定期发布独立的企业社会责任报告。③ 从目前企业采用情况来看,企业选择定期发布社会责任报告的方式较多。根据大趋势的分析来看,第二种方式也将会成为企业未来采取披露企业社会责任信息的最主要方式及主流方法。

① 姜启军.浅析企业社会责任战略管理和实施[J].江淮论坛,2007(02):43-46.

② 尹晓敏.浙江企业社会责任报告评析——基于55份浙江企业社会责任报告的解读[J].浙江经济,2012(15):34-35.

③ 黄文彦,蓝海林.基于三底线战略的我国企业社会责任管理思路[J].商业时代,2006(24):53-54.

对于一个企业来说,在建立企业社会责任反馈体系的过程中必须关注以下几个方面:①企业必须采用主流指标进行自我评介。如果在衡量过程中企业采取了自定的一些标准,必须对其加以说明,从而确保评价结果具有公信度、客观性及可信度。②信息披露要充分透明。透明可以保证信息披露的公正公平,它是信息披露质量的基石。只有充分透明的信息披露,才能使利益相关者能够充分理解并客观全面地评价企业的社会责任。[①] ③加强企业社会责任会计信息的外部监管。政府应该让具有信息优势的监管部门共同参与监管,引入第三方外部监管机构对企业履行社会责任报告的状况进行审计、验证、检验、评价,有利于督促企业履行社会责任,确保社会责任报告的真实性、准确性、权威性。第三方外部监管是指第三方监管力量对企业进行的审计监管。[②] ④向公众公开披露企业社会责任信息,在企业的相关网站上开设专门的社会责任信息发布栏,从而方便人民群众对企业履行社会责任情况的监督,同时也是对企业自身社会责任行为能力和执行情况的总结,从而提高企业的影响力和号召力,促进企业的长远发展。

8.4.4 完善企业社会责任风险预警体系

企业社会责任风险预警体系的重点是尽量减少甚至是避免企业经济损失的发生,如果风险一旦产生,应该采取措施尽快地恢复企业的状态。近年来,我国很多企业都认识到加强企业社会责任工作的重要性,并进行了企业社会责任风险管理的探索。例如,中国移动通信集团较早开展了社会责任风险管理的研究,发布了《2009年中国移动企业社会责任风险管理研究报告》,初步构建了一体化的企业社会责任风险管理体系。[③] 企业的社会责任风险预警体系主要包括风险识别、风险测量、风险控制以及风险控制效果的评估四个环节。企业社会责任风险识别主要是为企业能够及时有效地识别潜在的影响企业社会责任的风险事件,促使企业能够果断采取预防措施。企业社会责任风险识别主要是逐渐完善企业社会责任的衡量标准。自20世纪90年代以来,关于企业社会责任

---

① 金晓斌,梁静.企业社会责任将改变信息披露有效边界[N].中国证券报,2014 - 02 - 17(A16).

② 季学凤.企业社会责任会计信息披露问题与对策[J].合作经济与科技,2014(20): 184 - 184.

③ 王茂祥,李东.企业社会责任风险管理路径探究[J].经济体制改革,2013(06):97 - 101.

的国际标准不断发布,如 SA8000、道琼斯可持续发展指数(DJSI)、CRI 指南、AA1000 框架、ISO26000 等。同时也有国内外的诸多学者对企业社会责任的评价指标体系开展相关研究。Igalens 和 Gond(2005 年)首次提出了关于企业社会责任测量与评价的五种方法,其中声誉指数法和内容分析法最常用,同时还有 KLD 的 Domini400 社会指数法等。① 杜剑(2011 年)从员工、消费者、债权人、供应商、政府、社区、环境资源、竞争者、股东等利益相关者视角构建企业社会责任指标体系。② 企业社会责任的指标评价体系一直是学者和企业不断探讨的话题,应结合企业的自身发展实际,采用系统科学方法,例如指标分析法、因子分析法、风险识别方法等,查找企业可能存在的风险,对风险信息进行总结,归类列出企业社会责任风险清单,从而建立科学合理的企业社会责任风险评价指标。对于一个企业来说,企业社会责任的风险水平是企业风险管理的重要环节之一,它主要承接企业社会责任风险识别的成果,并为确定企业社会责任风险控制对象提供依据。企业社会责任的风险测量主要可以从可能性、关注度以及损失度三个方面进行测量:一是对风险发生的可能性加以测量,主要从企业自身制度完善、利益相关方关注度、企业自身人员的关注情况及制度执行情况四个维度进行测量;二是对风险发生造成的影响加以测量,主要从对财产影响、对声誉安全的影响、对战略目标的影响以及对经营目标的影响四个维度进行测量;三是确定各类利益相关方对企业社会责任相关实践的关注程度,包括对不同风险议题的关注程度、风险识别的成果转化为风险管理效果的关注程度等。根据企业社会责任的风险评估情况,制定风险处理的具体方案。企业面对社会责任风险时,应主动采取科学有效的方法加强管理,进而用最小的成本获得最大的安全利益保障。以风险管理的方式来对待企业社会责任既是对企业负责,也是对利益相关者负责,且有利于和谐社会的构建,因此具有很强的社会效益及现实意义。

8.4.5 强化人力资源管理

现代企业主要依靠提高生产率和增加边际收入这两条途径来取得竞争优势,而优秀人才恰是决定此两条途径的关键因素。一个企业如果能承担起相应

---

① Igalens,J. ,Gond,J. P. Measuring Corporate Social Performance in France: A Critical and Empirical Analysis of Arese Data[J]. Journal of Business Ethics ,2005,56 (02) : 131 – 148.

② 杜剑. 利益相关者视角下企业社会责任评价体系构建研究[J]. 贵州财经学院学报,2011(04):47 – 52.

的社会责任,有利于为企业吸引优秀的人才。人力资源在企业的价值链中占有重要的地位。相比于物质、财力、时间和信息等生产要素,人力资源可以说是最积极、最主动、最具有创造性的生产要素,主动承担应有的社会责任,可以吸引大量的优秀人才,使企业形成科学合理的人力资源结构。众所周知,人才是支撑企业发展的强大动力,在企业发展进程中,人力资源在生产积累过程必须不断对其他生产要素进行加工、改造和利用,只有这样,这些人力资源才能逐渐变成社会有用的财富。能够承担社会责任的企业或是承担社会责任能力强的企业,必定有着较高的社会声誉,这对人才无疑有着强大的吸引力,优秀的员工愿意加入这样的企业。往往一个能够承担社会责任的企业更值得员工信赖,也能够给员工提供更好的薪资待遇、晋升机会以及接受职业技术培训的机会,让员工产生对企业的归属感和安全感,更有利于员二充分发挥其创造性和主动性,在企业发展进程中的各个环节都有所建树,为企业优势竞争贡献自己的力量,使企业在社会中的形象越来越好,形成良性循环。一个企业一旦进入这种良性循环,良好的社会形象和优厚的薪资待遇不但能培养在职员工的忠诚性,还能吸引竞争对手的优秀员工,不断提高企业的人才竞争优势,使企业立于不败之地。

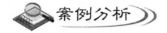

案例分析

案例一

甲食品公司创立时间颇久,是 A 国跨国连锁餐厅之一,主营速食及炸鸡的连锁企业,是全球快餐行业的领导者。甲公司在成立四十多年后开始进入 B 国,经过几十年的努力,成为 B 国最大的外商投资企业之一。

随着经济发展,供应链越来越受到甲公司的重视,相应地实施供应链管理的企业也越来越多。从管理会计的范畴出发,采购、制造、运输、存储和销售这五个内容都会对企业供应链管理的成本产生影响。甲公司致力于在 B 国长期发展,那么要解决的问题即是如何增加供应链上的本地企业。对此问题,王经理召集员工集体讨论,一起想对策。

王经理:"我们公司若整合供应链将会增强抗风险能力,实现信息资源共享,缩减运营成本,大家认为应如何实现供应链问题?"

小张:"可以进行投资与技术转让,为重要的供应商提供技术和管理培训。

同当地供应商建立互惠互利的合作关系,致力于与他们建立稳定的合作关系,建立质量控制系统,同时还可提供技术帮助。"

小孙:"力争人才本土化,能使公司的经营更加具有当地文化色彩,更加符合当地的市场,能够更加贴近客户。"

小宋:"促进当地供应商与国外一流厂家合作或合资,了解潜在的 B 国伙伴,同时协助国内重要供应商招商引资,寻找合适的海外合作伙伴。"

王经理:"总结下来就是秉承以双赢为精髓的发展战略:投资与技术转让,人才本土化,合资与合作。"

接下来,甲公司开始同当地供应商建立互惠互利的合作关系,解决了供应链的问题。但是,新的问题又来了:B 国的快餐业起步较晚,自甲公司快餐连锁店在 B 国落户,现代快餐的概念才引入到 B 国。短短几年里,B 国快餐业呈现出传统与现代、高档与低档快餐竞争与并存的市场格局。

某天朋友家的小孩来家里玩耍,问道:"乐乐最喜欢吃什么呢?"

乐乐:"当然是甲××,尤其是肉啦,还有冰激凌,薯条,可乐⋯⋯"

乐乐爸爸:"如果让你妈妈听到了,她一定会唠叨,怎么全是垃圾食品!你知道⋯⋯"

乐乐:"好啦好啦,我知道应该多吃蔬菜和水果等健康食品,可是,如果可以自由选择的话,我最喜欢的餐厅是甲××和乙××,那才是属于年轻人的餐厅!"

渐渐地,甲公司的各种速食深入人心,成为人们所认同的快餐店。但是由于 B 国经济不断发展,B 国许多营销商为了一味地追求利益最大化,逐渐出现了许多食品安全问题,如劣质食品、有毒食品、过期食品的问题逐一被曝光,就连快餐店里的鸡肉源也出现了问题。

此时甲公司的肉类供应源乙公司在召开紧急会议:

Boss:"公司被曝光大量使用过期、变质、次品原料生产快餐所需食品。我们的销量被影响了不少。大家说说接下来该怎么处理?"

老王:"作为快餐界的老大,食品安全问题已经是一个又一个,然而仍然灭不了老百姓们对洋快餐的热情,我儿子都说因为 B 国人民已经练就了'百毒不侵'的身体,所以这不是什么大事,过了这阵风波就好了。"

小李:"每次都曝光,基本上都是淡定地看完新闻关掉,继续啃汉堡,反正对于 B 国人民来说只要没死人就不是大事儿。我们是企业,要以盈利为最大目标。"

小郭:"25 万个承诺,每一口都安心,既然有这种承诺。我们是有文化有良心的公司,应该绝对把好每一关。为消费者提供过期的、劣质的食品,辜负了他们对我们的信任,你们说是不是?"

老宋:"小郭说得很对,做企业要对得起消费者,他们付出了相应的钱,我们就应该给他们所对应的商品。要担负起企业社会责任,注重食品安全问题。既然甲公司选择我们做他们的供应商,那就是信任我们,我们应该要对得起他们的信任,这样才能对得起广大消费者。"

小赵:"虽然我们是企业,要以营利为目的,但是我们不能丧失了我们的本心,应该担负起企业社会责任。"

会议后,公司的相关负责人向 Boss 提出几个解决方案:

方案 A:快餐虽然存在食品安全问题,但是老百姓的热情依然不减半分。既然如此,作为公司就应该以自身的利益为重,食品安全什么的都不重要,即便是有一部分顾客感冒、发烧、拉肚子,谁知道到底是因为什么原因的呢? 其他人吃了不也没什么事么? 那就将公司的利益放在首位,无须去理会那些。

方案 B:既然现在已经查出公司大量使用过期、变质、次品原料生产快餐所需食品,对销量有一定的影响,为了挽回声誉,就应该让公众明白我们是一个有社会责任的企业。先把有问题的产品召回,作销毁处理,使老百姓对我们公司有一个好印象。但我们毕竟是一个企业,这样做会使我们亏损很大一笔资金,导致今年利润几乎为零,很不利于我们的发展。故此决定先将产品召回,挽回一定的声誉,但召回的产品不做销毁处理,等这阵风波过去之后,将产品稍稍处理一下继续投入生产。这样做既能挽回声誉,同时还不会影响公司的收益。

方案 C:作为一个企业,就应该担负起应有的社会责任,面对备受指责的有关食品安全问题,我们应该以身作则,对食品的质量严格把关。首先将市场上有问题的食品全部召回进行销毁,即便影响企业的利润也要做到对消费者负责;其次对于公司所生产的所有食品都要进行严格的把关,绝对不要让有问题的食品流入到市场上去,要对企业的需求商负责,要做一个承担社会责任的公司。

对于负责人给出的三种方案,Boss 陷入了沉思。一边是企业利益,一边是社会责任,Boss 一时间也没了主意。

思考题

如果你是案例中的 Boss，你会选哪一种方案？

案例二

2014 年 10 月 24 日，甲国 A 公司（买方）与乙国 B 公司（卖方）签订了一份国际货物买卖合同。合同规定：由卖方向买方出售 5 万公斤羊毛，货物单价为每公斤 4.10 美元，货物总值 20.5 万美元，分三批交货，即于 2015 年 4 月交 1 万公斤、5 月交 2 万公斤、6 月交 2 万公斤，付款条件为信用证支付方式。合同适用法律为《公约》。合同签订后，A 公司便根据该合同的内容与国内的 C 公司签订了一份买卖合同，将 5 万公斤的羊毛转卖给 C 公司。

A 公司于 2015 年 3 月 6 日和 4 月 10 日分别开出 1 万公斤和 2 万公斤羊毛的信用证。但由于合同签订后不久，国际市场上羊毛价格大涨，B 公司始终没有交货。此间 A 公司曾多次通过传真和电话要求 B 公司交货，B 公司则回称市场上没有货源，难以交货。同时又提出，如果按原合同价格交货，公司没有足够的资金备货，希望能将货物单价提高到每公斤 7 美元，否则就无货可交。A 公司回电表示，B 公司按合同规定交付货物是其应履行的合同义务，因此不同意变更合同的价格条款，并指出如果 B 公司不交货，则不再按期开出第三批货物的信用证。

与此同时，A 公司与 C 公司之间签订的买卖合同的交货期限将至，但由于 B 公司不交货，A 公司不得不同意 C 公司以每公斤 6 美元从其他客户手中买进 5 万公斤的羊毛，其差价损失则由 A 公司承担。据此，A 公司转而向 B 公司追偿差价损失，但由于双方协商未果，A 公司遂向中国国际经济贸易仲裁委员会申请仲裁，要求 B 公司承担不履行合同交货义务的责任，赔偿差价及利息损失。

为此，B 公司召开了紧急会议：

王经理："A 公司要求公司承担不履行合同交货义务的责任，赔偿差价及利息损失，如果按照合同赔偿公司需支付其 10 万美元，如果继续履行合约则需支付购买羊毛款项及补偿 A 公司损失共 20 万美元。"

小王："造成如此损失的责任并不完全在我们，A 公司只开出了第一批货物和第二批货物信用证，使公司无法履行第三批货物的交付义务。故此，公司完全不需要支付或赔偿 A 公司。"

老刘："我们可以对外宣称公司已将欲交付的货物备好，但由于 A 公司取消了其与公司签订的买卖合同,造成了公司的重大损失,因此,公司决定不交付羊毛。这样一来,那就是 A 公司的责任了。"

小李:"公司和 A 公司签订合约在前,羊毛涨价在后。这是我们都不能预料到的结果。但公司没按时交货这是不争的事实,可以试着和 A 公司协商,看能不能找到什么折中的办法,使买卖双方的损失都能尽量降到最低。"

小张:"若公司在羊毛涨价时交付货物,那公司将损失一大笔资金,这对公司的发展不利。如若毁约,索赔的虽然没有这么多,但这样做违背了作为企业所应负的责任,也会影响公司的声誉。既然现在己经无法挽回,公司应该尽其所能地帮助 A 公司挽回损失。"

会议结束后,王经理做出了几种方案,来到了 Boss 的面前。

方案 A:作为企业来讲,盈利才能使公司继续正常运转下去。故此,公司不可能在羊毛涨价的时候高价收入再低价卖出。至于 A 公司所要求的赔偿差价及利息损失,造成如此损失的责任并不完全在我们:(1)A 公司只开出了第一批货物和第二批货物信用证,使公司无法履行第三批货物的交付义务。(2)公司已将欲交付的货物备好,但由于 A 公司取消了其与公司签订的买卖合同,造成了公司的重大损失,因此,公司决定不交付羊毛。如此一来,责任都在于 A 公司,与公司并没有什么关系,也不用赔偿 A 公司什么。

方案 B:公司和 A 公司签订合同之后,国际上羊毛价格大涨。这是我们预料之外的结果。如若公司按时并且按照合同所规定的价格交货,公司的损失将会影响到公司的业绩。但若不按时交付,按照合同所规定的违约金赔付的话,对公司的影响并没有按时交付的大。但这样一来,A 公司将承受巨大的损失。公司可以试着和 A 公司协商,看能不能找到什么折中的办法,使买卖双方的损失都能尽量降到最低。比如大家各退一步,敲定一个适中的价格,使双方都觉得满意的情况下达成一个新的协议。

方案 C:若公司按时交付第三批货物,那将损失一大笔资金,这对公司的发展不利。若毁约,索赔的虽然没有这么多,但这样故违背了作为企业所应承担的社会责任,同时也会影响公司的声誉。况且公司签订合同在前,羊毛涨价在其后发生,公司也没有按时交付货物,这是公司的责任。既然如此,公司应该尽其所能地帮助 A 公司挽回损失,按照 A 公司所要求的赔偿给他们差价及利息损失。

王经理说完之后,Boss 立即找股东们商量对策去了……

思考题

1. 如果你是 Boss，你会选择王经理的哪个方案？
2. 你是如何理解三家公司的竞争与合作关系的？

在竞争与合作中，企业如何做才符合履行企业社会责任的原则？

第9章

企业社会责任与公共利益

9.1 公共利益的界定

9.1.1 公共利益的定义

公共利益一词，由公共和利益两个词构成。公共是相对于个别而言的，根据《辞源》的解释，公共，谓公众共同也，是一个相对的概念，而非静态的。从哲学的角度来看，利益表现为某个特定的客体对主体具有意义，并且为主体自己或者其他评价者直接认为、合理地假定或者承认对有关主体的存在有价值，简单总结为好处。因此，我们可以把公共利益解释为公共的利益或公共的好处。①当然，这样解释并没有说清公共利益概念的含义。也难怪，公共利益概念因其抽象的属性和复杂多变的内容，寻求为其下一个恒定不变的定义是何其艰难。自古至今，还没有谁给它下过一个得到公认的可操作性定义。

我国《宪法》第二十和二十二修正案中都出现了公共利益，规定国家出于公共利益的需要，可以依照法律规定对土地和公民的私有财产进行征收或征用并给予补偿。由此可见，我国《宪法》上的公共利益是专门针对征收条款而言的。但是，从实际立法来看，公共利益在普通立法上使用极为广泛，这一切都必须依赖于对《宪法》中公共利益的解释，这一解释其实并不局限在土地、财产的征收领域。从《宪法》条文本身来看，《宪法》中除规定了公共利益外，还有一些词语

---

① 沈桥林.公共利益的界定与识别[J].行政与法(吉林省行政学院学报),2006,01:87-90.

与公共利益的形式或意思相近,比如《宪法》第五十一条中的国家的利益、社会的利益、集体的利益,第五十三条中的公共秩序,第二十八条中的社会秩序、国家安全、社会治安等等。在此,我们可以通过比较公共利益概念和相关概念厘清公共利益概念的含义。

首先,公共利益和国家利益、集体利益的区分。公共利益与国家利益、集体利益尽管有不少相通之处,但其不同也是明显的,尤其是在利益主体方面,三者各有自己明确的主体。国家利益是指国家为了满足自身生存安全和发展需要的利益。马克思主义认为,国家是阶级统治的工具,因此,从根本上说,国家利益就是统治阶级的利益。集体利益是指由许多人组成的某一个整体的利益。集体利益作为某一个整体的利益,是相对个人利益而言的。公共利益是指社会公共利益,它是相对于国家利益和集体利益的一种独立的利益类型,也不能被国家利益和集体利益所取代。公共利益作为一种独立的利益类型,其利益主体是公民社会,即与政治国家相对称的社会自治体。

其次,公共利益和公众利益、共同利益的区分。公共利益和公众利益、共同利益是三个极易混淆的概念,但三者的侧重点却明显不同。公众利益是指一定范围内大多数普通群众的利益,其侧重点在于数量上的多数。共同利益是指两个或两个以上的主体共同享有的利益,其侧重点在于共同享有,是相对于单个主体独享而言的。公共利益既不仅仅是指数量上众多人的利益,也不仅仅是指多个主体共享的利益。公共利益即公益,是相对于私益而言的,指的是非私有性质的利益,其侧重点在于公共性,或曰开放性。所谓公共利益,必须具有开放性,而不是局限于某个封闭的圈子之内,也不得专为某些个人所保留。换言之,公共利益必须是人人都有机会享受得到的。例如,修建公路,任何人的享有都不会排除其他人也有机会享有。①

9.1.2 公共利益的内容

公共利益的内容,不仅包括物质性的公共利益,也包括精神性的公共利益。物质性的公共利益我们可以理解为以公共产品为主的各种各样的社会福利,包括公共安全、公共设施、公共环境、公共教育、社会保障等。而精神性的公共利益则包括共同体共同认可、追求的价值、观念和原则。但不管是物化的还是非

① 沈桥林.公共利益的界定与识别[J].行政与法(吉林省行政学院学报),2006,01:87-90.

物化的公共利益其本质都是一种价值判断,而作为价值判断就存在着差异性,因此公共利益内容涵盖范围极广,只要是不特定的多数人认为对自身具有的好处都可以成为公共利益的内容。但是任何本质都要通过现象来表现,在实践中,公共利益的内容主要通过公共产品、公共服务以及公共权利来承载。

1. 公共产品

公共产品是指能为绝大多数人共同消费或享用的产品,具有消费或使用上的非竞争性和受益上的非排他性的产品。萨缪尔森认为,"每个人对这种产品的消费都不会导致其他人对该产品消费的减少"。虽然一些学者对这样一种界定提出质疑和批评,但其目前依然是一个最为经典的表述。从消费或享用主体上来看,绝大多数人与受益的非排他性特征完全符合公共利益受益主体的特征;从产品内容上来看,无论是纯公共产品还是准公共产品都是公共需要的体现,都最终以公共利益为依归。具体而言,只要是政府或第三部门所提供的有形的产品我们都可称之为公共产品。主要包括:公共工程设施类,如公共水利设施、公共交通设施、公共卫生设施、公共能源设施、公共安全设施、公共文体休闲设施以及其他公共服务设施等;公共消费产品,主要包括如水、电、气、暖等在内的有形产品。

2. 公共服务

所谓公共服务就是指使用公共权力和公共资源向公民所提供的各项服务。公共服务可以根据其内容和形式分为基础公共服务、经济公共服务、公共安全服务和社会公共服务。基础公共服务是指那些通过国家权力介入或公共资源投入为公民及组织提供从事生产、生活、发展和娱乐等活动的基础性服务,如供水、供电、供气、邮电与气象服务等。经济公共服务是指通过国家权力介入或公共资源投入为公民及组织(企业)从事经济发展活动所提供的各种服务,如科技推广、咨询服务以及政策性信贷等。公共安全服务是指通过国家权力介入或公共资源投入为公民提供的安全服务,如军队、警察和消防等方面的服务。社会公共服务则是指通过国家权力介入或公共资源投入为满足公民的社会发展活动的直接需要所提供的服务。社会发展领域包括教育、科学普及、医疗卫生、社会保障以及环境保护等领域。社会公共服务是为满足公民的生存、生活及发展等社会性直接需求,如公共教育、公共医疗、公共社会福利等。

3. 公共权利

由于个体享有的基本权利具有相似性的特点,这就为个人权利转化为公共权利奠定了基础。公共权利来源个人权利,在国家形成的过程中公共权利的主要部分转变为国家公权力。从这个意义上来讲,"公共权利是这样一种状态:宪法上规定的公民基本权利在实际社会生活中必须由集体和全民的名义代表,各公共(行政、企业、事业)部门根据他们自己部门法的规定来行使,否则难以得到声张"。但公共权利并非全部转变为公权力,从市民社会与国家的关系角度来看,一部分公共权利还是属于社会的,公民、社会组织与国家一样享有公共权利。而公共权利顾名思义是为了维护公共利益,实现了公共权利也就是实现了公共利益,因此,公共权利也就成为公共利益的内容。①

9.1.3 公共利益的特征

公共利益的特征颇多,从不同角度可以有不同的概括。在此,我们仅对其总体特征进行概括。

1. 公共利益之公共具有非排他性

公共利益概念最主要也是最复杂的特征是公共一词的不确定性。"由以往迄今,公法学界讨论公益的概念,所着重的地方,并不在于对于利益概念的探讨,而是一律地环绕在所谓公共的概念,及努力来阐明这个概念的问题所在。"②既然称作公共利益,那么代表的并不只是小范围、极少数人的利益,而是大众的利益。而公共利益究竟是一个多大范围及多大数量的人的利益,迄今为止,人们还无法给出确定的答案。世界银行对公共物品进行解释时,如此解释:"公共物品是指非竞争性和非排他性的货物。非竞争性是指一个使用者对该物品的消费并不减少对其他使用者的供应。非排他性是使用者不能被排斥在对该物品的消费之外。"在解释公共利益之公共时,只能从非排他性或开放性方面来把握,即公共利益一定要有非排他性或开放性。公共利益一定不能排除任何个人的享有机会,不能封闭于某个特定的圈子。至于公共利益的受益人数多寡,只能说,公共利益肯定是一个多数人的利益,但这个多数究竟是多少,则是不确定的。③

2. 公共利益之利益是主客观的统一

利益是主体对客体的享有,或者说是客体对主体的有用性。"利益"一词反映了主、客体的关系,在这一关系中,不可避免地会存在主体对客体的价值判

---

① 郑永红.公共利益的界定及立法表达[D].兰州:西北师范大学,2009.

② 陈新民.德国公法学基础理论(上册)[M].山东人民出版社,2001.

③ 沈桥林.公共利益的界定与识别[J].行政与法(吉林省行政学院学报),2006,01:87-90.

断。边沁认为,"公共利益不是什么独立于个人利益的特殊利益,共同体是个虚构体,那么共同体的利益是什么呢? 共同体利益是组成共同体的若干成员的利益的总和,不理解什么是个人利益,谈共同体的利益便毫无意义"。① 哈耶克也认为,"自由社会的共同福利或公共利益的概念,绝不可定义为所要达至的已知的特定结果的总和,而只能定义为一种抽象的秩序。作为一个整体,它不指向任何特定的具体目标,而是仅仅提供最佳渠道,使无论哪个成员都可以将自己的知识用于自己的目的"。② 正因为如此,才使得利益具有明显的不确定性。同一个客体,对不同的主体而言,其利益价值也是不一样的。随着社会的发展,人们对利益的追求也处于不断的变化发展之中。早期的人们,更注重的是物质利益,到后来已不限于物质上的利益,也及于精神的、文化的利益。尽管利益具有不确定性,但绝不等于说在利益问题上就没有客观规律可循。从根本上说,利益的形成和利益价值的认定,是受当时的客观物质条件和社会实践所决定的。不同主体对利益之所以会有不同的取舍,肯定也是受客观因素的影响。生活在同一个社会的人们,总是不可避免地会认同一些共同的利益。

3. 公共利益具有非营利性

非营利性表示公共利益的提供者不能从中赚取好处。如果一项事业是以营利为目的的,即使该项服务客观上有助于社会公共利益总量的增进,也不能作为公共利益来认定。这是因为,首先,如果公共利益是营利性的,那么它就只能被认为是一种市场化的商业营利性民事法律行为,只能按照民事交易的平等、协商与公平原则和法律规范进行。其次,从利益内容本身来看,真正的公共利益单从经济角度来讲是不得利或很难得利的,正是这种原因所以才需要由以政府为主的供给主体来提供公共利益,而政府是不以营利为存在目的的。第三,营利的目的是最大限度获得经济利润,如果公共利益具有营利性,那么不可能更好地保护公众利益,供给主体会为了营利不惜损害各种各样的公共利益。③

4. 公共利益不应以剥夺个人利益为前提

孟德斯鸠认为:"公共利益绝不是用政治性的法律或法规去剥夺个人的财

---

① [英]边沁.道德与立法原理[M].时殷弘译,北京:商务印书馆,2000:58.

② [英]哈耶克.经济、科学与政治哈耶克思想精粹[M].冯克利译,南京:江苏人民出版社,2000:393.

③ 郑永红.公共利益的界定及立法表达[D].兰州:西北师范大学,2009.

产,或者是削减哪怕是它最小的一部分。"①社会是个人的总和,个人利益是整体性利益的源泉和基础,公共利益源于个人利益,又以个人利益为依据。作为整体性利益,公共利益为每个社会成员享有,非一个人或一类人所垄断。现如今,一提起公共利益,大多数人都认为其利益的实现是建立在牺牲公民权利的基础之上,在很大程度上忽略了其对公民权利的保障作用。殊不知,最大限度地保障公民的基本权利,恰恰是最大限度地实现公共利益的目标所在。如果忽视公共利益对公民基本权利的保障宗旨,则会使公共利益成为侵犯公民基本权利的危险源。实践中很多以公共利益之名,行侵犯公民基本权利之实的行为无不充分说明了这一点。② 所以,必须将公民基本权利看作是公共利益的最重要内容之一,通过对公民基本权利的保护以及促进公民基本权利的实现,不仅能进一步促进公益的发展,而且其本身就是公益的重要内容。③

9.2 企业社会责任中公共利益的相关法律原则与义务

9.2.1 企业履行社会责任不得侵犯公共利益的原则

《中华人民共和国著作权法》中第四条第二款规定,著作权人行使著作权,不得违反宪法和法律,不得损害公共利益。《中华人民共和国合同法》第七条规定,当事人订立、履行合同,应当遵守法律、行政法规,尊重社会公德,不得扰乱社会经济秩序,损害社会公共利益。《中华人民共和国专利法》第五条规定,对违反国家法律、社会公德或者妨害公共利益的发明创造,不授予专利权。第十四条规定,国有企业事业单位的发明专利,对国家利益或者公共利益具有重大意义的,国务院有关主管部门和省、自治区、直辖市人民政府报经国务院批准,可以决定在批准的范围内推广应用,允许指定的单位实施,由实施单位按照国家规定向专利权人支付使用费。我国集体所有制单位和个人的发明专利,对国家利益或者公共利益具有重大意义,需要推广应用的,参照前款规定办理。第四十九条规定,在国家出现紧急状态或者非常情况时,或者为了公共利益的目

---

① [法]孟德斯鸠.论法的精神[M].北京:商务印书馆,1963.

② 陈召净,王坤.公共利益的概念、特征及界定[J].产业与科技论坛,2008(10):118 - 119.

③ 黄学贤.公共利益界定的基本要素及应用[J].法学,2004(10):10 - 13.

的,国务院专利行政部门可以给予实施发明专利或者实用新型专利的强制许可。《中华人民共和国保险法》第四条规定,从事保险活动必须遵守法律、行政法规,尊重社会公德,不得损害社会公共利益。《中华人民共和国食品安全法》第三条规定,食品生产经营者应当依照法律、法规和食品安全标准从事生产经营活动,对社会和公众负责,保证食品安全,接受社会监督,承担社会责任。《中华人民共和国广告法》第四章第五十四条规定,消费者协会和其他消费者组织对违反本法规定,发布虚假广告侵害消费者合法权益,以及其他损害社会公共利益的行为,依法进行社会监督。《中华人民共和国企业国有资产管理法》第三章第十七条规定,国家出资企业从事经营活动,应当遵守法律、行政法规,加强经营管理,提高经济效益,接受人民政府及其有关部门、机构依法实施的管理和监督,接受社会公众的监督,承担社会责任,对出资人负责。《中华人民共和国招标投标法》第三章第三十二条规定,投标人不得相互串通投标报价,不得排挤其他投标人的公平竞争,损害招标人或者其他投标人的合法权益。投标人不得与招标人串通投标,损害国家利益、社会公共利益或者他人的合法权益。禁止投标人以向招标人或者评标委员会成员行贿的手段谋取中标。《中华人民共和国反倾销条例》第一章第二条规定,进口产品以倾销方式进入中华人民共和国市场,并对已经建立的国内产业造成实质损害或者产生实质损害威胁,或者对建立国内产业造成实质阻碍的,依照本条例的规定进行调查,采取反倾销措施。《中华人民共和国矿产资源法》第一章第三条规定,矿产资源属于国家所有,由国务院行使国家对矿产资源的所有权。地表或者地下的矿产资源的国家所有权,不因其所依附的土地的所有权或者使用权的不同而改变。国家保障矿产资源的合理开发利用。禁止任何组织或者个人用任何手段侵占或者破坏矿产资源。各级人民政府必须加强矿产资源的保护工作。《中华人民共和国环境保护法》明确规定环境公益诉讼制度。新法规定,对污染环境、破坏生态,损害社会公共利益的行为,依法在设区的市级以上人民政府民政部门登记的相关社会组织,和专门从事环境保护公益活动连续五年以上且信誉良好的社会组织,可以向人民法院提起诉讼,人民法院应当依法受理。同时规定,提起诉讼的社会组织不得通过诉讼牟取利益。

9.2.2　在履行社会责任时对公共利益保护的规定

我国《宪法》第十条第三款规定,国家为了公共利益的需要,可以依照法律规定对土地实行征收或者征用并给予补偿。《中华人民共和国信托法》第六十条规定,为了下列公共利益目的之一而设立的信托,属于公益信托:①救济贫困;②救助灾民;③扶助残疾人;④发展教育、科技、文化、艺术、体育事业;⑤发展医疗卫生事业;⑥发展环境保护事业,维护生态环境;⑦发展其他社会公益事业。《中华人民共和国著作权法》第四十七条规定,存在法律规定的侵权行为的,应当根据情况,承担停止侵害、消除影响、赔礼道歉、赔偿损失等民事责任;同时损害公共利益的,可以由著作权行政管理部门责令停止侵权行为,没收违法所得,没收、销毁侵权复制品,并可处以罚款;情节严重的,著作权行政管理部门还可以没收主要用于制作侵权复制品的材料、工具、设备等;构成犯罪的,依法追究刑事责任。《中华人民共和国著作权实施条例》第三十七条规定,有著作权法第四十七条所列侵权行为,同时损害社会公共利益的,由地方人民政府著作权行政管理部门负责查处。《中华人民共和国广告法》第九条规定,广告不得有下列情形:①使用或者变相使用中华人民共和国的国旗、国歌、国徽,军旗、军歌、军徽;②使用或者变相使用国家机关、国家机关工作人员的名义或者形象;③使用"国家级"、"最高级"、"最佳"等用语;④损害国家的尊严或者利益,泄露国家秘密;⑤妨碍社会安定,损害社会公共利益;⑥危害人身、财产安全,泄露个人隐私;⑦妨碍社会公共秩序或者违背社会良好风尚;⑧含有淫秽、色情、赌博、迷信、恐怖、暴力的内容;⑨含有民族、种族、宗教、性别歧视的内容;⑩妨碍环境、自然资源或者文化遗产保护;⑪法律、行政法规规定禁止的其他情形。第四十二条规定,有下列情形之一的,不得设置户外广告:①利用交通安全设施、交通标志的;②影响市政公共设施、交通安全设施、交通标志、消防设施、消防安全标志使用的;③妨碍生产或者人民生活,损害市容市貌的;④在国家机关、文物保护单位、风景名胜区等的建筑控制地带,或者县级以上地方人民政府禁止设置户外广告的区域设置的。

《中华人民共和国国有资产管理法》第四十三条规定,国家出资企业的关联方不得利用与国家出资企业之间的交易,谋取不当利益,损害国家出资企业利益。本法所称关联方,是指本企业的董事、监事、高级管理人员及其近亲属,以及这些人员所有或者实际控制的企业。《中华人民共和国拍卖法》第一章"拍卖标的"第七条规定,法律、行政法规禁止买卖的物品或者财产权利,不得作为拍卖标的。《中华人民共和国招标投标法》第六章第五十条规定,招标代理机构违反本法规定,泄露应当保密的与招标投标活动有关的情况和资料的,或者与招标人、投标人串通损害国家利益、社会公共利益或者他人合法权益的,处5万元以上25万元以下的罚款,对单位直接负责的主管人员和其他直接责任人员处单位罚款数额 5% 以上 10% 以下的罚款;有违法所得的,并处没收违法所得;情节严重的,暂停直至取消招标代理资格;构成犯罪的,依法追究刑事责任;给他人造成损失的,依法承担赔偿责任。前款所列行为影响中标结果的,中标无效。《中华人民共和国节约能源法》第一章总则第七条规定,国家实行有利于节能和环境保护的产业政策,限制发展高耗能、高污染行业,发展节能环保型产业。国务院和省、自治区、直辖市人民政府应当加强节能工作,合理调整产业结构、企业结构、产品结构和能源消费结构,推动企业降低单位产值能耗和单位产品能耗,淘汰落后的生产能力,改进能源的开发、加工、转换、输送、储存和供应,提高能源利用效率。

9.3 公共利益与企业社会责任的关系

公共利益不同于国家利益和集团(体)利益,也不同于社会利益和共同利益,具有主体数量的不确定性、实体上的共享性等特征。斯密认为,公共利益不仅客观存在,而且与私人利益不是截然对立的,两者之间有着不可分割的内在一致性。① 斯密肯定公利与私利的一致性无疑具有合理成分,但是却没有回答公共利益形成的机制。换句话说,公共利益与每个人追求自我利益最大化的行为之间难免会发生冲突,无数相互冲突的个人利益如果能集结为公共利益,那么作为企业只需要单纯追求自身利益最大化,自然会到达社会公共利益最大化。但是事实并非如此,三鹿奶粉事件、山西疫苗事件等说明企业自身利益与社会利益、公共利益并不完全统一,存在矛盾之处。

阿罗证明了著名的不可能定理——“如果我们排除效用人际比较的可能性,各种各样的个人偏好次序都有定义,那么把个人偏好总和成为表达社会偏好的最理想的方法,要么是强加的,要么是独裁性的。”② 说明个人利益与公共利益的不相容性。但是这个结论似乎也存在无法解释的社会现象,如国外很多大型企业在员工培养、环境保护、灾难救助等方面的作为远远超出法律层面的要求,甚至比政府行动更为及时且不求回报。例如 2005 年美国卡特里娜飓风灾

---

① 薛冰.个人偏好与公共利益的形成——兼论阿罗不可能定理[J].西北大学学报(哲学社会科学版),2003,33(04):79-83.

② [美]肯尼斯·约瑟夫·阿罗.社会选择与个人价值[M].上海:上海人民出版社,2010:3-10.

害发生后,最先赶到灾区实施救助的不是政府而是沃尔玛公司。

阿马特亚·森认为,阿罗定理证明的只是在决策信息缺乏情况下公共利益的不可能性。随着个人获得信息的增加,人们对持续获益的途径会有更清楚的理解,达到社会理性选择的可能性也会不断增加。① 当只有顾及他人的需要、偏好才能很好地实现个人利益,当利他因素成为经济理性的应有之义,人与人、人与社会之间相互隔绝的屏障被拆除,个人利益与公共利益相互间关系的理论通道才能够被打通。桑塔菲学派经济学家金迪斯在一系列论文里论证了一个称之为社会学基本定理的观点,如果一个社会都是由自利主义者构成的,那么,长期而言,这个社会将消亡;而如果一个社会通过说服教育以及其他说教机构的努力,长期保持一定比例的利他主义者,它就能够稳定地繁衍下去。因此公利与私利之间的关系既不是完全统一、绝对一致,也并非彻底对立、相互矛盾,公利与私利之间存在着一种更为微妙的关系,通过这种关系得以维系二者的共存和发展。这里所说的私利不特指个人利益,还包括特定的组织、团体利益,即这里的私利是相对于公共利益而言的特定的组织、团体和个人利益。

企业社会责任是在一定历史时期,社会期望企业作为一个营利性的社会经济组织,对其利益相关者和社会整体所应该承担的法律、经济、伦理道德和慈善责任,包括遵纪守法、保证员工生产安全、职业健康、保护劳动者合法权益、遵守商业道德、保护环境、支持慈善事业、捐助社会公益、保护弱势群体等等。企业社会责任是企业作为特定的经济组织对整个社会所承担的责任,其面向的是社会,行为主体是企业。公共利益是一定社会条件下或特定范围内不特定多数主体利益相一致的方面,其主体是不特定的多数主体,这个主体虽然存在不确定性,但一般情境下可以认为这个主体就是以社会为代表的不确定主体,即公共利益在整个意义上可以理解为社会的公共利益(我国部分学者认为公共利益、社会利益、社会公共利益这三个范畴,在性质上并无根本的区别,其基本含义均为全社会全体成员共同的、整体的利益,既区别于社会成员个体的利益,也不是社会个体成员利益的简单加总)。因此,企业承担社会责任的对象和公共利益的主体具有内在一致性。换句话说,公共利益是以社会作为整体出发点谋求的公共的利益;而企业社会责任是企业出于公共理性、为了维护和改善自身所处的内部和外部环境而承担的相关责任。可见,公共利益的实现是公共理性的价值取向,而社会责任则是作为社会组织的企业通过自身行动实现这种目标的方

---

① 余少祥.论公共利益与个人权利的冲突与协调[J].清华法学,2008,2(02):142-149.

式和途径之一。罗尔斯在《公共理性观念新探》一书中对公共理性进行解释："各种政治主体(包括公民、各类社团和政府组织等)以公正的理念、自由而平等的身份,在政治社会这样一个持久存在的合作体系之中,对公共事务进行充分合作,以产生公共的、可以预期的共治效果的能力。"

　　企业的需求及其实现方式的社会性特点是公共利益得以发生的基础和前提。换句话说,公共利益就发生和形成于人与人、人与社会之间相互依存、相互作用的关系之中,是在人们之间相互关系中存在和凸现出来的整体利益。将企业视作"企业公民"是受需求、相互关系和作用方式的影响。公共利益形成的条件、载体和途径也不相同,大致可以把它区分为集结性公共利益、互惠交换性公共利益和补偿协调性公共利益。我们可以从这三种分类来深入理解企业社会责任与公共利益的关系。

1. 集结性公共利益

　　集结性公共利益是每个社会成员千差万别的需求中所包含的无差别的、共同性的那一部分需求与偏好。换句话说,它是社会成员的同质性需求。人作为一个共同的类,必有某些相同的需求,例如:社会成员生存要求、对良好生活环境的要求、食品安全要求等。这种类型的公共利益主要涉及企业社会责任中的外部性问题,某一主体的作为或不作为会对另一主体或一些主体的合理利益造成损害,从而该主体具有不作为或作为的义务。利益主体作用的过程,即社会责任产生的过程符合经济外部性的定义。经济外部性包括外部经济与外部不经济。外部经济指某个主体的一项活动会给社会上其他成员带来好处,但他自己却不能由此而得到补偿;外部不经济指其个个体的一项活动给社会上其他成员带来危害,但他自己却并不为此而支付足够抵偿这种危害的成本。经济外部性本质在于某一主体面临的收益与成本不能完全影响该主体的行为决策。如果一个主体的作为对外造成不经济,从公平与正义的角度而言,该主体有义务进行补偿。补偿代表的是责任,对于企业而言就是社会责任。

2. 互惠交换性公共利益

　　互惠交换性公共利益是在个人利益相互依存关系中被凸现的公共利益。这种类型的公共利益发生和形成于以交换为基础的经济活动中。交换成为人们获取经济利益的最基本的形式,人们通过交换(产品、劳务、知识、信息、技术等)取得满足自身需要的特定物品和服务,以实现自身利益。尽管市场交换的结果是异质性利益的实现,但交换本身却涉及交易各方的共同利益。尽管交易各方对互惠交换规则内容的要求不尽相同,对规则的恪守程度也不尽一致,但是要求有规则和规则的互惠性却是共同的。在这个意义上,可将这类共同利益称为互惠交换性公共利益。互惠交换性公共利益发生于个人利益之间的相互依存关系之中。换句话说,互惠交换性公共利益产生于个人利益又不同于个人利益,是在有差异的个人利益中形成并客观存在着的公共利益。在企业社会责任理论中,股东、债权人、职工、客户与社区等是企业履行社会责任的利益相关主体,其中任何一主体的利益都不应该凌驾于其他主体的利益之上。企业是一个市场主体,其行为都具有交易特点。交易公平是市场经济的基本伦理要求,只有公平的交易才具有效率,也才具有持续性。哈佛大学教授罗尔斯认为正义是社会的首要价值,每个人都拥有一种基于正义的不可侵犯性,甚至社会整体利益也不能逾越之。由此可见,社会中每个个人或经济主体都有权利维护自身合理利益,也说明社会中的市场交易都应该在公平的伦理要求下进行,某项交易的公平要求不能超越另一项交易,因此,股东、债权人、职工、客户与社区等利益相关主体都应享有公平交易的权利。而目前大多数企业因为决策权集中于个人或高层,容易导致决策过程中更多地顾及股东、职工等内部利益相关者的权益,而忽略外部利益相关者的权益。

3.补偿协调性公共利益

补偿协调性公共利益是在部分利益让渡中形成的公共利益。博弈论的研究表明,即使对弈双方在初次对弈中追求的是自己的边际效用最大化和边际收益最大化,而根本不考虑他人的利益,但是经过多次博弈后,会形成诸多均衡点,在多方参与的博弈中还存在有多个均衡点,这意味着不同利益主体经过多次博弈,会趋于调节各自的需求结构,找到有利于各方的利益共同点即公共利益。[①] 在这种情况下形成的公共利益,既有别于同质性需求集结而成的共同利益,也有别于互惠交换性利益中对规则的需求,它往往是通过对利益主体间的利益分割与补偿而促成的公共利益。例如,由于所拥有的财产、社会地位、天赋、受教育程度以及面临的机遇等的差异,不同利益主体获取的利益份额是不同的,贫富差距、两极分化不可避免。解决这类利益冲突的制度创新,其基本内容是国家建立医疗保险、失业保险、生育保险和工伤保险制度,对社会中濒临生存危机的人群进行补贴和救助,以维持其最低生存条件。其实质是通过部分利益的让渡来防止利益分化造成各方利益受损而进行的利益平衡。社会保障的

---

① 薛冰.个人偏好与公共利益的形成——兼论阿罗不可能定理[J].西北大学学报(哲学社会科学版).2003(04):79-83.

资金来自于税收,其中包括诸如以累进税的方式向富人征收高额税款,然后通过转移支付的形式补贴穷人。从根本上讲,转移支付所起的作用对穷人有益,对富人也是可以接受或不得不接受的。穷人需要生存,富人需要社会安定,而转移支付缩小了贫富差距,削减了两极分化引发的社会动荡,保持了利益的相对均衡,维护了社会安定。在这个意义上,企业社会责任可以看作是企业自身经济利益的某种让渡,以保持和维护企业外部生存环境的可持续性。

　　企业作为一种社会组织,面向的主体具有多元性。主体之间的相互影响必然存在,但是主体之间的相互影响并不一定会导致经济外部性。科斯定理指出,只要财产权明确,并且其交易成本为零或者很小,则无论在开始时将财产权赋予谁,市场均衡的最终结果都是有效率的。导致市场有效的原因在于财产权明确,并且交易成本为零,即社会本来存在一个完备的契约保证各种收益与成本完全地决定主体的决策,这个过程也就是成本收益决策内在化。市场制度与社会制度是这种契约的存在形式。契约越完备,制度越健全,经济外部性发生的可能性越小。当某一个体对其他个体造成不利影响时,从公平的角度而言,该个体应该消除这种影响或者给其他个体给予补偿,即应该承担责任,这就是企业社会责任的真正内涵。制度是企业社会责任得以履行的保证。企业是一个契约的集合体,各利益主体之间都存在一定的契约,只是在当前历史阶段条件下,有些契约相对完备,而有些契约却不尽完备。比如,股东与企业之间的利益关系更加紧密,从而相对其他企业利益主体的契约更加完备,而企业与社区、环境等之间的契约实难说健全,这个事实应该解释为什么存在股东利益至上作为企业社会责任首要因素的恰当证据。企业在制度完备与不完备之间履行社会责任,如果某一项契约规范健全,那么它就不得不履行相应责任,而某一项契约规范不健全,那么它可能任由外部不经济产生。契约规范了主体之间的利益取向,而契约的制定与执行都需要支付成本,所以,在实践中,某一利益关联越大,则该利益契约更可能完备。反过来说,经过一段历史演进之后,某一利益契约越完备,则其中内含的利益关联可能越大。在如上逻辑的基础上,我们可以找到评价企业履行社会责任程度的标准。企业在契约规范的条件下所履行的社会责任应该是对应利益主体更为重要的利益追求,而契约没有规定或规定较弱的利益关联可能是对应利益主体相对不重要的利益追求,这也正是企业社会责任所强调的主旨所在。

9.4　公共利益视角下企业承担社会责任的利益考量

9.4.1 公共利益视角下企业承担社会责任的类型

公共利益视角下企业承担社会责任是指将企业组织看作一个与公共利益息息相关的生命体,以公共利益为导向,以多赢为目标,在对组织内、外环境的监测中帮助组织履行对社区、对社会等的责任。企业的社会责任包括内部和外部两部分,企业除了对员工必须负责外,也要考虑企业产品对社会的冲击,对社会价值的影响。企业承担社会责任主要有以下五种类型[①]:

积极主动型。企业有较强的责任意识与自主行为,每年和连续多年有公益事业的行为,且表现高于社会平均水平,将回报社会作为企业文化的一部分。

积极被动型。企业对承担责任有相当意识,但大多靠外力推动,其中行政性要求是重要动因。

一般型。企业有行为但没有责任意识,其与积极被动型企业的差别主要在参与社会公益的形式单调,无个性或创意;同时,制度化不够,纯靠外力(一般是政府或上级部门指派)推动。

消极无奈型。这类企业多由经济能力原因无法有社会责任行为。

消极抵触型。一些企业有经济能力,但他们从不同角度认为社会责任应该由政府来负责,企业的责任就是依法纳税。

9.4.2 公共利益视角下企业承担社会责任的方式

作为活动家的企业,首先是社会公益的提供者,然后才是受益者。置身企业效益与公益效益之中,企业的经营也因此变得更宽。以对环境的态度为例,作为社会活动家,企业表现出来的是对环境的高敏感度,积极寻求尊重和保护地球及自然资源的途径。例如,比利时易通维公司,一家采用天然香皂和可再生原料生产清洁用品的公司,其经营活动中就基本做到了零辐射。作为活动家方式存在的企业,更多地参与到了慈善捐助、扶贫救济等回报社会的行动中。

---

① 杨团. 公司与社会公益 Ⅱ,社会政策研究丛书[M].北京:社会科学文献出版社,2013:34 - 42.

例如,著名的美国沃尔玛公司,多年来提出的口号就是:"我们是顾客的买办,我们存在的价值就是为顾客省钱。"沃尔玛公司开到哪里,不光要能为那里的消费者提供最好的产品和服务,还为社会提供更多的回报。沃尔玛公司在每年的业绩评价会议上,不仅总结经营业绩,还检查为社会做了多少公益事业、救助多少残疾人、向社会福利基金捐了多少款等等。可见,作为社会活动家存在的企业的高明之处就在于,确立企业在社会中的正确位置,从而引起社会的广泛认同。因此,较高层级的责任承担方式,有利于实现企业经营利益与社会利益的兼顾,实现企业利益与社会利益的相互转化,最终赢得更大的企业发展空间。例如,日本本田汽车刚进入美国市场时受到排挤,本田公司坚持在美国每销售出一辆汽车就在美国街头种植一棵树,实行一车一树的策略,后来又拿出一部分利润专门用于城市与公路植树,最终回报社会的结果是改变了企业形象,产品也成了消费者优先选购的对象。

9.4.3 公共利益视角下企业承担社会责任的利益考量

管理者迫切需要公众认可他们的信仰和价值观,这远比购买产品重要。对责任的探讨往往牵涉利益和价值的考量。对大多数组织而言,他们在实践中也逐渐意识到了公共利益的重要性,但是往往在处理组织利益与公共利益关系上不知所措,由此造成了许多侵犯公共利益的行为。如何协调、处理组织自身利益与社会公共利益? 传统上,企业对利益的理解是在竞争或相互关系中,当利益总量确定以后,组织多得到的利益是公众失去的利益,公共利益增加也就意味着组织利益的减少(图9−1、图9−2、图9−3)。

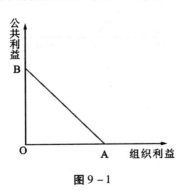

图9−1

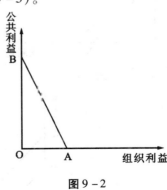

图9−2

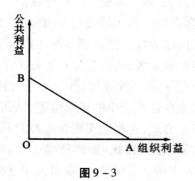

图 9-3

图中,A 和 B 分别代表组织利益与公共利益,图 9-1 中两者处于平衡状态;图 9-2 中组织利益减少带来公共利益增加;图 9-3 中减少公共利益换来组织利益上升。

但是实际上,组织利益与公共利益之间并非只有以上此消彼长的关系存在。组织利益提高并非一定建立在公共利益减少基础上,而公共利益减少也不一定提高组织利益。公共利益有可能在不损失自己利益的基础上增加他人的利益(图 9-4),或者又可以在不减少他人利益的前提下增加自己的利益(图 9-5),或者在既增加公共利益的基础上也提升组织的利益(图 9-6)。

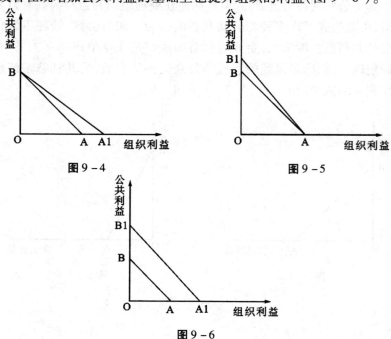

图 9-4　　　　　　　　　　图 9-5

图 9-6

　　承担社会责任就有利于这样一种既增加公众利益也提升组织的利益的利益关系的实现。简单说来,承担社会责任的公共利益有着明确的利润目标,它是一个有利于收入增加的公共利益模式。

　　进一步而言,企业承担公共利益责任,是对传统倾向于组织利润与公共利益实践的颠覆,也是对公共利益是完全实现公众利益理解的超越。增加社会责任的公共利益理论与实践,有利于公共利益策略价值与道德价值的统一。皮尔森的公众道德伦理理论认为,"相互依赖与相互联系"这一术语有两种解释:一是强调系统的道德价值;二是强调系统的策略价值。这两种价值代表了两种不同的系统思维方法,他们能够引导公共利益学进入两个不同的方向,也可以将两者进行融合。总之,在公共利益视角下企业承担社会责任,有利于促进企业的可持续发展,作为企业必须坚决维护公共利益。

案例分析

案例一

　　在一片湖泊周围共有六个村庄,村民每天都自由自在地在这片没有人管也没有人在意的水域上打鱼。每到快过年时这里还举办一年一度的捕鱼节。李村的李明考上大学以后,在一家食品公司任管理人员,在回家探亲时发现了村里的湖泊没有人管也没有人占,又想到自己的公司正在寻找地方建养殖基地,于是想到让自己所在的公司承包这片水域进行养殖。一来公司承包养鱼必然会给村民带来一些好处,二来公司正处于扩大生产规模阶段,如果自己成功地促进了公司的发展,以后一定会得到领导的重用。

　　李明回到公司后立刻找到了总经理,把自己的想法一五一十地告诉了总经理。总经理听了喜出望外,心理盘算着:自己公司生产的鱼罐头、鱼片、龙虾等鱼产品长期受到供货商的制约,成本很高,空间利润很小,公司一直都想着自己养殖、再加工,从根本上来大大降低生产成本,无奈一直没有找到合适的养殖基地。最近洽谈的几个也都失败了,如果该地合适的话可真是解决了公司这几年最头疼的问题。

　　总经理拍着李明的肩膀说:"小李啊,你先带我去看看。"

　　"好,我家离这就五六十公里,开车一个小时就到了。"

　　李明带着总经理和三个部门主管一起到家乡去考察。一个多小时后,汽车停在了村委会门前的公路上。李明指着一条土路说:"沿着这条路走,约三百米就到了。"大家边走边听李明的介绍，走过村庄突然视野开阔起来，大家都被眼前的景象震惊了，这里山清水秀，湖泊的水域面积很大，湖水清澈，似乎能看到鱼儿在游动。

总经理立刻与三位主管打定主意要在这里建养殖场。李明又带着他们来到了村委会，并向村长表明了来意。村长说："之前也有公司想承包我们的公共湖，但都没有谈成，我们的要求只有一个，就是给六个村每个村修一条水泥路。我们周围六个村没有一个村有水泥路，每到下雨，地都泥泞不堪，人们出行十分困难。每年都向县委申请修路，可等了一年又一年就是不批。只要你们公司能帮村民解决这个难题，其他的都好商量，你们看怎么样？"总经理和三位主管就商量了起来，经预算由于村庄不是很大，所以修路投入的资金并不太多，加之这面水域面积广大，很适合现在公司扩张的需要，而且用不了三四年就可以收回修路的成本。于是就照着村长的意思签订了合同。主要内容如下：一、该公司为六个村修六条水泥路来换取该湖泊三十年的开发养殖经营权。二、公司经营期间任何居民不能到该湖捕鱼。三、公司在建厂养殖期间不能对环境造成污染。

可是刚签完合同，有一部分村民就不乐意了。原因很简单：针对合同第二条任何居民不能到该湖捕鱼，如此一年一度的捕鱼节就办不成了。他们不愿意因湖泊承包出去就丢掉捕鱼节的传统，要求该公司修改合同，允许他们在捕鱼节那天下湖捕鱼。

李明把村民的意思告诉总经理以后，总经理就不高兴了，说："我们养的鱼绝对不能让他们去捕，即使是过节也不行，那么多村民捕一次要捕走多少鱼啊，肯定会影响公司的生产。"

李明灵机一动："那就允许村民下湖捕鱼，但是要求他们捕到的鱼交给我们，只留一小部分给捕鱼者好不好？"

"那村民能答应吗？"

"我了解我们那儿的村民，这捕鱼节是他们祖祖辈辈都过的，图的是热闹不是鱼。"

"那就交给你去办吧，切记，一定要保证公司的利益。"

李明回到家乡，把可以过捕鱼节的情况告诉了村民，果然如他所料，村民只要求能过节捕鱼就好。所以，每到年关，几个村还是热闹非凡。

修改完合同以后，该公司一边派人修路，一边建厂，路修好以后，养殖场也步入了正轨。但两年后矛盾却又发生了。

　　这年夏天异常干旱，已经连续三十多天没有下雨了，地里种的水稻都快旱死了。往年稍微旱一点，人们都用湖里的水浇地，可今年这湖包给别人了没法浇地啊。可是为了有口粮吃，村民们又组成代表找到了李明。

　　村长握着李明的手说："你看地里的庄稼都快旱死了，你去给领导说说让我们用湖里的水浇地啊，不然村民们这一年就没有粮食吃了。"

　　李明又找到总经理说明来意，总经理这次是坚决不同意了。最近干旱严重，湖里的水也比往年少了许多，养殖的鱼已经少了好多，若再让村民抽水灌溉，湖里的水最多就剩一半，这必然影响鱼的生长，严重的话还会引起鱼的死亡。李明劝了好久，也不能说服总经理，只好回去了。

　　村民们也没有怪李明，就寄希望于天气，等待着下雨。可是一连几天也没有下雨，村民们再也等不下去了。于是就联合村里在该工厂里工作的人罢工来逼迫总经理同意用湖水灌溉。许多村民和工人围在该厂的门口，一直要求面见总经理。李明怕事情继续耽搁下去事态扩大，就赶紧打电话给总经理，让他想办法。

　　总经理立刻召开会议与三位主管商量对策。

　　第一个主管坚决反对村民的要求："我们承包了这个湖，这湖就是我们的，不能让村民想用的时候随便用，不然以后公司就别想有安宁的日子了。"

　　第二个主管说："可现在他们都闹到了罢工的份上了，我们要是还不同意，他们一直不开工怎么办，耽误的时间也会给公司带来不少的损失呢。"

　　总经理气急败坏地说："这帮村民这次也太过分了。"

　　第三位主管说："这两年来他们也没有做过什么对公司不利的事情，可见这次是真的遇到困难了，不如我们先满足他们的要求，然后再给每个村打两口井。我估算了一下花十万左右就可以解决了，这样以后再干旱村民也不会用湖里的水了，也能最大化保障我们的利益，所以我认为花一些钱并不算什么，你们认为这样办可以吗？"

　　见其他两位主管都不说话了，总经理就决定采用第三个主管的方法。

　　村民们对该公司给出的回复都很满意，认为这既解决了现在的燃眉之急，以后再灌溉也方便得多了。

　　后来，随着公司规模的进一步扩大，从该地区来回运输鱼产品的次数越来越多，有时甚至加班加点一整夜都在运货。汽车夜里的轰鸣声严重影响着人们的休息，特别是小孩，夜里被吵醒后，怎么哄都哭闹着不睡觉。这里的村民大多日出而作日落而息，可是现在日落以后根本没有办法休息。于是，村民又聚集在一起,要求该公司天黑以后、天亮以前不能运货。其实在此之前,货车司机早就反映过加班太多,他们疲劳过度,申请招聘新的司机分担任务。

总经理为了节省开支,一推再推,这次村民一闹起来,他知道再也推不掉了。可是公司的车就那么多,司机搭配得也正好,再买车成本太大,雇新司机没有太多的事情交给他们干,还要支付与其他司机一样的工资……

正想着电话突然响了,"鉴于你们公司经营状况良好,你们申请的五百万贷款我们银行已经批准了,但是你们必须要用至少价值五十万的固定资产来抵押,如果可以的话明天就来办手续吧。"挂了电话,总经理笑了,因为他想到了同时解决两个问题的方法。他立刻通知会计部拿出六十万买两辆卡车,人力部招聘四位司机,告诉李明答应村民的要求,并向他们保证以后不会夜间运货打扰他们休息了。

村民们得到了满意的回复,放心多了,认为该公司确实为他们办了许多好事,都从心里感激该公司。

思考题

1. 如果该公司不是因为抵押贷款买车才解决了与村民的矛盾,该公司会怎么处理这次与村民的矛盾?

2. 你认为接下来村民还会就哪些公共利益问题与该公司产生矛盾?

案例二

"局长,城区的那几家还是不肯搬迁,每次去找他们谈判他们不但不听,还提出更多无理的要求,这该怎么办啊?再不解决,年后我们就无法按时动工了。"此时局长也一筹莫展,只是淡淡地说了一句:"小李,你先去通知全局的人到办公室开会。"

为加快经济建设步伐,该政府决定将城区的普通房拆迁、重建。由于存在个别的钉子户,政府迟迟不能将该区居民拆迁安置,这严重阻碍了政府的工作进程。

局长说:"由于该区的城市化建设受到了一些民众的阻碍,不能按计划进行,所以请大家各抒己见、献计献策,既解决好民众的安置补贴问题,又使资金支出在政府合理的财政预算支出之中。"

小张率先站起来说:"应该采取强制性搬迁的措施,并且要以强硬的态度拒绝钉子户的无理要求。他们再不搬迁,我们就给他们断水断电,时间一长,他们自然住不下去。我们只要按国家法律规定给予他们补贴就行,他们也不应该有什么好怨言的。"

小李说:"这样做是不行的……"

还没有等小李说完,老王就打断了他:"我听说临县采用 BOT 的发展模式(BOT 即建设—经营—转让,是指政府部门就某个基础设施项目与私人企业签订特许权协议,授予签约方的私人企业来承担该项目的投资、融资、建设和维护,准许其通过向用户收取费用或出售产品的方式来收回投资,并赚取利润)取得了不错的效果,我们可以借鉴一下。把该地的建设权转让给开发商,让开发商与居民户谈判,解决好有关补贴安置的问题,然后再让他们自由开发。"

小张一脸不服气地说:"说着容易做着难啊,企业又不是公共事业单位,他们总是追求着利润的最大化,怎么会帮我们政府解决这样的难题呢,还是我们自己想办法比较实际。"

老王反驳道:"解决这个难题以后,他们就能盖房卖房挣钱了,何乐而不为呢?"

"可是……"

双方吵了起来,而且越吵越激烈。这时候层长站起来一拍桌子:"先按老王说的办。"

于是,贴出了政府就该地建设问题的招标方案。

A、B 两家房地产公司看到公告后,纷纷制定开发方案。

A 公司立刻成立了专项研究小组来讨论该问题的解决方案。总经理想,当地的居民之所以不愿意搬迁是因为没有现成住的地方可搬,如果我们能把他们的平房占地面积按一定比例折算成我们新盖的楼房的面积,每家每户都可以花较少的钱住到新的、基础设施好的房子里,谁不愿意呢?而对于我们企业来说,用楼房换取大面积的建筑用地,用于再投资建设是非常值得的。这一次与政府的合作取得成功以后,政府就会把更多的项目交付给我们的公司进行开发,其背后隐藏的利润空间是非常可观的。于是,总经理带着研究小组先到居民区调研,了解居民最想解决哪方面的搬迁难题,然后再研究对策。

"大爷,您为什么一直不愿意搬走啊?"

"我都在这儿住了几十年了,我实在是不愿意搬走啊。"

"哦,这样啊。那大娘您呢,也想继续住在这儿吗?"

"对啊,在这儿生活我天天还能跟街坊邻居说说话,搬到了新的地方去,谁也不认识,这日子过着多没有意思啊。"

"这位大哥呢?也说说您的想法吧。"

"先不说我现在没有地方搬,就是有地方搬,我这小卖部怎么开下去,我还指望它来挣一点钱养家糊口呢。"

"那要政府怎么做你们才愿意搬迁呢?"

"只要能给我们找好住的地方就行,国家政策我们也不敢违背。可是,一没有地方去,二没有钱买房,政府补的那点钱哪够我们安家呀。"

......

经过数次访谈,研究小组得出结论:当地居民不想搬家的原因主要是没有地方可去,当然他们也不想离开他们长期生活的地方。他们收入有限,积蓄不多,也不愿意花掉所有积蓄甚至欠债买新楼房。但是,正如该公司总经理所想的那样,让当地居民花较少的钱买在这里重建的新房,他们是比较乐意的。所以,针对这样的情况,他们写出了如下研究方案:

将该地主要作为居民房用地,为吸引更多的人买房,该公司将该地的百分之五用于建设幼儿园和小学,百分之五用于建设医院和锻炼场地,百分之十用于绿化和公园建设。剩下的空地以建设住房为主、商品房为辅。公司决定把居民原来的房子折算成新房面积分配给他们,只要他们稍加一点钱就能住到宽敞明亮的新房子里。这样就可以安置原来的居民,达到政府的要求,成功地得到该地的开发权。

B公司也立刻成立了专项研究小组研究解决该问题的对策。由于长期从事商品房开发,所以他们多从以下一些方面调研。

首先一行人来到该地区,先对地理位置进行考察,认为该地区有很大的贸易优势,只是道路没有与该城市的主干道相通,与政府合作修好路之后更有利于该区商业的发展。然后考察了该区的布局,规划了小商品批发场地、蔬菜批发场地等。之后研究组长突然走到一家超市里问店主:"你在这儿做生意一年可以挣多少钱啊?"

店主漫不经心地说:"挣得不多,勉强可以过日子。"

"那如果把这里建设成该区的商业圈,让你继续在新的楼房里做生意你愿意吗?"

"那当然好了,只是租金不要太高就好,我们这一小区的人都没有太多的钱。"

......

连续访问几家店主,研究组长发现他们都愿意在更好的环境里做生意,可见他们的方案会得到当地居民的支持。但是鉴于现居住的居民没有太多的储蓄,该公司决定早期投入较多的资金对居民进行补贴,尽量满足钉子户的合理要求。然后投入更多的资金建设商品房，并着手将该地建设成本地区最大的商业圈。商业圈建成以后，居民就有钱购买或者租商品房做生意，可以解决该地区居民就业的问题，很快改善居民的生活。居民肯定更希望自己能有这样一个机会创业、就业。这样我们不但解决了政府目前的难题，还可以带动本地区经济高速发展，更可以给公司带来很大的近期或远期效益。于是，该公司将如何补贴居民、安置民众日后的就业和生活以及如何建设商业区的宏伟策划书投递给了当地政府。

局长和相关人员看到 A 公司的策划书后，大为满意。可是，在看了 B 公司的策划之后，又都对 B 公司的方案青睐有加，认为 B 公司更能带动本地区经济的发展。只有老王一声不吭，语重心长地说了一句："不如把两个招标策划书下发到当地居民手中让大家决定采用哪一种方案吧。"局长觉得老王说得很有道理，就吩咐人照做了。

几天以后，当地居民派几位代表来到政府，请求政府采用 A 公司的建设方案。局长说："好好好，我们都是为你们老百姓办事的，既然你们都支持 A 公司的方案，那咱们就听从你们的意见，让 A 公司来开发。"

于是，春节过后，一切都重新开始了……

思考题

1.如果你是局长，你会选择 A 公司还是 B 公司？

2.A、B 两家公司分别是怎样体现企业社会责任与公共利益的关系的？

1.概述公共利益与企业社会责任的关系。

2.企业在履行社会责任的过程中如何处理好与公共利益的关系？

第 10 章

企业社会责任与政府

10.1 企业社会责任与政府行为的关系

10.1.1 政府概念的界定

关于"政府"的解释有很多说法。世界银行在 1997 年世界发展报告《变革世界中的政府》一书中指出:"政府(Government)这一词汇往往在不同的场合下有不同的意义。一是指管理的过程,指权力的行使;二是指'有秩序的法规'的状况,在此,政府往往指那些处于国家权力机构位置中的人;三是指在一个社会中管理的方式、方法或制度:指机构的结构和安排,以及它们如何与被管理者发生联系。"我们经常使用国家和政府这两个概念,而且有时候交叉地使用,在当前世界的讨论及著作中也往往这么使用。① 关于政府行为的解释也有很多。一种解释就是政府行为是指政府为实现它的既定战略目标以及相应的方针政策所采取的行为。这种政府行为主要包括:决策行政措施与行政管理动员和组织群众保障和服务。从法律角度看,政府行为是指国家行政机关依法实施管理、直接或间接产生行政法律后果的行为,也可以说是国家行政机关基于法定的行政职权或实施法定的行政职责的管理活动。从可持续发展的角度讲,所谓政府行为是指政府在组织和管理国家行政事务的过程中对可持续发展可能产生影响的各种行为的总和。与个人、家庭、企业、社团等其他社会组织相比,政府拥

---

① 世界银行:1997 年世界发展报告:变革世界中的政府[M].黄秋生等译.中国财政经济出版社,1997.

216

有高度垄断的合法暴力资源,控制着巨大的经济财富,雇佣着规模庞大的工作人员,行使着纷繁复杂的政治、经济与社会职能。一国政治、经济、社会发展的状况如何,政府发挥着关键性的作用。正如世界银行所指出的那样:"政府对一国经济和社会发展以及这种发展能否持续下去有举足轻重的作用。在追求集体目标上,政府对变革的影响、推动和调节方面的潜力是无可比拟的。当这种能力得到良好发挥,该国经济便蒸蒸日上。但是若情况相反,则发展便会止步不前。"①

市场经济条件下的政府行为,简单地说,就是指政府机关及其工作人员活动内容、范围、方式的总和。政府作为公权力的代表,有着特殊的地位和能力。它不仅是各类重要资源的实际拥有者,且具有合法的强制力以及高度的权威性,②而且是公共行政权的直接掌握和行使者。政府参与经济发展的方式有很多,如利用公权力颁布经济发展的相应法规,规范市场秩序,建立稳定的市场环境,对经济的发展进行监管与激励,等等。这些手段的作用是一个系统性的工程,必须具有统一的理念和原则进行引导,从而防止各种手段的作用相互冲突和制约。当然,政府的适度干预必须建立在明确政府职能、尊重市场规律、利用法制化的形式明晰政府职责和企业社会责任界限的基础之上才能实现。所有的这些行为中,立法有着很强而且很有效的效长,政策产生作用的实效短、效率高。在中国目前的情况下,企业社会责任的重点是法律责任。因此,企业社会责任的推行,不仅仅是企业自觉主动的行为,更多地需要政府的引导和推动,需要政府在立法执法、政策支持、媒体宣传、市场监督、国际合作等方面发挥主导作用,推进企业社会责任机制的建立。从目前的研究和实践情况来看,虽然有学者对政府推进企业社会责任的某一种方式有所触及,但是缺乏从法学理论角度对政府推进企业社会责任的整体要求、思路、原则进行研究,并结合现实突出问题对政府推进企业社会责任的各种机制本身进行深入分析。③

---

① 世界银行:1997年世界发展报告:变革世界中的政府[M].黄秋生等译.中国财政经济出版社,1997.

② 邢冀源.浅谈企业社会责任中企业与政府关系研究的必要性[J].科技创业月刊,2011.

③ 王丹.政府推进企业社会责任机制研究[D].上海:华东政法大学,2009.

10.1.2 政府参与企业社会责任建设的必要性

1. 经济发展和社会和谐需要政府介入企业社会责任建设

随着经济全球化的发展,各国间经济的联系越来越密切。国家经济发展过程中势必要考虑国际形势以及国际要求。企业只有履行社会责任才能在国际竞争中更好地发展,这一过程更需要政府的政策指引及鼓舞。此外,政府促进企业履行社会责任有利于社会众多利益主体利益的实现,进一步缩小贫富差距。世界银行研究机构在 2003 年 7 月发表的关于《企业社会责任的公共政策》的研究报告中指出:发展中国家的政府正在把企业社会责任行动视为一种提升国家可持续发展战略的手段,并且作为国家竞争战略的组成部分,以争取外国的直接投资和改善政府公共政策所聚焦的贫困问题。①

2. 政府本身的社会地位要求其介入企业社会责任建设

政府的社会地位体现在,它不仅是社会公共利益的维护者,也是社会公共事务的管制者。这一社会地位就要求政府监督企业履行社会责任,维护更多利益主体的利益。当然,政府的地位也为它实行这些目标提供着保证。可通过立法对企业履行社会责任进行管制,也可通过建立评价体系对企业履行社会责任进行监督。此外,政府有着很大的权力,是很多公共资源的拥有者,也有着很大的权威,所以政府本身有很大的优势来促使企业履行社会责任。总之,政府的特殊社会地位要求其介入企业履行社会责任这一行为中。

3. 我国当前法制不健全现状要求政府有所行动

企业社会责任最早出现于西方欧美国家。西方国家产生这一观念的时间比较长,法制建设经历的时间也比较长,已经比较成熟。同时,西方国家在要求企业履行社会责任的过程中,有很多是依靠各种社会运动发展而来的,所以,比较顺畅。我国的社会责任履行经历的时间不长,从 20 世纪 90 年代开始至今,时间较短,很多企业对这一观念的认识存在偏差,在发展过程中仍然存在很多违法行为。2003 年至 2004 年,安徽一百多名婴儿因为劣质奶粉得病导致脑袋偏大甚至有部分已经夭折;2004 年,央视曝光了广海镇美味的咸鱼竟然是用敌敌畏这种杀虫剂泡制;2005 年,肯德基和麦当劳这种被中国人认为是高档的快餐中竟然检查出了致癌物苏丹红;2005 年,中石油吉林分公司车间发生了爆炸,最终造成了松花江的水污染事件;2006 年,北京的凉拌螺肉引发的管线虫病;

---

① 郑志刚. 投资者之间的利益冲突和公司治理机制的整合[J]. 经济研究,2004.

2008年,发生了震惊全国的三鹿奶粉事件。① 同时,还有很多食品安全事件每年都在上演,很多黑心的商家在拿人们的生命赚钱。在发生食品安全问题的同时,假冒伪劣产品的生产与销售、安全设施不足造成的煤矿矿难事故的发生都反映出了我国企业社会责任履行还存在很多不足的方面。企业为了自己的利益,不惜用消费者的生命开玩笑,严重损害了消费者的权益,更没有履行企业的社会责任。这些违法行为的出现,在一定程度上说明了我国法制建设还不够完善。这就要求不能仅仅依靠舆论或者社会监督,更需要强制性政策的出台。除此之外,我国虽然已经颁布了一些法律对企业的行为做出一些规定,但仍然存在不完善的地方。首先,立法相对过于分散,没有形成一个很好的法律体系。其次,法律法规过于原则化,实际可操作性不是很强,很多法规只是建议性的,没有做出强制性的规定。第三,除了立法本身存在不足外,司法部门执法也存在需要改进的地方,执法力度需要进一步加强。只有立法和司法都做好,才能更好地促进企业履行社会责任。第四,我国在法律履行过程中还缺乏执行和监督的主体,②很多地方执法部门多是采取以罚代法的方式解决企业不履行社会责任,这在很大程度上会使企业事先就将这一部分罚金算作成本,削弱了企业履行社会责任的动机。

4. 市场经济的特征要求政府参与企业社会责任建设

市场经济是开放的经济,无论是企业还是个人都有自由发展经济的权利。企业履行社会责任表面上又构成了企业经营过程中的成本,因此很多企业会对此进行成本分析。中国目前的经济改革正进入攻坚阶段,国有企业正逐步退出经营领域;政治体制改革也开始提上日程。③ 这都要求政府有所作为。当然,在市场经济条件下,企业有权利为了自己的经济利益放弃企业社会责任的履行。如果没有国家强制性的约束,仅靠社会舆论或是道德监督不足以促使企业很好地承担社会责任。所以,在市场经济环境下,需要政府出面制定一些强制性的法律来要求企业履行社会责任,并依靠政府的权威性社会地位对其进行监督。通过控制外部体系的存在,将使内部控制系统的监督功能加强,从而使企业治理机制整体形成对企业家的道德风险行为的有效约束。④ 例如,依法规定企业的纳税义务,《中华人民共和国企业所得税法》就指出,在中华人民共和国境内,

---

① 曾国安.管制、政府管制与经济管制[J].经济评论,2004.

② 袁静.企业社会责任建构中的政府责任研究[D].青岛:青岛大学,2010.

③ 闻新国.企业社会责任与政府社会责任的关联性分析[J].湖北经济学院学报,2007.

④ 常凯.论企业社会责任的法律性质[J].上海师范大学学报(哲学社会科学版),2006.

企业和其他取得收入的组织为企业所得税的纳税人,依照本法的规定缴纳企业所得税。此外,为了规范和保障工商行政管理机关依法行使职权,正确实施行政处罚,维护社会经济秩序,保护公民、法人或者其他组织的合法权益,根据《行政处罚法》及其他有关法律、行政法规的规定,制定工商行政管理条例,也具体指出企业应该合法经营,维护利益相关者的权益。所以,政府完善法律制度对促使企业履行社会责任有着重要的作用。

10.1.3 政府在企业社会责任履行过程中的作用

1. 政府通过制定法律法规约束企业履行社会责任

这是政府行为的重要形式,也可以叫作政府监管。我国学者曾国安将监管的一般定义解释为:"管制者基于公共利益或者其他目的依据既有的规则对被管制者的活动进行的限制。"①目前政府的监管中社会性监管是一种新型的监管形式,以保障劳动者和消费者的安全、健康以及环境保护、防止灾害为目的。②法律的强制性使政府通过这一做法可以很好地约束企业。2006 年,我国政府通过了《中华人民共和国公司法》的修订案,明确要求了企业的社会责任。此外,还颁布了三部环境行政法规和 26 部规范性文件,原国家环保总局也单独或者联合其他部委颁布了 11 个部门规章。

为了维护国家基本经济制度,巩固和发展国有经济,加强对国有资产的保护,发挥国有经济在国民经济中的主导作用,促进社会主义市场经济发展,我国政府制定了《中华人民共和国企业国有资产法》。这部法律第 3 条明确规定,国有资产属于国家所有即全民所有。国务院代表国家行使国有资产所有权。第 6 条规定,国务院和地方人民政府应当按照政企分开、社会公共管理职能与国有资产出资人职能分开、不干预企业依法自主经营的原则,依法履行出资人职责。第 7 条规定,国家采取措施,推动国有资本向关系国民经济命脉和国家安全的重要行业和关键领域集中,优化国有经济布局和结构,推进国有企业的改革和发展,提高国有经济的整体素质,增强国有经济的控制力、影响力。第 8 条指出,国家建立健全与社会主义市场经济发展要求相适应的国有资产管理与监督体制,建立健全国有资产保值增值考核和责任追究制度,落实国有资产保值增值责任。

---

① 常凯.论企业社会责任的法律性质[J].上海师范大学学报(哲学社会科学版),2006.
② 常凯.论企业社会责任的法律性质[J].上海师范大学学报(哲学社会科学版),2006.

为保护和改善环境,防治污染和其他公害,保障公众健康,推进生态文明建设,促进经济社会可持续发展,我国制定的《中华人民共和国环境保护法》也有关于企业履行社会责任的具体法律规定。《中华人民共和国环境保护法》第6条规定,一切单位和个人都有保护环境的义务。地方各级人民政府应当对本行政区域的环境质量负责。企业事业单位和其他生产经营者应当防止、减少环境污染和生态破坏,对所造成的损害依法承担责任。第7条规定,国家支持环境保护科学技术研究、开发和应用,鼓励环境保护产业发展,促进环境保护信息化建设,提高环境保护科学技术水平。第11条规定,对保护和改善环境有显著成绩的单位和个人,由人民政府给予奖励。

为了发展矿业,加强矿产资源的勘查、开发利用和保护工作,保障社会主义现代化建设长远需要,根据《中华人民共和国宪法》制定的《中华人民共和国矿产资源法》也有具体规定。这部法律第3条指出,国家保障矿产资源的合理开发利用,禁止任何组织或者个人用任何手段侵占或者破坏矿产资源。各级人民政府必须加强矿产资源的保护工作。第15条指出,设立矿山企业,必须符合国家规定的资质条件,并依照法律和国家有关规定,由审批机关对其矿区范围、矿山设计或者开采方案、生产技术条件、安全措施和环境保护措施等进行审查;审查合格的,方予批准。第26条指出,普查、勘探易损坏的特种非金属矿产、流体矿产、易燃易爆易溶矿产和含有放射性元素的矿产,必须采用省级以上人民政府有关主管部门规定的普查、勘探方法,并有必要的技术装备和安全措施。第31条指出,开采矿产资源,必须遵守国家劳动安全卫生规定,具备保障安全生产的必要条件。第32条指出,开采矿产资源,必须遵守有关环境保护的法律规定,防止污染环境。

为防治大气污染,保护和改善生活环境和生态环境,保障人体健康,促进经济和社会的可持续发展,我国制定的《大气污染防治条例》总则第5条指出,任何单位和个人都有保护大气环境的义务,并有权对污染大气环境的单位和个人进行检举和控告。第12条指出,向大气排放污染物的单位,必须按照国务院环境保护行政主管部门的规定向所在地的环境保护行政主管部门申报拥有的污染物排放设施、处理设施和在正常作业条件下排放污染物的种类、数量、浓度,并提供防治大气污染方面的有关技术资料。排污单位排放大气污染物的种类、数量、浓度有重大改变的,应当及时申报;其大气污染物处理设施必须保持正常使用,拆除或者闲置大气污染物处理设施的,必须事先报经所在地的县级以上地方人民政府环境保护行政主管部门批准。第20条指出,单位因发生事故或者其他突然性事件,排放和泄漏有毒有害气体和放射性物质,造成或者可能造成大气污染事故、危害人体健康的,必须立即采取防治大气污染危害的应急措施,通报可能受到大气污染危害的单位和居民,并报告当地环境保护行政主管部门,接受调查处理。在大气受到严重污染,危害人体健康和安全的紧急情况下,当地人民政府应当及时向居民公告,采取强制性应急措施,包括责令有关排污单位停止排放污染物。

为了加强对产品质量的监督管理,明确产品质量责任,保护用户、消费者的合法权益,维护社会经济秩序,我国政府制定了《中华人民共和国产品质量法》。这项法律在总则第 4 条规定,禁止伪造或者冒用认证标志、名优标志等质量标志;禁止伪造产品的产地,伪造或者冒用他人的厂名、厂址;禁止在生产、销售的产品中掺杂、掺假,以假充真、以次充好。第 5 条规定,国家鼓励推行科学的质量管理方法、采用先进的科学技术,鼓励企业产品质量达到并且超过行业标准、国家标准和国际标准。对产品质量管理先进和产品质量达到国际先进水平、成绩显著的单位和个人,给予奖励。

为保证食品安全,保障公众身体健康和生命安全,我国制定的《中华人民共和国食品安全法》也明确指出食品生产经营者应当依照法律、法规和食品安全标准从事生产经营活动,对社会和公众负责,保证食品安全,接受社会监督,承担社会责任。

为保障社会主义市场经济健康发展,鼓励和保护公平竞争,制止不正当竞争行为,保护经营者和消费者的合法权益,我国制定的《中华人民共和国反不正当竞争法》总则第 3 条表明,各级人民政府应当采取措施,制止不正当竞争行为,为公平竞争创造良好的环境和条件。县级以上人民政府工商行政管理部门对不正当竞争行为进行监督检查;法律、行政法规规定由其他部门监督检查的,依照其规定。

为了预防和制止垄断行为,保护市场公平竞争,提高经济运行效率,维护消费者利益和社会公共利益,促进社会主义市场经济健康发展,我国制定的《中华人民共和国反垄断法》指出,国家制定和实施与社会主义市场经济相适应的竞争规则,完善宏观调控,健全统一、开放、竞争、有序的市场体系。第 5 条指出,经营者可以通过公平竞争、自愿联合,依法实施集中,扩大经营规模,提高市场竞争能力。总则第 5 条指出,具有市场支配地位的经营者,不得滥用市场支配地位,排除、限制竞争。第 7 条指出,国有经济占控制地位的关系国民经济命脉和国家安全的行业以及依法实行专营专卖的行业,国家对其经营者的合法经营活动予以保护,并对经营者的经营行为及其商品和服务的价格依法实施监管和调控,维护消费者利益,促进技术进步。

为了保护劳动者的合法权益,调整劳动关系,建立和维护适应社会主义市场经济的劳动制度,促进经济发展和社会进步,根据《中华人民共和国宪法》,我国政府制定了《中华人民共和国劳动法》,这部法律明确规定,劳动者享有平等就业和选择职业的权利、取得劳动报酬的权利、休息休假的权利、获得劳动安全卫生保护的权利、接受职业技能培训的权利、享受社会保险和福利的权利、提请劳动争议处理的权利以及法律规定的其他劳动权利。同时用人单位应当依法建立和完善规章制度,保障劳动者享有劳动权利和履行劳动义务。

为了加强渔业资源的保护、增殖、开发和合理利用,发展人工养殖,保障渔业生产者的合法权益,促进渔业生产的发展,适应社会主义建设和人民生活的需要,我国制定的《中华人民共和国渔业法》指出:在增殖和保护渔业资源、发展渔业生产、进行渔业科学技术研究等方面成绩显著的单位和个人,由各级人民政府给予精神的或者物质的奖励。

为了保护、建设和合理利用草原,改善生态环境,维护生物多样性,发展现代畜牧业,促进经济和社会的可持续发展而制定的《中华人民共和国草原法》指出,国家对在草原管理、保护、建设、合理利用和科学研究等工作中做出显著成绩的单位和个人,给予奖励。同时指出,任何单位和个人都有遵守草原法律法规、保护草原的义务,享有对违反草原法律法规、破坏草原的行为进行监督、检举和控告的权利。

2. 政府通过建立评价机制为企业社会责任履行提供参考

企业建立的目的就是追求利润的最大化,在生产过程中对社会责任的履行会使企业将其列为一定的成本。通过成本收益的分析,一些小企业或者民营企业可能缺乏履行企业社会责任的动机和能力。但从长远来看,履行企业社会责任又是有利的。企业不仅要追求经济的增长,也要考虑到劳动者和消费者权益保障、生态环境和自然资源保护等,此外还有维护人权、消除贫困、遏制腐败、创造社会公平、缩小发达国家和发展中国家之间劳工标准和工资待遇差距等义务。[1] 良好的企业形象可以为企业开拓更为广阔的市场。所以,政府建立评价机制就显得特别重要,它能够为企业履行社会责任提供参考和标准,可以明确企业的发展方针以及经营战略。

_____

① 田虹.企业社会责任及其推进机制[M].北京:经济管理出版社,2006.

3. 政府通过建立监督机制督促企业履行社会责任

监督机制的建立对企业履行社会责任起着极其重要的作用。制定法律的同时就存在着对企业守法的监督,相应的监督机制可以对企业形成一种更为强制的约束。通过控制外部体系的存在,将使内部控制系统的监督功能加强,从而使公司治理机制整体形成对企业家的道德风险行为的有效约束。① 例如上海浦东在企业社会责任的履行上已有所成就。2007 年,浦东新区社会责任推进机构"浦东新区履行企业社会责任联席会议办公室"在新区经委成立。这个机构由 16 个政府的相关部门组成,对区内企业活动进行监管。这种独立的监管机构的建立促进了企业履行社会责任。

4. 政府通过设立一些激励机制促进企业履行社会责任

相对于强制性的法规来说,激励性的措施对企业履行社会责任有着更为有利的刺激,尤其是经济型的激励措施。一方面,政府通过颁发奖杯荣誉证书这种形式来为企业树立良好的公众形象,使企业获取更多的市场。另一方面,政府通过采取一些经济性的激励措施,比如通过财政拨款、财政贴息、税收返还、无偿拨付非货币性资产等②为企业提供更多的优惠政策,实际的经济刺激更有利于企业履行社会责任。

10.1.4 企业履行社会责任对政府的作用

1. 企业履行社会责任有利于政府监管活动成本的节约

政府在监管过程中担负着多个方面的责任,企业履行社会责任一方面体现着政府对其监管的成就,另一方面也减轻了政府对其监管的阻力,可以节约很多成本。所以,企业自觉地履行社会责任有利于政府监管活动的进行,可以让政府节约监管成本,也可以有足够的时间和能力去监管别的领域。我们都知道,中国海尔创立于 1984 年,经过 30 年的创业创新,从一家资不抵债,甚至濒临倒闭的集体小厂发展成为全球家电第一品牌。2013 年 10 月 13 日,第 19 届中国最有价值品牌研究报告正式揭晓,海尔以 992.29 亿元的品牌价值荣登冠军宝座,连续 12 年蝉联"中国最有价值品牌"榜首,品牌价值逼近千亿。海尔在实施品牌战略中,有一个众所周知的事件就是总裁张瑞敏在发现存在有质量问题的冰箱时,当着所有人的面用大锤亲自砸毁 76 台有缺陷的冰箱,这一举动表

---

① 郑志刚. 投资者之间的利益冲突和公司治理机制的整合[J]. 经济研究,2004.

② 姜雪娜. 政府补助与企业社会责任[D]. 成都:西南交通大学,2014.

明海尔对产品质量的严格要求,好的产品质量是企业行使社会责任最基本的表现。像海尔这种企业,自身对产品质量的严格要求就在一定程度上减轻了政府对其监管的成本,如果企业自身只想偷工减料,政府就得付出更多的时间以及资金来对其进行监管。所以,企业社会责任的良好履行在一定程度上可以降低政府监管活动的成本。

2. 企业履行社会责任有利于政府更好地履行社会责任,实施监管职能

政府作为公权力的代表,有责任为人民谋福利。政府所应承担的责任远比企业承担的责任要广,企业履行社会责任在一定程度上减轻了政府履行社会责任的负担,使政府在履行更为广泛的社会责任的时候降低了难度。同时,企业通过履行社会责任也为政府赢得了很好的口碑,从而使政府进行监管活动更加轻松和高效。中国第一本关于企业社会责任的年度报告出炉时,吉利集团成为企业积极履行社会责任的优秀案例而被收入《中国企业社会责任报告2006(蓝皮书)》中。该书通过政府、NGO、专家、企业等各界人士多角度、多层次的交流,探索了中国企业社会责任的种种问题,详述了企业社会责任的来源和在全球的发展现状,记录了中国企业积极履行社会责任的优秀案例,是一本真正意义上的中国企业社会责任行动指南。报告在"国内企业企业社会责任实践案例"章节中指出,吉利除完成了一个企业所应该承担的基本责任外,还一直热衷于社会公益事业,积极用爱心回报社会,尤其对支持中国教育事业的发展做出了很大的贡献。其中最重要的就是向中国教育发展基金会捐资5000万元,并专门设立吉利教育资助办公室,计划通过四年的时间,寻找1000名品学兼优的贫困学生,无偿资助他们大学四年的学习费用。报告最后总结了吉利成功参与公益事业的经验:企业参与公益事业不能仅仅停留在捐钱这个层面,应该尽量全方位参与,想方设法把公益事业做得更深入。参与社会建设,一个企业的力量是微不足道的,吉利集团通过积极回报社会的行动去影响更多人,以唤起更多人的社会责任感。吉利集团的企业社会责任的履行主要体现在对教育事业的援助上,而教育事业实际上是政府所应负责的范畴,企业社会责任的实施在一定程度上减轻了政府的负担,促使政府更好地履行社会责任。

3. 企业履行社会责任有利于建设和谐社会,为政府进行监管提供良好的社会环境

企业履行社会责任,就是企业在获得经济利益的同时,考虑到与其利益相关者的利益,比如消费者、员工、社会等。这就使得更多的人可以从经济发展中获益。同时,企业履行社会责任也会考虑到经济发展过程中对环境的影响,更

多地注意到环境的保护。这都利于和谐社会的建设。而一个良好的社会环境的建设对政府监管来说也有着很大的帮助，能够减少政府监管的难度和盲目性，使政府合理清晰地对各种力量进行规制。富士康是中国一个很有名的企业，很多人对富士康跳楼事件进行了分析。有人说，在巨大的经济增长条件下，城乡居民的收入差距所导致的生活差距依然是中国社会失衡的最主要原因之一。也有人说，中国改革的低成本优势正在消失。当然也有人会认为新一代的中国青年工人普遍缺乏有意义的价值观共识。但我们不能不追问，我们企业的社会责任究竟履行得怎样。企业社会责任，不仅表现在要生产质量好的商品，要做公益，还表现在劳资关系的恰当处理。富士康事件其实在一定程度上体现了劳资关系的一些问题，与其说是工人加薪，不如说是工人加薪的过程，或者干脆说是劳资冲突的方式与内涵。事实上，罢工与谈判，在许多国家的劳资关系中都是习以为常、司空见惯的事情。只是因为这种劳资博弈在中国以往的发展过程中并非常态，在新闻报道中也不多见，因此才引发如今外界的热议。特别是富士康的年轻职工以生命为代价的极端行动，更使这种劳资关系具有了令人震惊的色彩。尽管人们用"十二连环跳"这种词汇来加以形容，但任何人都不会感到轻松，而是感到了极度痛心与沉重。这种事件的发生根本不利于社会的和谐发展。所以，企业履行社会责任，既有利于促进社会的稳定，也有利于和谐社会的建设。

10.2　政府行为与企业社会责任履行的博弈分析

10.2.1　政府监管与企业社会责任履行的静态博弈模型分析

1. 假设如下：

假定一：政府和企业同时进行决策，双方均不知对方的策略。

假定二：对于政府来说，政府是否对企业进行监管对政府的声誉以及监管成本有着重要的影响。政府进行监管会获得 30 单位的社会声誉，但同时有 20 单位的监管成本，不进行监管会丧失 30 单位的社会声誉。企业如果不履行社会责任，会被处罚 50 个单位的罚款。所以，政府进行监管，企业又履行了社会责任，则最终收益是 10 单位；若企业没有履行社会责任，则最终收益为 60 单位。政府不进行监管，企业履行了社会责任，最终收益为 −30 单位。

假定三：对于企业来说，若履行了社会责任，则在短期内会获得回报 150 单位，履行社会责任的成本是 20 单位。此时若政府进行监管，收益是 130 单位，政府不进行监管收益仍为 130 单位。若企业不履行社会责任，短期会获得 160 单位的利润；此时若政府进行监管，则要交 50 单位的罚款，最终收益为 110 单位；若政府不进行监管，则最终的收益为 160 单位。

2. 基于以上假设，我们可以通过表 10－1 列出企业社会责任的履行与否与政府监管之间的博弈模型。

表 10－1　静态博弈表格

		企业	
		履行	不履行
政	监管	10,130	60,110
府	不监管	－30,130	－30,160

从上面这个博弈模型可以看出，在政府监管和企业社会责任履行处于一种静态博弈的状态下，最终形成的纳什均衡为政府进行监管和企业履行社会责任。在实际中，这种博弈的意义在于政府有时并不能掌握企业对于社会责任履行的决策，而企业对于政府的措施也缺乏了解，企业和政府最终会走向这样的均衡状态，即政府进行监管，企业履行社会责任。自律性的这种道德行为在一定程度上可以降低交易成本，企业自觉地履行社会责任从长远来看对自身的发展是有利的。

10.2.2 政府监管与企业社会责任履行的动态博弈模型分析

1. 第一种情况假设如下：

假定一：政府先做出是否对企业进行监管的决策，企业根据政府的决策再做出是否履行社会责任的决策。

假定二：政府对企业进行监管需要 20 单位的成本，同时收获 30 单位的社会声誉。若不对企业进行监管，则会丧失 30 单位的社会声誉。

假定三：在政府进行监管的情况下，企业履行社会责任短期回报 150 单位，履行成本 20 单位，最终收益 130 单位。若不履行，收益 160 单位，罚款 50 单位，最终收益 110 单位。在政府不进行监管的情况下，企业履行社会责任收益还是 130 单位，不履行的话最终收益 160 单位。

基于以上假设,我们可以得到如图 10 – 1 的博弈树模型:

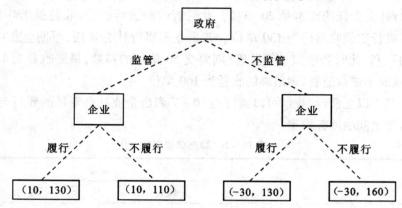

图 10 – 1　动态博弈树模型

从上面的博弈树模型可以看出,如果政府首先做出决策,当政府对企业进行监管时,企业履行社会责任所获得的最终收益 130 单位要高于不履行企业社会责任的收益。此时政府进行监管会获得 10 单位的收益。如果政府不进行监管,那么企业不履行社会责任所获得的收益 160 单位要高于企业履行社会责任所获得的收益 130 单位,此时政府的收益为 – 30 单位。经过分析可以看出,政府应该对企业履行社会责任进行监管,这样无论是对企业、对政府,还是对其他的利益相关者都是有利的。

2. 第二种情况假设如下:

假定一:企业先对履行社会责任与否做出决策,政府根据企业的决策决定是否对企业进行监管。

假定二:企业履行社会责任,短期回报是 150 单位,履行成本是 20 单位,最终收益为 130 单位。若不履行社会责任,则会获得 160 单位的收益。此时,企业多会选择不履行社会责任。

假定三:在企业履行社会责任的情况下,政府进行监管会有 30 单位的社会声誉和 20 单位的成本,最终收益为 10 单位。若不进行监管,则有 30 单位的声誉损害,最终收益为 – 30 单位。在企业不履行社会责任的情况下,政府进行监管会有 20 单位的成本和 50 单位的罚款收入,最终收益为 60 单位。不进行监管会有 30 单位的声誉损害,最终收益为 – 30 单位的收益。

由此,可以建立博弈树模型,如图 10 – 2:

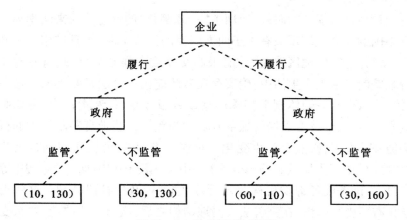

图 10 - 2　动态博弈树模型

从上面的博弈树模型可以看出,如果企业先做出决策,不管企业是否履行社会责任,政府进行监管所获得的最终收益都比不进行监管所获得的收益要大。所以政府应该对企业履行社会责任进行监管。

10.3　政府行为在企业社会责任履行过程中的实现路径

从政府与企业的博弈模型中可以看出,无论是静态的博弈还是动态的博弈,最终都得出同样的结论:政府应该在企业履行社会责任的过程中积极地进行监管。同样,企业也应该积极地履行社会责任,只有这样才能得到长远的发展,取得更高的经济效益。近年我国各界在对企业社会责任的认识上有了一定的转变。之前误以为是变相的贸易保护主义发展,现在则意识到是企业的一种长远发展的一种经营理念,这是一个很好的转变。很多企业也在不断地调整自己的经营方式,积极地履行社会责任,发布企业社会责任报告等。政府也逐渐地意识到了社会责任的重要性,不断地参与到企业社会责任的履行中来,制定相应的法律法规等。但是,在这一过程中,政府一定要避免侵害企业的利益,尤其是防止行政垄断的发生。"行政垄断"是中国特有的一个概念。在标准经济学中,只有两个术语,一个是"政府垄断",一个是"政府授予垄断"。前者是政府直接行使垄断权力(比如酒类专卖、烟草专卖),后者是政府将垄断经营权授予某一个企业。在我国"行政垄断"实际上就意味着经济学上所说的"政府垄断"和"政府授予垄断"。"行政垄断"最早出现在20世纪80年代,一位经济学者在讨论社会经济现象的时候,使用了"行政垄断"的概念。后来法学界一些学者感觉中国的社会经济现象有别于西方国家的经济垄断,于是借用了行政垄断的概念,将行业壁垒、地区壁垒、政府限制交易或者强制交易、政府专有交易看作是行政垄断。在现实生活中,确实存在着政府机关合法垄断现象。这些现象包括:第一,政企合一的体制下特殊产品或者服务专营、专卖行为,譬如邮政局的邮政专营行为、烟草专卖局的烟草专卖行为等。这些带有垄断性质的行为随着市场经济的发展,必然会产生变化。对这一方面的问题,可以通过修改专门法,譬如修改《中华人民共和国邮政法》、《中华人民共和国烟草专卖法》等加以解决。第二,国务院各部委机构改革后,设立的行政性控股公司。这一类公司的设立具有历史特殊性,在完善法人治理结构之后,应当尽快改造,要么变成行业协会,成为真正的民间组织,要么成为真正的集团控股公司,承担自主经营、自负盈亏的责任。第三,国务院各部委设立的传统国有公司。这类公司往往具有特定的经营范围,在计划经济时代起到了一定的作用。但在市场经济条件下,这些公司由于缺乏垄断经营的法律依据,所以绝大部分成了真正的市场主体。只要这些公司不利用行政权力参与市场竞争,就应当允许它们继续存在。第四,地方权力机关为了发展特色经济,促进某些产业或者某个企业的发展,利用红头文件的方式,限制外地产品进入,或者阻止本地企业实行跨区域的联合。对这类现象,《中华人民共和国反不正当竞争法》已经有了明确的规定,今后只要行政机关依照《中华人民共和国反不正当竞争法》对地方部门限制竞争行为加以处理,就可以减少甚至避免此类现象发生。第五,国有资产监督管理委员会的行为。这是我国改革开放后出现的特有经济现象。由于国务院将主要国有公司归并之后,统统交给国有资产监督管理委员会负责,所以,国资委拥有资产调拨、企业撤并、人事安排等一系列重大权力。将国有资产监督委员会的行为看作是一种行政垄断,似乎有些牵强。国有资产监督管理委员会作为出资人,当然可以行使股东的一切权利。但如果不对国有资产监督管理委员会的权力加以限制,那么有可能出现新的行政性公司,破坏市场竞争秩序。解决这个问题的最好办法是,制定《中华人民共和国国有资产法》,明确国有资产监督管理委员会的地位,削弱国有资产监督管理委员会调拨国有企业资产的权力,将国有资产监督管理委员会变成一个纯粹的监事会,在全国人大授权的范围内,依法对国有企业进行监督管理。在起草《中华人民共和国反不正当竞争法》的过程中,针对现实生活中出现的行政机关限制竞争行为和公用企业利用优势地位阻碍竞争的行为,立法机关已经做出了明确的规定。《反垄断法》明确规定,禁止大型国企凭借控制地位损害消费者利益。国有经济占控制地位的关系国民经济命脉和国家安全的行业以及依法实行专营专卖的行业，国家对经营者的经营行为及其商品和服务的价格依法实施监管和调控，维护消费者利益。

10.3.1　完善法律法规

我国政府出台了很多法律要求企业履行社会责任，比如《中华人民共和国公司法》、《中华人民共和国消费者权益保护法》、《中华人民共和国食品质量法》、《中华人民共和国食品卫生法》、《中华人民共和国反不正当竞争法》、《中华人民共和国劳动合同法》、《中华人民共和国就业促进法》、《中华人民共和国劳动争议调解仲裁法》以及《职工带年薪休假条例》等。这些法律的颁布，在一定程度上对企业履行社会责任以强制性的方式进行了规范。法律手段是政府行为中最有效率、最能体现政府约束力的手段。企业社会责任的履行中政府应该强化这一手段。但是，前文已经提到，当前有关企业履行社会责任的立法，存在一些不足的地方。首先，立法相对过于分散，规定企业社会责任的措施涉及很多法律法规，诸多法律法规很分散，没有形成一个很好的法律体系。其次，法律法规的规定过于原则化，实际可操作性不是很强，很多法规只是建议性地让企业履行社会责任，而没有做出强制性的规定。第三，除了立法本身存在不足之外，司法部门在这一过程中也存在着需要改进的地方，执法力度不强，需要进一步的改进。只有立法和司法都做好，才能更好地促进企业履行社会责任。所以必须进一步完善相应的法律法规，对企业社会责任加以明确规定，并进一步形成完善的法律体系，改变过于分散的局面，提高法律的可操作性，改变法律浮于表面、操作性不强的情况。要对企业履行社会责任进行强制性的规定，而不仅仅是建议，还要加大处罚力度。

10.3.2　建立具体的管理与监督机构

不管是国家还是地方，都应该有一个独立机构用来监督企业，督促企业积极履行社会责任，这样既可以很好地对企业形成监督，也可以防止牵连的部门太多出现互相扯皮的现象。在企业社会责任的履行中，政府对企业进行着不断的管理与监督，但是在管理体制上依然存在着很大问题，主要集中在多头管理、标准不一，以及以罚代法等。首先是多头管理，在法律实施过程中，出现了很多管理部门，这就不可避免地出现多个部门相互推脱、互相扯皮的情况。我国在这方面的法律履行过程中还缺乏执行和监督的主体,①在很多地方,执法部门多是采取以罚代法的方式解决企业不履行社会责任的问题,这在很大程度上使企业事先就将罚金算作企业的成本,削弱了企业履行社会责任的动机。我国上海浦东在这方面的做法可加以借鉴。2007年,浦东新区社会责任推进机构"浦东新区履行企业社会责任联席会议办公室"在新区经委成立。这个机构由16个政府的相关部门组成,对区内企业活动进行监管。事实上,由一个独立的机构用来监督企业履行社会责任是非常重要的。建立独立的企业社会责任监督机构,专门对企业社会责任的履行进行监督,形成压力,促使其提高效率。此外,监督机构在设立专门人员进行监督的同时还可设立公众监督的平台,使公众有机会对企业进行监督,督促企业履行社会责任。

10.3.3 完善关于企业社会责任的评价体系

完善评级体系一方面使政府对企业进行评价时有一个参考,同时也使企业在履行社会责任的时候有一个依据。只有建立一个完善的关于企业履行社会责任的评价体系,才能使企业更加明确自己在社会责任履行方面应该从何做起以及做到何种程度等。浦东新区2007年发布的社会责任导则中指出,新区围绕权益、环境、诚信、和谐责任四个部分,制定60多项指标,全方位覆盖股东、员工、伙伴、消费者、环境、政府、社区等利益相关者群体。社会责任办公室定期组织区内企业进行社会责任的评审和考察。这种做法就很明确地提出了社会责任的实施方向。评价体系可以具体规定企业在经营过程中对消费者、员工、社会、环境等利益相关者的权益保护,使企业有明确的经营方向。在具体操作中,首先,国家要有一个总的关于社会责任的评价体系。其次,各个地方可以根据当地的具体情况在不违背国家评价体系情况下制定符合当地实际的评价体系。只有建立完善的评价体系,企业才有明确的方向履行社会责任,政府也有明确的依据对企业履行社会责任进行监督与管理。

10.3.4 建立相应的激励政策

政府无论是制定法律法规还是进行监督管理都带有一定的强制性。政府在采取强制性手段的同时,也可以对企业履行社会责任进行引导。引导措施可

---

① 邢冀源.浅谈企业社会责任中企业与政府关系研究的必要性[J].科技创业月刊,2011.

以包括颁发奖杯、奖状、荣誉证书,也可以直接进行经济上的奖励。目前在我国,有些地方政府虽然有一定的激励政策,但多是集中于给企业颁发一些荣誉证书、奖杯等,很少从经济利益上对企业进行激励。其实,一定的经济激励是很重要也很有效的,具体可以通过财政拨款、财政贴息、税收返还、无偿拨付非货币性资产等来实施,[①]使一些积极履行社会责任的企业以较低的利息得到贷款或者得到返还的税款,或者无偿地使用一些土地等。这些实质性的经济措施将会大力促进企业对社会责任的积极履行。

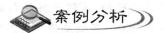

案例分析

A 公司是一家大型房地产开发公司,主要业务范围包括城镇土地开发、房屋营造、基础设施建设,以及房地产营销等。近年来,该公司以满足城镇居民需求为目标开发了许多优质项目,深受消费者好评。

今年,A 公司开发了一个大型楼盘,开发项目经董事会批准初步立项,并由企业战略发展研究中心(策划部)进行了可行性研究。之后,A 公司向政府提出有偿使用土地的愿望,政府与 A 公司进行了一对一的谈判和切磋,协商出让土地使用权的有关事宜。最终 A 公司同政府达成协议:政府以低价将 100 亩土地的使用权出让给 A 公司,而 A 公司需在此地建设与地面积不小于 5000 平方米的公共图书馆并负责进行运营、维护,还要建设占总土地面积 85% 的公共绿地。双方签署合同。

规划设计阶段,公司召开会议对此项目的发展进行讨论。

甲说:企业不必完全依照合同规划设计项目,减少部分公共绿地面积建设住宅楼或是商铺,将带来更大的利润空间。一栋楼按 25 层计算,每层三户,每户 100 平方米,就算按每平方米 8000 元计算,只需要不到 300 平方米的占地面积就可以有 6000 万元的收入。如果只减少 5% 的公共绿地面积,我们就可以盖将近 10 栋相同程度的楼,很难被发现。况且政府部门对此的监管不会特别严格,只要对外发布的设计图符合要求,不会有问题。

乙说:凡事都有例外,如果减少绿地面积被政府查出来,我们公司不但要赔付大额违约金,还将影响我们在政府和公众面前的形象。如果消费者认为我们

① 姜雪娜. 政府补助与企业社会责任[D]. 成都:西南交通大学,2014.

不诚信,就会怀疑我们的房屋质量,我们不能因为眼前的利益就毁了公司这些年的口碑。况且按照合同约定规划建设,公司利润依然有保证。

丙说:我有一个想法可以两全其美。现在有不少小区居民将公共绿地当作自家菜地,认为买的菜都有农药,吃了不健康,自己种的菜吃着放心,还省钱。我们不妨颠倒一下,在楼下设立私人菜地,居民种菜也好,种花也罢,有需求就可以提高房价,这又可以增加一部分利润,而规划中仍可将其作为公共绿地。

丁说:从可行性来看,甲和丙的想法都有可以操作的空间,我计算了一下,按照他们的想法,即使向政府缴纳违约金,公司依然有额外的收入。我们可以采取一些营销手段,比如抽奖抽折扣、节假日促销打折活动,等等,加快资金流回,同时可以从利润中抽一部分用以降低房价。另外可以对买房的残疾人给予部分优惠,还可以提供一些经济适用房给部分符合标准的低收入人群,这些都可以提升我们企业的整体形象。

A公司最后决定降低5%的公共绿地面积约3000平方米,修建了6栋住宅楼和部分商铺,其中两栋为经济适用房,同时划出私人菜园区域,暂时覆盖草坪。之后,公司用"花园中的住宅楼"、"属于自己的开心菜园"、"爱她,就给她一院玫瑰"等对楼盘进行宣传;又通过开展"地产杯"篮球对抗赛,以"地产杯"设立微信等平台发布项目消息,让更多人了解此项目,同时获取客户信息;关注留守儿童,开展送爱心活动等,提升项目知名度。A公司还在中秋、国庆假期开展多种优惠活动,如:针对国庆期间结婚的购房者送婚纱照,结婚当天送红包;购房送10000元装修基金。以上措施加上A公司此项目整体房价比同等楼盘低,房屋很快销售一空。

思考题

站在购房者的角度,你认为A公司的做法可行吗?

1. 简述企业社会责任与政府的关系。
2. 你认为政府行为对企业社会责任的履行有何影响?